WORLD CLASS MANAGEMENT

ワールドクラスの経営

橋本勝則｜昆 政彦｜日置圭介

日本企業が
本気でグローバル経営に
挑むための基本の書

ダイヤモンド社

はじめに

日本にグローバル企業はない——そう言い切ってしまうといろいろとご意見をいただきそうですが、筆者らはそう考えています。

たしかに、多くの日本企業が海外で活動しています。事業を世界に展開し、必要なオペレーションを行っています。それゆえ、なかにはグローバル企業と呼ばれているところもあります。

グローバル企業の定義については、さまざまな議論があります。たとえば、2004年にアラン・M・ラグマン教授らが発表した論文では[*1]、2001年の「フォーチュン・グローバル500」のうち、北米、欧州、アジア太平洋の3極の地域別売上げが確認できた365社を調査したなかで、「本社のあるホーム地域が全体の半分以下で、かつ他の2地域がそれぞれ2割以上の売上げ」の企業をグローバル企業と定義したところ、9社[*2]のみがそれに該当しました。同じ手法を用いた入山章栄・早稲田大学教授の分析によると[*3]、2014年時点で日本企業のうちキヤノンとマツダの2社のみがその条件を満たしました。

これは、企業の強みとなる資産《アセット》（FSA：Firm Specific Asset）が、進出市場（Location）にマッチし、本質的にハンディキャップのある海外市場においても競争力を発揮できているかどうかという観点から、グローバル企業か否かを確認したものといえます。

1 Alan M. Rugman and Alain Verbeke, "A perspective on regional and global strategies of multinational enterprises," *Journal of International Business Studies*, vol.35, No.1 2004.

2 IBM、インテル、フィリップス、ノキア、コカ・コーラ、フレクストロニクス、モエ・ヘネシー・ルイ・ヴィトン、ソニー、キヤノン。

3 入山章栄『ビジネススクールでは学べない世界最先端の経営学』日経BP、2015年筆者らはそれとは異なり、「限られた経営資源《リソース》をグローバルで効果的かつ効率的に活用するための経営システムを備えているか」という視点でグローバル企業を識別しています。言うなれば、筆者らの経験則からの定性的な定義ですので、統計的あるいは科学的なエビデンスを示すことはできません。けれども、正しい見方であると確信しています。それを本書で説明していきます。

3つの質問に答えられるか

企業がグローバルで活動すればするほど、経営はその分複雑になっていきます。だからこそ、グローバル企業は、経営の仕組《システム》みができる限りシンプルになるよう、さまざまな努力を続けています。そのあり方は、グローバルで戦っていくなら、必然と言うべきものです。

はたして、日本企業はそのような経営を実装できているでしょうか。

「海外で積極的に事業を展開し、手段としてのM&Aも功を奏し、年々、海外売上高比率が伸びている。わが社はもう立派なグローバル企業だ」と考えている方にお聞きします。あなたの会社は、次の3つの質問にイエスと答えられるでしょうか。

質問1：世界中のキャッシュが数えられる

海外子会社も含め、どの会社のどの口座にどの通貨で現預金《キャッシュ》がいくらあるのかをほぼリアルタイムで把握できている。

質問2：世界中のタレントが見えている

どの法人《エンティティ》にどのようなスキル・経験を持つ人材が何人いるのか、有能な人材を発掘、育成、登用するために必要な情報がグローバルで整備されている。

質問3：自社の方向性を明確に示せている

経営を取り巻く諸環境や自社の強み（自社らしさから技術まで）、そして注力する事業について、マネジメント層が意識合わせをし、実際の行動として示している。

1つ目と2つ目は最も重要で根幹的なリソースである「カネ」と「ヒト」を、3つ目は本源的な企業の「存在意義」や大切にしている「価値観」、そしてリーダーとしての「資質」について問うています。

1つ目ができている企業は、次の段階として、投資や業績の管理に関するプロセスや指標（KPI：Key Performance Indicator）などをグローバルベースで整備しているでしょう。また、リスクマネジメントやコンプライアンスのレベルも高いのではないでしょうか。

2つ目ができている企業は、まさに「人を大事にする経営」の実践に挑戦されているのだと思います。役割権限を明確にして、ポジションを定義し、外国人やマイノリティといったデモグラフィック型[*4]のみならずタスク型[*5]のダイバーシティにより、人材の力を最大限に活用しようとする意思を

4 性別、年齢のように外見から判別可能な属性に基づくダイバーシティ。

5 実際の業務に必要な能力や経験などによるダイバーシティ。

感じます。

3つ目ができている企業は、限られたリソースを正しく配分するための素地が整っているといえます。企業の〝根っこ〟は上、つまり経営層にあります。経営レベルにおける言動のズレは、現場レベルに解消不能な無用のハレーションを起こすため、方向性と行動の一貫性を危うくします。

グローバルという荒波にもまれながらも、どれだけうまく経営ができているかについて、その成熟度をチェックするポイントは数多くありますが、この3つの質問にイエスと答えることができないのであれば、ほかの対応はすべて中途半端になっていると断言できます。もちろん、不完全で弱い人間が、組織を成して行うのが企業経営ですから、完璧な経営などありません。それでも、世界で戦っていく（と決めた）企業ならば、このくらいの基本行動はできていて当たり前です。

真のグローバル企業は学び続け、変わり続ける

こうした基本行動を実践し、そして結果（社会的と経済的の双方）を出し続けているグローバル企業を、筆者らは「ワールドクラス」と呼びます。

ワールドクラスの経営は、とても洗練されているように見えます。もちろんその通りなのですが、初めからそうだったかというと、違います。変化する環境に適応するための試行錯誤を重ねながらいまの姿に至っているのです。

では、その最大の特徴は何か。それは、「青臭さと泥臭さ」にあります。

青臭さというのは、自身の存在意義や価値観を定め、それらを恥ずかしがることなく掲げる、つまり〝本気〟であるということです。一方、泥臭さとは、それを実現していくために、日々の実務のなかで体現し、経営を磨く努力を続けることです。

ワールドクラスは、社会、顧客、競合などの変化に対して適応進化をしてきました。ワールドクラスがワールドクラスであり続けることができるのは、変化に際する学びの姿勢ゆえです。自分たちよりもうまく適応している者があれば、たとえそれが新参者であろうが、小規模であろうが、異なる世界にいようが、彼らから学んで自分のものにしていきます。変化への対応に後れを取っているという自覚を持って、謙虚に学ぶ姿勢があるのです。

かつてアジアの発展途上国であった日本の企業からも、前提やコンテクストが違うことなどは気にせずに学ぶべきことを学びました。彼らは、学ぶべき相手、学ぶべきことを見極めているのです。

日本企業も、よくベンチマークをし、ワールドクラスをはじめグローバル企業の情報を集めてはいます。ところが、比べても仕方のない、手の届かなそうな世界とわかると、「外資だから」「トップダウンが効く組織だから」「簡単に解雇できるから」と、「言い訳」が始まります。これでは、いくらベンチマークやケーススタディを重ねても、組織としての知にはなりません。掛け声だけでは何も変わらない。ファクト（事実）を真剣に受け止め、みずから必要性を感じなければ、やるべき「必然」には至らないのです。

学び続け、変わり続けるワールドクラスの企業は、他者に先んじた手を打ちます。そのために常に『未来』を意識しています。日本企業が憧れる「スピーディな意思決定」ができるのは、彼らが変化の兆しを見逃さぬよう注意を払い、他者に先んじて転換点に気づき、考え始めるからです。

勝つための事業立地の選定やビジネスモデルの構想は、彼らにとっても簡単なことではありません。それなりに時間とお金をかけて戦略を練り込みます。しかし、先んじて考え始めるので、他者が気づいたときにはすでに行動に移っているように見えるのです。

変化はだれにとっても負荷がかかり、怖いものですが、受け身になることなく、できるだけ能動的に挑む。これも、ワールドクラスの基本行動です。

ワールドクラスのシンプルな経営行動

本書では、ワールドクラスの基本行動をとらえていきます。

第1章は、「グローバルマネジメントの変遷」です。何がグローバル化をもたらし、グローバル化が意味するところは何かを考えます。そして、代表的な学術研究を参照しながら、グローバルマネジメントがどのように変遷してきたのか、そのコンテクストをたどります。

第2章では、企業の組織的進化のコンテクストに注目し、「組織の設計思想」について見ていきます。昔から言われている組織論の要点を整理した後、真にグローバル企業になろうと一歩を踏み出すときに「必然」となる組織の設計思想を考察します。ここをおろそかにしていると、表層的な行動をしても中途半端に終わります。

第3章は、「コーポレートの実像」です。日本企業では、「小さな本社論」が一時ブームになりましたが、規模の大小にかかわらず、弱いコーポレートではグローバルで戦うことはできません。ワールドクラスのコーポレートは、どのような役割を果たし、何に力を入れ、どのような形なのか、その要諦をとらえます。海外企業はトップダウンで、集権的で、簡単に解雇ができるので、コーポレートの機能も違う、という見方もありますが、色メガネを掛けていては、ワールドクラスの本質を読み解くことはできません。

第4章では、ワールドクラスのコーポレートの主要な機能《コア・ファンクション》として、ファイナンス（財務）、HR（Human Resource：人事）、リーガル（法務）、そして、強みの源泉をつかさどるテクノロジーを取り上げます。ワールドクラスではコーポレートと事業部門が企業経営の両輪としてバランスよく駆動しています。これらのファンクションが企業経営と事業運営にどのように貢献しているのかを見ていきます。

そして第5章では、「日本企業に向けた比較考察」をしていきます。ワールドクラスの経営行動を知ったうえで、日本企業の現実と比較してどのような「違い」や「差」があるのかを見ます。もちろん、たちまちどうにかできるわけではありませんが、背景にある原理やコンテクストを読み解きながら、いま何ができるかを考えます。

本書は、ワールドクラスを礼讃するものではありません。また、日本企業への思いがあふれるゆえに、勢いあまって少しばかり理想論を述べるかもしれません。ですが、筆者らは、本気でグローバルという舞台で戦うことを選択する日本企業の方々に、いまいちど、ワールドクラスの経営行動から学び、みずからを省み、足らざるを身につけていただきたいと願っています。

とはいえ、しょせんは企業経営のことですので、どこの国の企業であっても、何かがまったく異なっているということはありません。フットボールを例にするならば、11人対11人、前後半合わせて90分のゲームといった所与の条件は同じです。しかし、ゲームの勝敗は、「なぜ、そのコースにそのパスを通せるのか」「なぜ、いまそこにポジショニングできているのか」「なぜ、そこから足が出てシュートを決められるのか」などの「違い」によってもたらされる「ちょっとした差」で決まります。そして、その「違い」を生み出すためには、日々のルーチンのなかで、意識の持ち方、目線の配り方、行動の起こし方などの実践を着実に積み重ねなければなりません。

経営も同様です。どんなに洗練された経営行動も、日常行動の延長線上にしかありません。

筆者らは、日本企業のポテンシャルを信じています。

当初、本書は平成最後の年に出版する予定でした。それが令和最初の年へと変更になり、さらに、令和2年にまでずれ込んでしまったのは、著者の一人である私の筆の遅さゆえです。それでも、辛抱強く、アドバイスとサポートをしてくださった共著者の橋本勝則さん、昆政彦さん、そして最後まで伴走してくださったダイヤモンド社の榎本佐智子さん、エノローグの相澤摂さんには感謝の言葉しかありません。
また、ディスカッションから原稿の確認、ご協力いただいたワールドクラスの経営行動を知る青島伸治さん(プロクター・アンド・ギャンブル、マイクロソフトなどを経て現アマゾン)、青山朝子(監査法人、投資銀行、コカ・コーラを経て現NEC)、伊藤薫さん（ゼネラル・エレクトリックなどを経て現デロイト)、石橋善一郎さん（インテル、トイザらスなどを経て現日本CFO協会)、岡崎恒さん(デロイト、インターブランドなどを経て現ボストン コンサルティング グループ)、北爪雅彦さん(監査法人トーマツ)、後藤康淑さん（IBM、ゼネラル・エレクトリックなどを経て現マレリ)、田中伸一さん（ゼネラル・エレクトリック、ノバルティスなどを経て現サンファーマ)、林隆一さん（デュポンを経て現芝浦工業大学教授)、山﨑一秀さん（ユニリーバ）に深く御礼申し上げます。

2020年9月

著者を代表して　日置圭介

ワールドクラスの経営

目次

第2章

組織の設計思想

第3章

ワールドクラスの経営行動
――コーポレートの実像

第4章

ワールドクラスの経営行動
——コーポレートのコア・ファンクション

165

第1章

＊

グローバルマネジメントの変遷

これからワールドクラスの経営を見ていくに当たり、本章では、まず「グローバル」とは何かについて、筆者らの考えを述べておきます。いまさらながらの古い論点であり、また、模範解答が存在するわけでもありませんが、筆者らがグローバル化（グローバリゼーション）をどう理解しているかを読者の方々と共有することが目的です。その後、自社にとっての「グローバル」を定めるための視点を提供したうえで、企業の国際展開の変遷、ならびにグローバル経営の進化について、学術研究を参照します。

●「移動」がもたらしたグローバル化

グローバル化の変遷は、「テクノロジーの進化」と「ヒト・モノ・カネの移動」が相まって形づくられた歴史的コンテクストです。徒歩や馬車などの陸上の限られた移動から、大航海時代に見られた船による海上の活発な往来を経て、蒸気機関・内燃機関の発明によってより強い動力を獲得すると、ヒトやモノを運ぶ輸送力は増強され、さらに空の移動へと手段を進化させていきました。その後、航空網は拡大の一途をたどり、いまでは年間40億人以上のヒトが世界中を行き来しています（**図表1-1**参照）。

交通網の発達とともにモノの動きも活発になっていきました。そして、貿易と投資の自由化が、経済のグローバル化を制度面から推し進める大きな要因となりました。

図表1-1｜グローバリゼーションは「移動」とともに変遷してきた

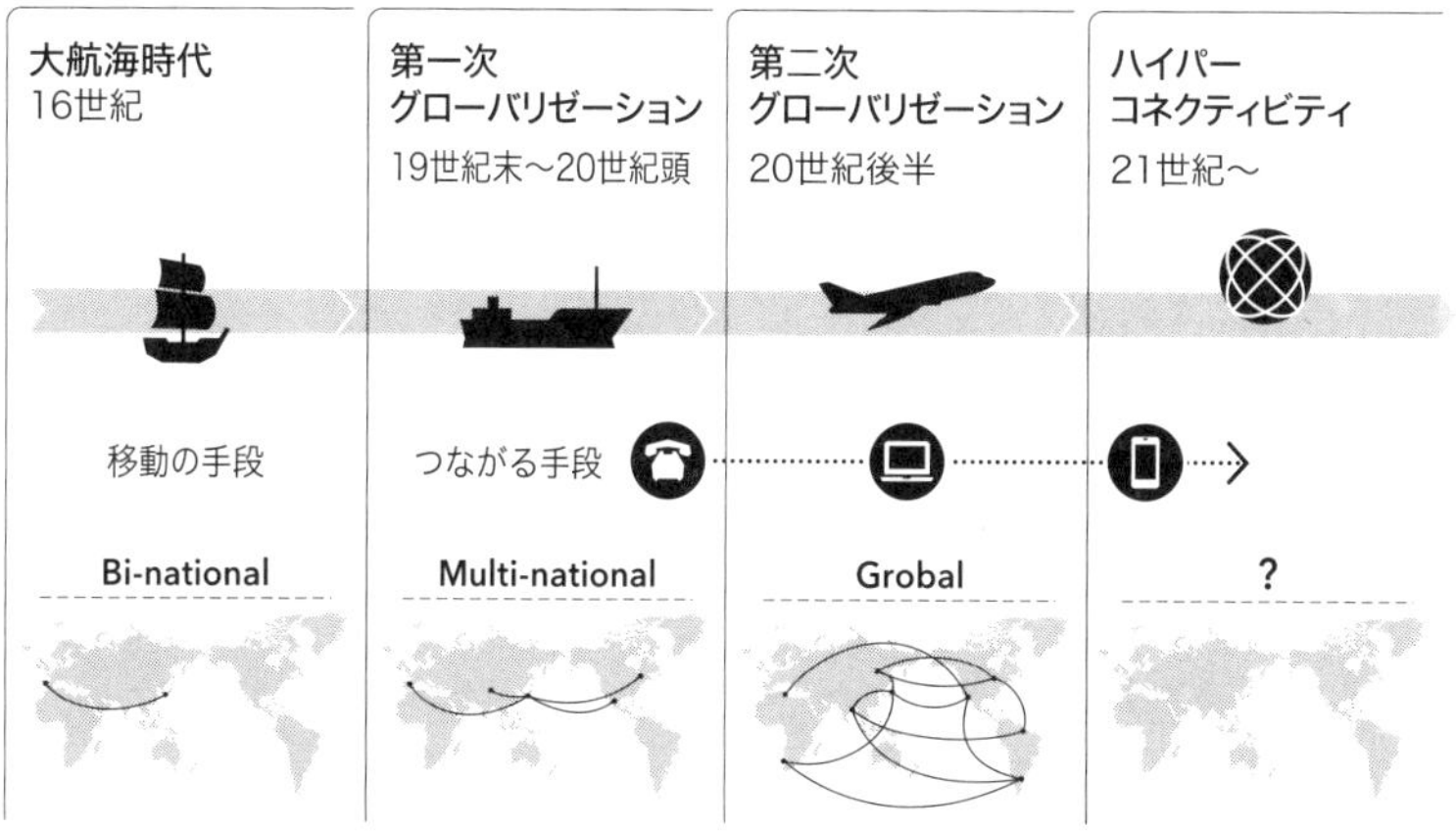

　1947年に署名開放され、1994年のウルグアイ・ラウンドまで続いたGATT（General Agreement on Tariffs and Trade：関税と貿易に関する一般協定）、その規定を事実上吸収し、自由貿易促進を主たる目的として1995年に設立されたWTO（World Trade Organization：世界貿易機関）における継続的な議論より、関税などの国境を跨ぐ制約が緩和されると、地球規模で効率性を追求する動きが加速しました。新興諸国における工業化も相まって、垂直・水平両面での国際分業がいっそう進展、貿易が拡大していきました。近年では、モノの流れの多様化もあり、FTA（Free Trade Agreement：自由貿易協定）やEPA（Economic Partnership Agreement：経済連携協定）による国や地域間で個別に貿易自由化を目指す動きが活発になっています。

　国境を越えるヒトとモノの移動がカネの移動に

図表**1-2**｜グローバリゼーションとは「世界がつながっている状態」

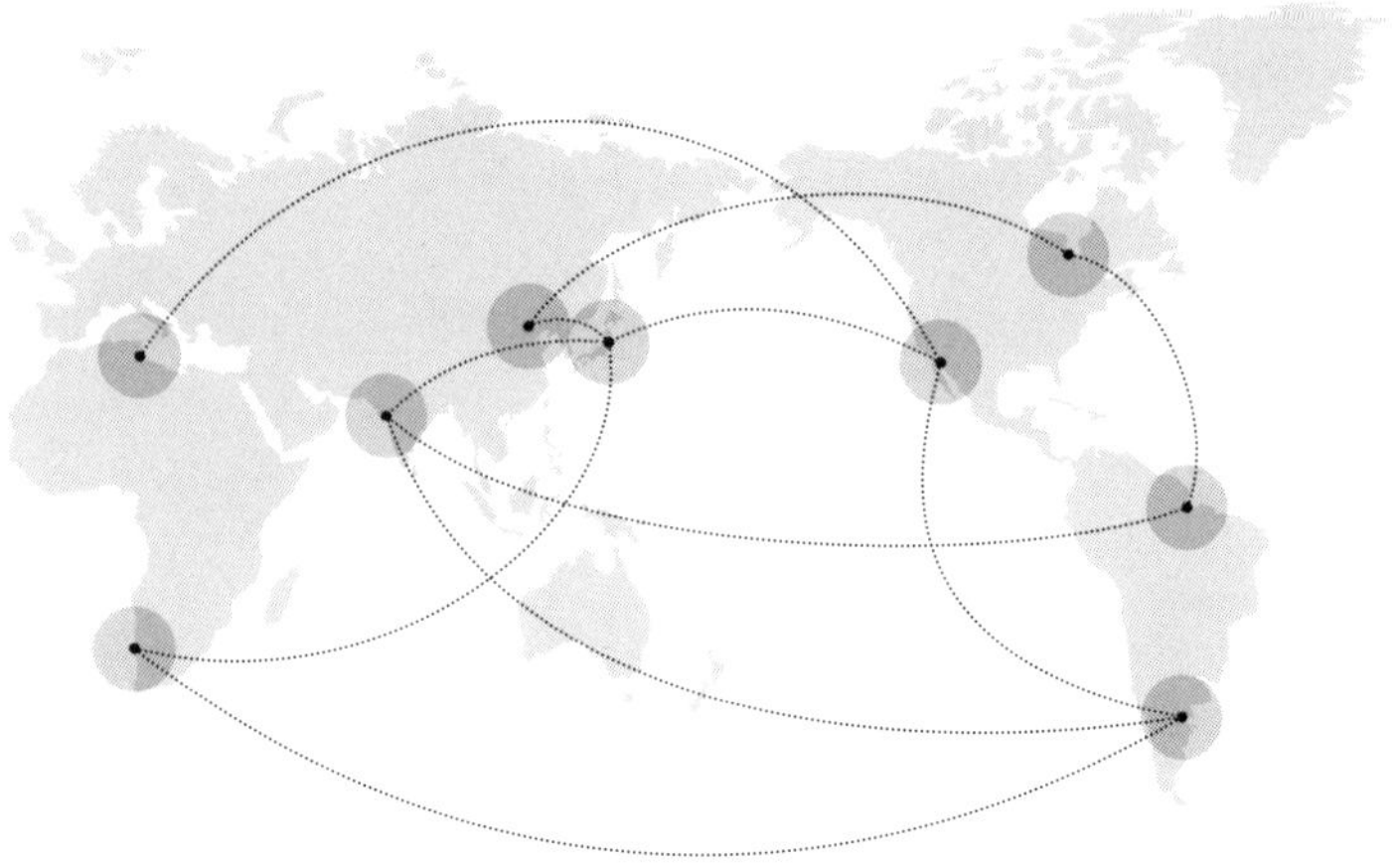

影響を及ぼすのは必然です。たとえば、国や地域によって多少のぶれはあったものの、FDI（Foreign Direct Investment：海外直接投資）の規模は右肩上がりで伸びていきました。

1990年代以降、情報テクノロジーの進化により、移動は新たな局面へと入ります。インターネットの登場以前は、テレグラフやテレフォンなどによる限定的な形式と量、そしてタイミングで、情報やデータはやり取りされていました。しかし、インターネットの実用化を機にそうした制約は解かれ、半導体や通信技術、そしてユーザーインターフェースとなるデバイスの進化により、個人レベルでも常時、世界とつながり、さまざまな情報、ナレッジ、そして経験までもが、物理的にその場にいなくても共有できるようになりました（**図表1-2**参照）。

ちなみに、カネはデータとの相性がきわめてよいため、カネの移動が加速すると同時に振れ幅も激しくなり、実体経済に与える影響は大きくなります。指一本で国境を越えた巨額の資本移動が可能になることで、新興国市場における金融危機が世界的な波及を見せるなど、情報テクノロジーの急激な発展は世界経済の不安定要因の一つともなっているのです。

◉——一様ではないが、つながっている世界

国境を越えた資本や労働力の移動が活発化して経済的な結びつきが深まり、相互依存性が強まれば、やがて世界は均質化する——「グローバル化」という言葉が広く用いられるようになった当初、そのようなスタンスを取る人が少なくありませんでした。たとえば、マーケティング論で知られるセオドア・レビットは1983年に発表した論文[*1]で、世界は同質化に向かっていて、世界を単一市場のように扱うことで、どの地域においても同じものを同じ方法で販売でき、低コストでの経営が可能になると述べています。

また、トーマス・L・フリードマンは2005年に発表した著書[*2]で、世界各地で進行中のさまざまな事例を引きながら、いわゆるIT革命によるグローバル化が世界のフラット化をもたらしていると指摘しました。では、グローバル化の進展により、世界は本当に一様になったのでしょうか。

ある部分は均質化、フラット化した一方で、ある部分はそうなってはいないというのが実際でし

1 Theodore Levitt, "The globalization of markets," *Harvard Business Review*, May-June, 1983.（邦訳「地球市場は同質化へ向かう」『DIAMONDハーバード・ビジネス』1983年9月号）

2 Thomas L. Friedman, *The World is Flat : A Brief History of the Twenty-first Century*, Farrar, Straus and Giroux, 2005.（邦訳『フラット化する世界 普及版』日本経済新聞出版、2010年）

ょう。パンカジュ・ゲマワットは2007年に発表した論文で[*3]、グローバル化は進行しているものの、世界が完全に一つの市場になってはいない中途半端な状態、すなわちセミ・グローバリゼーションであるとしました。

さらには、リチャード・L・フロリダは、グローバル化が進むなかで最も必要とされる資質はクリエイティビティであるとしたうえで、シリコンバレーのような創造性を武器とする知的労働者(クリエイティブ・クラス)が集積する地域と、そうでない地域で経済格差が生じると論じました[*4]。平らかではなく所々が尖った世界の様態を、スパイキー(尖った)という言葉で表現したものです。

このようにグローバル化やグローバル社会の様相をどうとらえるかについてはさまざまな見方がありますが、筆者らは「世界は一様ではないが、つながっている状態」が「グローバル」だと認識しています。国の利害によって結びつきが強くなったり弱くなったり、時に分断されたりと揺り戻しもありますが、さまざまなレイヤー、さまざまな手段によって世界はかつてなくつながりやすくなっています。

こうした「つながった状態」はビジネスにさまざまな機会をもたらしますが、その裏返しとして経営をリスクにさらすことになります。なぜ、つながることがリスクを高めるのか。身近なところでたとえれば、電車の相互乗り入れと遅延の関係をイメージしていただくとわかりやすいかもしれません。

たとえば、横浜から東急東横線を利用して渋谷に通勤している人が、東武東上線内で発生した輪

3 Pankaj Ghemawat, *Redefining Global Strategy: Crossing Borders in a World Where Differences Still Matter*, Harvard Business School Press, 2007.（邦訳『コークの味は国ごとに違うべきか』文藝春秋、2009年）

4 Richard L. Florida, *The Rise of the Creative Class*, Basic Books, 2002.（邦訳『クリエイティブ資本論』ダイヤモンド社、2008年）

送トラブルのせいで遅刻することは、「つながっていなかった」時代にはありえませんでした（首都圏以外にお住まいの方は、それぞれの地域の直通運転ルートに置き換えて読んでいただければ幸いです）。

かつて東急東横線は横浜─渋谷、東武東上線は池袋─寄居をそれぞれ運行していましたが、東京メトロ副都心線によって渋谷と池袋がつながり、2013年から直通運転が始まったことで、利便性が高まった半面、埼玉県内で起きた事故などの影響が横浜市にまで及ぶようになったのです。以前であれば、離れた場所にいれば何の関係もなかったことが、突然自分の身に降りかかってくるようになる。これが、グローバルというつながりがもたらす作用なのです。

自社にとっての「グローバル」とは

さて、このようなつながりのなかで、自社の経営にとっての「グローバル」をどう定義するか。そして、何をどこまでグローバル仕様に適応させていくのか。これについては、事業特性や顧客属性、地域展開、競合関係などを考慮して、みずから答えを見つけ出さなければなりません（**図表1－3**参照）。

たとえば、海外売上高比率が同じような水準の企業であっても、日本企業を大口顧客とし、顧客の出先に同時進出し限られた地域で事業を営む企業と、広い地域で主にローカルの顧客向けに事業

図表**1-3**｜自社にとってのグローバルの定義

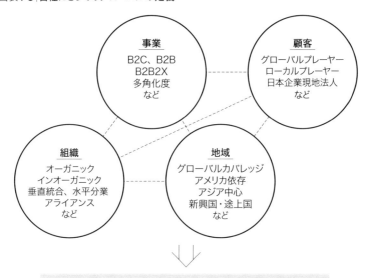

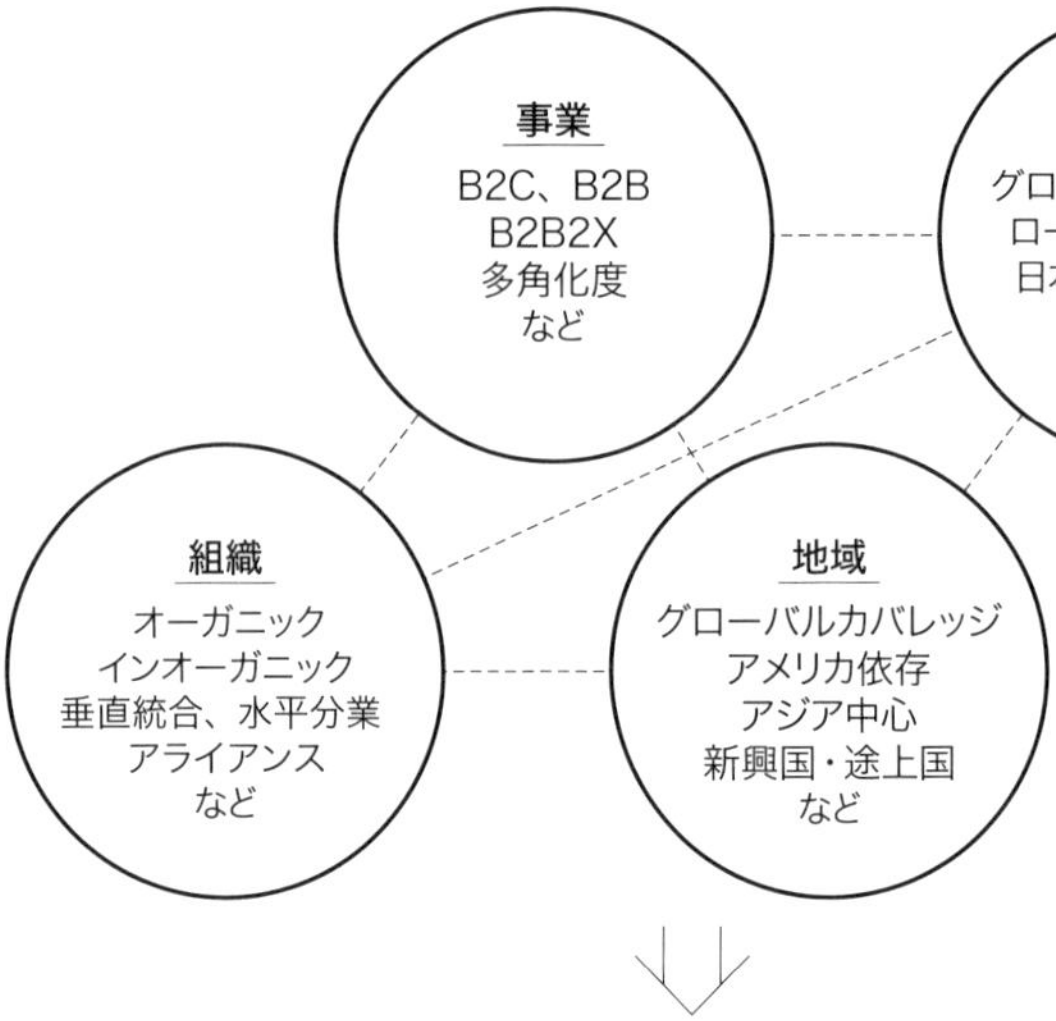

何をどこまでグローバルに適応するか、みずから答えを見つけ出す
だれかの真似をした右へ倣えの中途半端なグローバル化は危険

展開を図る企業では、採るべき戦略や経営のあり方は異なります。また、競合がワールドクラスなのか、そうではないかによっても、経営におけるグローバルの徹底度は変わるかもしれません。

だれかにとっての「グローバル」を正しく理解し参考にするのはよいことですが、ただ真似するだけの中途半端なグローバル化はかえって危険です。借り物やサイズの合わない靴を履いても馴染まないばかりか、つまずいてケガを負いかねません。何事もフィット感と実践する人々の〝腹落ち〟が大事ということです。

もちろん、グローバルでやって

いくために最低限備えていなければならないことがあります。リスクマネジメントはその代表です。そして、熟慮し、構想して、行動を重ねる。その結果、他社と同じようなグローバル経営の「型」に収斂していくことは珍しくありません。事実、本書で取り上げるワールドクラス企業の経営行動には、運営の方法に多少の違いはあっても、国や産業に関係なく共通した「必然」ともいえるある種の型が見られます。この点については、第3章以降で詳しく解説します。

国際展開とグローバル経営の進化

一様ではないがつながっている世界において、ワールドクラスが実践する経営行動の特徴の一つに「グローバル統合とローカル適応の両立」があります。ここからはこの特徴を中心点として、企業の国際展開の進展とグローバル経営の進化の経路について、アカデミックな研究を参考に見ていきます。

ちなみに、「グローバルとローカル」といった二項対立する事象に対する向き合い方の巧みさも、ワールドクラスに共通する型といえるかもしれません。

「グローバルとローカル」に関しては、1970年代半ばにはすでに注目され始めていました。先鞭をつけたのは、ステファン・ハイマーの企業優位性と海外直接投資に関する論文です[*5]。以降、ハワード・パールミュッターによって提唱されたEPRGプロファイル[*6]やジョン・ダニングのOLI

5 Stephen H. Hymer, *The International Operations of National Firms: A Study of Direct Foreign Investment*, MIT Press, 1976.

6 Howard V. Perlmutter, "The Tortuous Evolution of the Multinational Corporation," *Columbia Journal of World Business*, vol.4, 1969.

モデル[7]など、国際展開や多国籍経営に関する議論が活発に展開されていきました。

ハイマーは、多国籍企業は進出先の国において追加的なコスト負担を強いられるにもかかわらず、なぜその国の国内企業に代わって事業活動を行うのかという問いを立てたうえで、技術や知識、事業規模や製品差別化能力の優位性をもって、同じ事業を行う国内企業以上のキャッシュフローが見込めることを多国籍企業が存在する理由としました。この「優位性の命題」は、その後の多国籍企業研究に大きな影響を与えることとなりました。

しかし、そもそも追加的なコストを払ってまでなぜ海外市場に進出する必要があるのでしょうか。レイモンド・バーノンのプロダクト・サイクル理論[8]をはじめ、さまざまな議論が展開されましたが、企業が海外に直接投資を行う複雑な現象を一つの理論で説明することはできないと考え、それらを統合（折衷）することを試みたのがダニングです。企業が他国の市場に参入するかどうかは、所有の優位（Ownership-specific advantages）、立地の優位（Location-specific advantages）、内部化の優位（Internalization advantages）の3つの要素に左右されるとして、それぞれの頭文字を取ってOLIモデルと名づけました。

また、パールミュッターは多国籍企業の発展段階に着目し、経営者の基本姿勢によって次の4つのタイプに分類しました。

本国志向型（Ethnocentric）

7 John H. Dunning, *Explaining Changing Patterns of International Production: In Defence of the Eclectic Theory*, Oxford Bulletin of Economics and Statistics, 1979.

8 アメリカの経済学者レイモンド・バーノン（Raymond Vernon、1913〜1999年）が1965年、生産地移転（先進国から発展途上国へ）を説明するために考えた貿易理論。

経営資源と権限を本国に集中させ、主な意思決定は本社主導で行う。本国の社員が海外子会社の中心的位置を占める。

現地志向型（Polycentric）

オペレーショナルな意思決定は現地子会社が行うが、重要な意思決定は本社が主導する。現地の事情に通じた現地人材を登用する。

地域志向型（Regiocentric）

地域本社を設立し、地域単位で生産拠点設立、人材採用、戦略策定を行う。

世界志向型（Geocentric）

各拠点が相互かつ複雑に依存し合い、本社と海外子会社は協調関係にある。世界的な視野を持って経営資源を最適配分し、本国の社員を優遇することはない。

パールミュッターはこれら4タイプの頭文字を取って「EPRGプロファイル」と名づけ、多国籍化の度合いが高まるに従っておおむねE→P→R→Gの順に展開していくと論じています。

I－Rフレームワークとトランスナショナル・モデル

そして1980年代後半になると、C・K・プラハラードとイブ・ドーズが提唱し[*9]、のちに、ク

9 C. K. Prahalad and Y. Doz, The Multinational Mission: Balancing Local Demands and Global Vision, Free Press,1987.

リストファー・A・バートレットとスマントラ・ゴシャールにより類型化された[10]「I－Rフレームワーク」が提示されます。グローバル規模の効率性を実現するための「統合」と、地域ごとに最適化する適応はトレードオフの関係にあることを示したこのフレームワークは、グローバルレベルでの事業および経営のあり方を考えるうえで、いまも（日本企業にとってはいまこそ）とても有効な経営理論の一つです。

プラハラードとドーズは、多角的に事業を展開するグローバル企業の経営者の最大の使命は、政治、経済、組織などさまざまに働く力学のなかで実現可能な戦略を採ることだと論じています。一般的に経済的プレッシャーはグローバル統合の方向へ、政治的プレッシャーはローカル適応の方向へ作用しますが、どちらがより強く働くかは、事業の特性や経営戦略の影響を受けるとされます。

このI－Rフレームワークを発展させたのが、バートレットとゴシャールです。多国籍企業の経営戦略が専門の彼らは、産業と企業ごとの特性によって統合と適応のバランスは決まるとしました。ゴシャールは1987年に発表した論文[11]で次のような例を挙げました。

- 食品業界のグローバル統合は「低」、ローカル適応は「高」
- 家電業界のグローバル統合は「高」、ローカル適応は「低」
- 通信業界のグローバル統合は「高」、ローカル適応は「高」

10 バートレットとゴシャールの思想は、「戦略とは何を意味するのか」「アルフレッド・スローンのゼネラル・モーターズ（GM）に象徴される伝統的なビジネスモデルはなぜ役に立たなくなってしまったのか」という2つの基本的な疑問に端を発している。

11 Sumantra Ghoshal, “Global strategy: An organizing framework,” *Strategic management journal*, 1987.

また、グローバル統合とローカル適応ともに中程度に位置する自動車産業内における企業ごとの違いとして、トヨタはグローバル統合が高くローカル適応が低いが、反対にフィアットはグローバル統合が低くてローカル適応が高く、フォード・モーターは両者の中間に位置すると評価しました。さらに、日本企業はグローバル統合が高くローカル適応は低く、ヨーロッパはグローバル統合が低くてローカル適応は高く、アメリカがその中間程度という傾向は、ほかの産業でも共通して見られると分析しました。

くわえて興味深いのは、同じ企業であっても、ファンクションによってI－R上のポジションが変わるという指摘です。たとえば、フォードの場合、R&D（研究開発、なかでも基礎研究）、製造、マーケティング、購買、セールスの順にグローバル統合が低くなると分析しています。

バートレットとゴシャールは、I－Rフレームワークを類型論として整理し、海外事業を展開する企業を、インターナショナル、マルチナショナル、グローバル、トランスナショナルという4つのタイプに分類し、それぞれの特徴を、「能力と組織力の構成」「海外オペレーションの役割」「知識の開発と普及」の3つの観点から定義しています[*12]（**図表1－4**参照）。

4つのアプローチのうち、インターナショナル、マルチナショナル、グローバルについては、当時も実際の企業行動として確認されていましたが、グローバル統合とローカル適応を両立させたトランスナショナルは「理想の型」とされていました。

ちなみに、このトランスナショナルという考えは、プラハラードとドーズが提唱したマルチフォ

12 Christopher Bartlett and Sumantra Ghoshal, *Managing Across Borders: The Transnational Solution*, Harvard Business School Press, 1989.

図表1-4｜I-Rフレームワーク

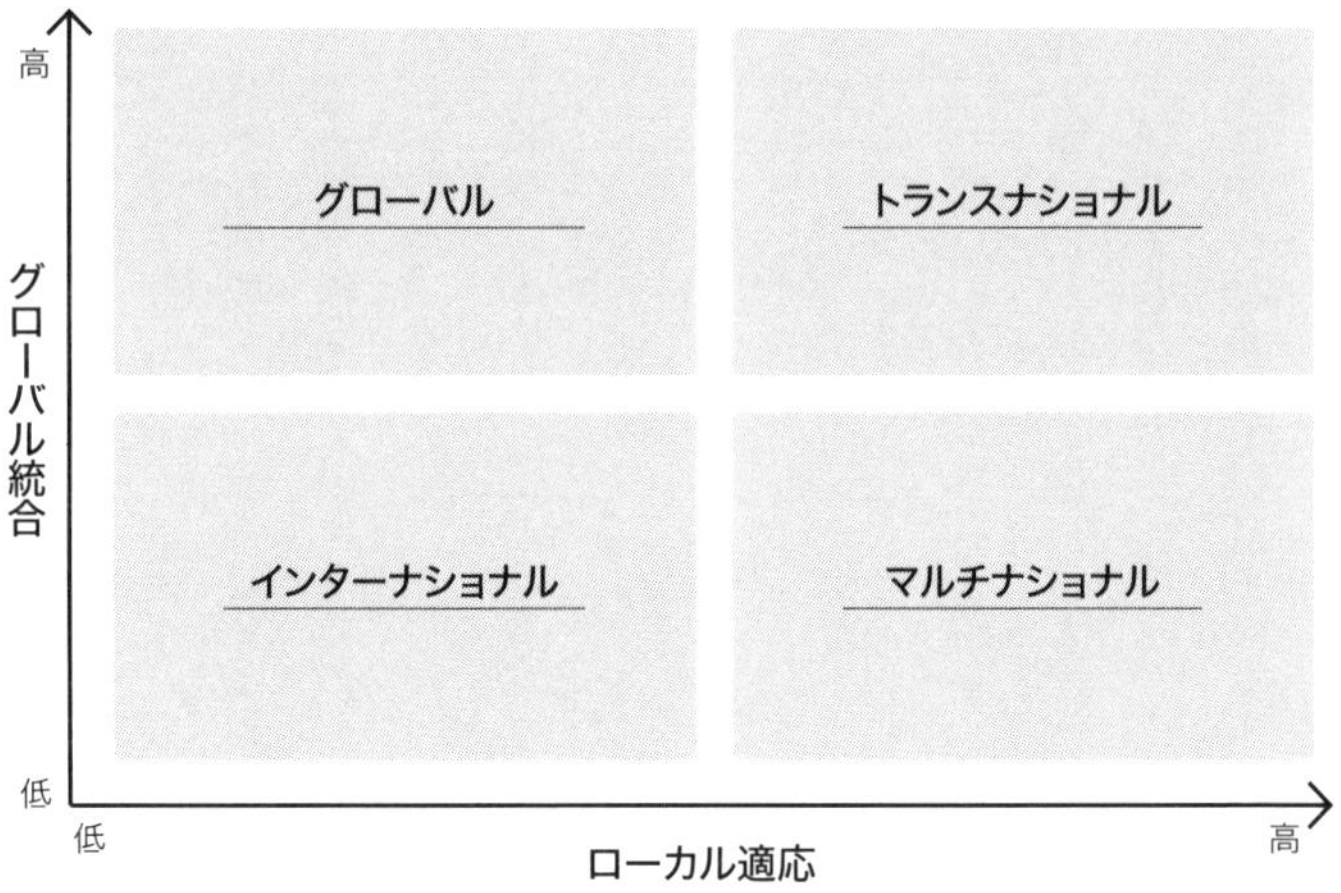

	インターナショナル	マルチナショナル	グローバル	トランスナショナル
能力と組織力の構成	能力の源泉、中核部は中央、他は分散させる	資産や能力は分散され、国ごとに自給、自律している	経営資源や人材は本国に集中、その成果は世界規模で活用する	資産、能力は分散し、かつ相互依存的であり、またそれぞれが専門化している
海外オペレーションの役割	親会社の能力を適応させ活用する	現地の機会を感知し、活動する	親会社の戦略を実行する	それぞれ差別化した形でオペレーションに貢献、世界的経営に統合する
知識の開発と普及	知識は中央が開発し、海外の組織単位に移転する	知識は各組織単位で開発し、保有する	知識は中央が開発し、保有する	知織は中央、各組織が共同で開発し、世界中で共有する

ーカルモデル（グローバル統合とローカル適応のバランスを取り、両方を同時に達成しようとする経営戦略）を発展させたものです。

そして、いままさにワールドクラスが実践しているのがトランスナショナル・アプローチです。経営としての一体感やオペレーションの統合度をグローバルに高める一方で、より多様化していくローカルの市場や顧客に適応しながらしっかり向き合う。どこまでを統合化・共通化し、どこを個別に対応するかという類いの問いはいまも議論が続いています。

たとえば、ゲマワットは１９７９年に国ごとの差異を４つの側面から分析、統合化するＣＡＧＥフレームワークとともに、セミ・グローバリゼーションというコンセプトを提示しました。[*13] ＣＡＧＥは、文化（Culture）、制度（Administrative）、地理（Geographic）、そして経済（Economic）の頭文字を取ったものです。

ゲマワットによるセミ・グローバリゼーションに適合したグローバル経営戦略は、２００７年に新たなフレームワークを追究します。「国ごとの特殊性と共通性を分析し、特殊性への適応化と、共通要素の集約化を図り、同時に国ごとの差異を戦略的に活用する」ＡＡＡ戦略です。ＡＡＡは、集積（Agglomeration）、適応（Adaptation）、裁定取引（Arbitrage）の頭文字を取ったもので、ゲマワットは３つの最適なバランスを検討する必要性を説いています（**図表１－５**参照）。

13 ゲマワットは、セミ・グローバリゼーションの状態を「ワールド3.0」と称し、多国籍企業は距離（distance）の認識に基づいてグローバル戦略を選択すべきだという。

図表1-5｜ゲマワットのフレームワーク

■「セミ・グローバル」の世界において、海外市場を開拓し、稼ぐためのフレームワークを提示

CAGE フレームワーク（1979）	海外ビジネスを展開する際に、進出先候補の国と自国の間の「距離」を4つの視点からできる限り定量化し、事前にリスク要因として分析する	**C** Culture（文化）言語、宗教、社会規範など **A** Administrative（制度）政治的、法的、軍事など **G** Geographic（地理）移動距離、時差、気候など **E** Economic（経済）成長率、物価、賃金、社会基盤など
AAA戦略（2007）	CAGEで各国ごとの特殊性と共通性を分析し、特殊性への適応化と共通要素の集約化を図り、同時に各国ごとの差異を戦略的に活用する	**A** Agglomeration（集積）複数国を市場単位とし規模を追求 **A** Adaptation（適応）ローカル市場の特殊性に適応 **A** Arbitrage（裁定取引）国・地域などの市場間の差異を活用
ADDING 価値スコアカード（2007）	海外市場進出で得られる可能性のある付加価値を一覧にする	**A** Adding volume 販売増 **D** Decreasing cost コスト削減 **D** Differentiating 差別化、支払い意欲の向上 **I** Improving industry attractiveness 産業の魅力度、取引交渉力の改善 **N** Normalizing risk リスクの平準化、最適化 **G** Generating knowledge 知識、資源、能力の獲得や活用

◉さらなる理想郷としてのメタナショナル・モデル

トランスナショナル・モデルからさらに一歩踏み込んだのが、ドーズらによるメタナショナル・モデル[*14]です。

「メタ」はギリシャ語で「超越する」を意味します。つまりメタナショナル経営とは、自国の優位性をベースにした戦略を超えて、グローバル規模で価値創造を行い、競争優位性を構築する経営を指しています。

以前であれば長期にわたって安定的に存続していた国の強みも、現在では急速に衰えたり、他国に劣後してしまったりすることが珍しくありません。日本の半導体産業やアメリカの自動車産業は、その顕著な例といえるでしょう。その一方で、思いもかけないところでイノベーションが生まれ、世界を席巻することもあります。自国はもとより、あの国はあれに強い・弱いといった固定観念にとらわれていては、こうした変化に対応することはできません。

世界のあちこちで生まれる技術、ナレッジ、能力、市場のニーズをいち早く感知して自分たちのものとし、そこから革新的な製品やサービス、あるいは生産プロセスを創造することでしか競争優位は持続しません。ナレッジが価値を生む知識経済《ナレッジ・エコノミー》時代のこうした課題に対応するものとして、メタナショナル・モデルは登場しました。

14 Yves L. Doz, José Santos and Peter Williamson, *From Global to Metanational*, Harvard Business School Press, 2001.

メタナショナル経営におけるナレッジの流れは、それまでのものとは異なります。本社からローカルへ一方的にナレッジを提供するのではなく、またローカルから本社へ吸い上げるだけでもなく、本社→ローカル、ローカル→本社、ローカル→ローカルと柔軟に方向性を変えて、世界中の拠点がそれぞれの持つ専門性をベースにナレッジを提供し合い、融合させるのです。

しかし、自国の優位性に立脚して成長してきたグローバル企業にとって、このような相互運用性《インターオペラビリティ》を確立するのは簡単ではありません。ドーズらは、次の3つの呪縛から脱却することが必要だと説きました。

①自国主義からの脱却

本拠を置く自国が最大の競争優位の源泉であるという考え方を変える。

②既存の力関係からの脱却

先進国のみならず辺境のナレッジからもイノベーションは生まれる。大国の大きな市場の声にばかり注意を払うべきではない。

③既成概念からの脱却

ローカル適応によって得た経験や成果から、ほかの国におけるイノベーションが生まれる可能性もある。ローカル適応はその国の特殊な市場のためだけのものだという考えを改める。

問題は、これまでの組織のままで、こうした考え方ができるようになるのかということでした。ドーズらはこの点について、「四角い釘を丸い穴に無理に押し込むようなものだ」として、組織の根本的な変革が必要だと述べています。そのうえでメタナショナル経営を目指すためには、3つの段階それぞれにおいて以下の能力の構築が必要だとしました。

第1段階：新しいナレッジや市場を感知する

- 新たな技術や市場を予知する能力
- 新たな技術や市場に関するナレッジにアクセスする能力

第2段階：ナレッジを流動化する

- 入手したナレッジを本国と第三国に移転する能力
- 新たなナレッジをイノベーションに向けて統合する能力

第3段階：ナレッジを活用して、イノベーションを行う

- 創造されたナレッジを日常のオペレーションにつなげる能力
- 生み出したイノベーションを活用する能力

言い換えれば、こうした能力を持つ組織を構築できれば、自国の市場が小さい、技術の蓄積が乏しい「不利なところに生まれた」企業であっても、世界的な成功を収めることができるかもしれません。一方で、自国の強さにおごり、ほかの国や市場から学ぶ謙虚な姿勢がなければ、ほどなく優位性は失われます。

競争優位の源泉としての経営戦略の賞味期限が短期化するなか、陳腐化した優位性を捨てて新しい優位性を連続的に獲得することでしか、競争優位性は実現できなくなっています。デビッド・J・ティースは、このように環境変化に対応して既存の資源や知識を再構成する力をダイナミック・ケイパビリティ[*15]と呼び、持続的競争優位を確立し、企業が生き残るために不可欠だと論じています。

とはいえ、言うは易く行うは難し。だれにでもできることではありません。覚悟を持って「いま」を否定できないのであれば、この憧れの境地へ到達することはないでしょう。

さて、ここまで企業の国際展開やグローバル経営に関する理論進化の過程を見てきましたが、現実はどうなのでしょうか。ワールドクラスは、かつて理想論と呼ばれたトランスナショナル経営を実践していると前述しましたが、それはグローバルで事業展開している企業のなかでも、ほんの一握りにすぎません。グローバルといっても、実際に世界中に万遍なくビジネスを展開している企業もそれほど多くはありません。

たとえば、アラン・M・ラグマンらは「グローバル戦略など存在しない。現実のグローバル・ビジネスは、過去、現在、未来とも、トライアド＝米欧日（亜）３極体制を基本とする。多国籍企業は基本的にはトライアドの一極市場内で主な活動を展開し、その他の極の市場に進出している。そ

15 David J. Teece, *Dynamic Capabilities and Strategic Management*, Oxford University Press,2009.（邦訳『ダイナミック・ケイパビリティ戦略』ダイヤモンド社、2013年）で、ティースは、経営者がダイナミック・ケイパビリティの重要な機能を占めることを解説している。

の戦略はグローバルではなくリージョナル戦略である」[16]と述べています。

多くの企業の事業展開に対するラグマンの指摘は事実です。それでも、このような事業活動を企業戦略という経営資源配分の視点からいかに統合するか、その実行のためにいかに最適な組織を構えるかとなると、きわめてチャレンジングであり、その実践はたやすくありません。

グローバルは経営における最も悩ましいアジェンダの一つとして存在し続けています。

多様性を価値化する経営

一様でないグローバルでの経営において、より重要性が高まっているのが、ダイバーシティに対する姿勢です。ダイバーシティは単に状態を指す言葉なので、正しくは「ダイバーシティ&インクルージョン」（D&I）、すなわち多様性を価値あるものとして組織全体で一体性をもって活かしていくこと、と言うべきでしょう。

よく言えば多様性、別の言葉にすれば異質性への関心は古くからあり、最も有名なのがホフステッド指数です。これは、社会心理学者のヘールト・ホフステードが、1960年代後半から1970年代前半にかけてIBMの社員を対象に実施した調査を基に、権力格差、個人主義／集団主義、達成志向／育成志向、不確実性の回避という4つの次元で国民文化を定義したものです。のちにほかの調査結果を統合して、長期志向／短期志向、人生の楽しみ方の2つが加わり、現在では6次元

16 Alan M. Rugman and Alain Verbeke, "A perspective on regional and global strategies of multinational enterprises," *Journal of International Business Studies*, vol.35, No.1, 2004.

モデルとなっています。

同様なものに、ロバート・ハウスらが行ったGLOBE[*17]調査もあります。こちらはホフステードの研究をさらに発展させ、グローバル経営におけるリーダーシップ開発に応用することを目指したプロジェクトで、1994年から1997年にかけて、62カ国で1万7000人以上を対象にアンケート調査が行われました（**図表1-6**参照）。

ホフステッド指数が国ごとの文化の違いを「比較する」ツールであったのに対して、エリン・メイヤーのカルチャーマップ[*18]は異文化を「理解する」ためのツールとして提示されました。異文化マネジメントの先行研究を下敷きにしながら、ビジネスの場でより活用しやすいように、コミュニケーション（ローコンテクスト／ハイコンテクスト）、評価（直接的な批判／間接的な批判）、決断（合意志向／トップダウン）、リード（平等主義／階層主義）など、8つの指標を基に各国のビジネス文化の違いを示したものです。カルチャーマップを活用することで、無用な衝突を避け、多様性を強みに転換することができるとメイヤーは述べています。

また、D&Iより範囲を広げることになりますが、海外ビジネスを展開する際に、前出のゲマワットのCAGEフレームワークは、国民性といった文化のみならず、制度、地理、経済の4つの視点から進出先候補の国と自国の間の「距離」をできる限り定量化し、事前にリスク要因を分析する枠組みであり、一様ではないがつながっているグローバルをより包括的に理解するうえでの手掛かりとなります。

17 Global Leadership and Organizational Behavior Effectiveness

18 Erin Burkett Meyer, *The Culture Map: Breaking Through the Invisible Boundaries of Global Business*, PublicAffairs, 2014.（邦訳『異文化理解力』英治出版、2015年）

図表1-6｜国民文化と価値観

ホフステッド指数

権力格差	制度や組織における権力の不平等配分をどの程度容認できるか
個人主義／集団主義	集団の一員としてではなく、個人として行動することを好む程度。集団主義は個人主義の程度が低いことを意味する
達成志向／育成志向	達成志向は、自己主張や金銭・物資の獲得、競争をどの程度優先するか。育成志向は、人間関係へ価値をどの程度示すか
不確実性の回避	はっきりとしない状況に対して、どの程度はっきりさせることを好むかの程度。不安はストレスや攻撃性などに表れる
長期志向／短期志向	未来に目を向け、倹約や忍耐を重視するか、過去や現在に目を向け、伝統や社会的義務の遂行を重んじるか
人生の楽しみ方	抑制が強く、幸せや社会肯定的な感情を得にくい社会か。幸福感や肯定的な感情を得やすい充足的な社会か

GLOBE

自己主張	謙虚さ、思いやりと対極。対立的、自己主張、競争といった価値観をどの程度後押しするか
未来志向	将来への投資などの未来志向の行動をどの程度後押しし、見返りを与えるか
ジェンダー分化	性別による役割分担をどの程度まで推し進めているか
不確実性の回避	将来の予測不可能な状況を軽減するために、社会規範や手順にどの程度依存しているか
権力の格差	社会の成員が権力の不平等な配分をどの程度見込んでいるか
個人・集団主義	社会的な制度が、組織や社会内の個人がどの程度集団と一体化することを後押しするか
グループ内集団主義	家族や親しい仲間、企業などの小集団のメンバーであることにどの程度誇りを持っているか
業績志向	優れた業績や業績の向上をどの程度後押しし、それに対してどの程度見返りを与えるか
人情主義	公平、利他的、寛大、思いやり、親切といった価値観をどの程度後押しし、見返りを与えるか

図表1-7｜ダイバーシティの次元

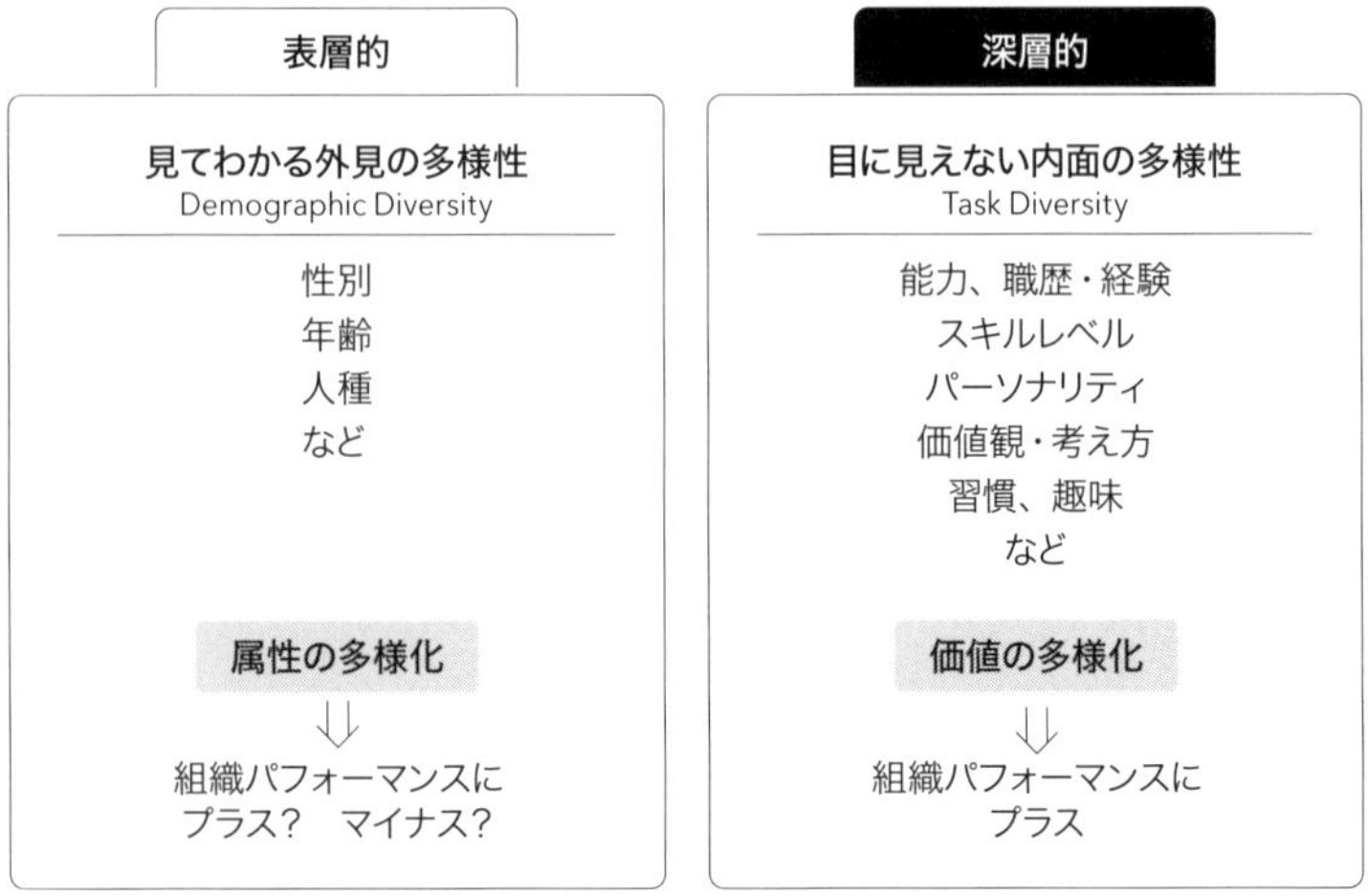

表層的	深層的
見てわかる外見の多様性 Demographic Diversity	目に見えない内面の多様性 Task Diversity
性別 年齢 人種 など	能力、職歴・経験 スキルレベル パーソナリティ 価値観・考え方 習慣、趣味 など
属性の多様化 ⇩ 組織パフォーマンスに プラス？　マイナス？	**価値の多様化** ⇩ 組織パフォーマンスに プラス

D&Iを経営に活かすためには、目で見てわかる外見の表層的な多様性への対応をしつつ、目に見えない内面の深層的な多様性を取り込まなければならないことはいまではよく知られるところです。前者は性別、人種など「属性」の多様化を、後者は能力、経験、価値観などから「価値」の多様化をもたらします（**図表1-7**参照）。

そして、前者の効用は定かではありませんが、後者は組織パフォーマンスにポジティブな効用をもたらすといわれています。属性が価値の多様化をもたらすこともあるので、両者を過度に区別する必要はありませんが、属性視点からの形式的な対応になっていないかには気をつけるべきです。

世代間の違いはその最たる例かもしれません。欧米では、「トラディショナリスト」「べビーブーマー」「X世代」「Y世代（ミレニアルズ）」「Z世代」、日本では「団塊」「しらけ」「新人類」「バブル」「団塊ジュニア」「ゆとり」「さとり」などと呼ばれています。

これまで年齢は「属性」に分類されてきました。それ以前に、ダイバーシティの一要素とは見られていなかったかもしれません。しかし世の中が大きく変わりゆく現在においては、世代間のものの見方や受け止め方の多様化を「価値」と認識し、事業戦略や企業経営に取り入れていくべきでしょう。

グローバルという環境は一様ではなく、つながりのある多様な状態です。そしてそれは常に動いています。時に揺り戻しもありますが、後戻りすることはないでしょう。ですから、グローバルでの経営も、究極的な答えはなく、動的な営みとなります。ワールドクラスがそれにどう挑み続けているのか、次の章では組織論的な観点から見ていきます。

column

この先の経営を考えるに当たって

資本市場、産業革命、そして人口増加。これら工業化時代における成長モデルの諸前提に大きな転換が見られます。この先の時代の企業経営に少なからぬ影響を及ぼすことでしょう。確実性も網羅性も担保できる類いではありませんが、未来については各方面から諸説語られています。

いずれも突如現れたものではなく、昔からいわれ、すでに存在していましたが、さまざまな形で身につまされるようになって認知されるようになりました。また、いずれも単独で存在するものではなく、相互に複雑に絡み合い、影響し合っています。地球も人間社会も一つのシステムだからです。

ホリスティックなものの見方、コンテクストからの学び方、そして、統合的なものの考え方をするうえで大切なことであり、経営への関わりよりも前に社会で生きていく一人の人間として気にかけておくべきことでもあります。

資本主義の行く末

東西、南北という「国家間」から、一国内における「内内」、そしてごく少数の「超富裕層の登場」など、格差を基点として厳しい視線が向けられているのが資本主義です。産業革命以来の工業化時代においてとてもフィットした、経済活動に不可欠な経営資源である資金の流れを生み出すこの社会システムが今後どのように進化を遂げていくのか。不完全な人間が生み出したシステムですから、万能ではありません。とはいえ、何か新しい「主義」にいきなり取って代わられることはないでしょう。資本市場も株式会社も存在し続けます。

ただし、たとえばですが、投資家と企業、両者の「目的」に応じて、これまでよりも資本市場を区分し、資本の「意味」や市場参加者の「関係性」に多様性を持たせることで、いまのような受け手と出し手の画一的なあり方が変化していくかもしれません。そのなかでは、「市場関係者」という外野の動きに惑わされない、一人の資本家と一人の事業家との本来的関係性への原点回帰もあるでしょう。人が減り、経済も縮みゆく日本においては、グローバルで戦う銘柄と国内を守っていく銘柄で資本市場を分け、コーポレート・ガバナンスなどのルール・コードもそれぞれで制定し、国としての産業政策、産業再編に備えることも一考ではないでしょうか。

また、現代の資本主義で成功した事業家、あるいは資産家、つまり超富裕層がポスト資本主義においてどのような役割を果たすのかにも注目です。新たなノブレスオブリージュ——これまでも公益のための財団や基金設立はよく見られましたが、資金の出し手としての桁違いの拠出や新しい手段の考案など、「キャピタル・イノベーション」を期待しています。

人智を超える(?)テクノロジー

テクノロジーの進化と相まってグローバル化は進展してきました。それ以前に、戦争や環境破壊などさまざまな過ちを経験しながらも、テクノロジーは人間社会を発展させ、豊かにしてきました。人力ではできなかったことを可能にし、また、人を危険から遠ざけるなど、大筋ではテクノロジーの進化にはよい面が多く、これからもそうだと思います。しかしいま、テクノロジーは、人間の「代替」となる、あるいは人間を支配する存在＝「脅威」と見なされるようにもなっています。ある程度豊かで便利になり、満たされているがゆえに、いまの経済前提の社会に行き詰まり感があるのかもしれません。テクノロジーと代替関係になるのではなく、協働関係を活かした新たな活動領域を見出すことができるかが問われます。

１９４０年代からブームと冬の時代を繰り返してきたＡＩが、２００５年のレイ・カーツワイルが発表した技術的特異点《シンギュラリティ》に関する説、２００６年のジェフリー・ヒントンによる深層学習《ディープラーニング》の開発などにより第３次ブームが始まり、現在さまざまな領域で社会実装が進んでいます。今回こそは本格化といえるでしょう。ＡＩとロボティクスといったテクノロジー同士はもちろんのこと、ＢＭＩ（Brain Machine Interface）のような人間とテクノロジーの融合もこれから活発になるかもしれません。

労働人口が激減する日本では、手近なところとして、労働力を埋めるためにオートメーションをこれまで以上に徹底的に活用する。すでに進めている生産ラインやバックオフィスなどのオペレーション領域のみならず、先の予測や、経営判断の進捗・結果のモニタリングといったマネジメント領域においてもどんどん応用すべきでしょう。また、外国語の苦手意識を逆手に取って各国言語をリアルタイムでネイティブ並みに自動通訳・翻訳するコミュニケーション・ツール、あるいはスペースを開発し、日本人のみならず外国人人材にとってもコミュニケーションのハードルを低くする。働きやすい環境を提供することは、グローバルでの人材獲得競争の助けとなるかもしれません。テクノロジーを武器にして、ITでの遅れを一気に挽回する気概をもって、いい意味で「ここまでやるか」という驚くべき企業像を見せたいところです。

ほかにも、ゲノム編集によって不治の病が不治でなくなる可能性が高まる半面、デザイナー・ベイビーの誕生など生物としての「人間の存在」そのものが問われたり、利便性向上と環境負荷低減を同時に追求するために新素材を開発したりと、テクノロジーが進化すればするほど人としての「倫理観」や「民度」がより試されます。

人口動態の振れ幅

外部環境の変化の多くは予測不可能ですが、ピーター・ドラッカーも唯一予測可能な未来として挙げたのが人口動態です。需要と供給、市場と生産力、そして国力、これらは人口動態によって大枠が規定されます。量が支配する世界ではないと信じたいところですが、なおも人口は各所に大きなインパクトをもたらします。

日本はかなり前から高齢化、そして少子化になることがわかっていたにもかかわらず、手をこまねいているうちに急速に進んでしまいました。世界に目を向けると人口は拡大していますが、多くの国ですでに高齢化の兆しが見られるようになってきました。また、拡大のペースについても、国連統計による2100年に110億人という爆発的な数値をかなり下回る予測が報告されています。国連の予測は出生率や死亡率などのシンプルな変数で算出されていますが、都市化の進展や女性の社会進出などの要素も変数に入れることで大きく予測は振れます。[19]

人口が増えすぎてしまっては、そもそも地球がもたないわけですが（すでにそうなのかもしれません）、世界人口はかつていわれていたほどには増えないという前提の下で、成長とは何かを問い質すことになりそうです。

日本はこれから、短期間に急速な人口減時代を迎えます。内需が萎むなかで、国民は大きな負荷を強いられることになりますが、他国に先んじた経験から成長の新たな意味を示すことができれば、再びプレゼンスを発揮することができるかもしれません。

地球環境のキャパシティ

レイチェル・カーソンの『沈黙の春』（新潮社、1964年、刊行時は『生と死の妙薬』）、ローマクラブの『成長の限界』（ダイヤモンド社、1972年）などの発表から50年ほど経ちました。その後、地球サミットの開催（1992年）やエコロジカル・フットプリント[20]

19 Jorgen Randers, *2052: A Global Forecast for the Next Forty Years*, Chelsea Green Publishing, 2012.（邦訳『2052』日経BP、2013年）は、2040年前後から世界人口は減少に転じると述べている。また、Darrell Bricker and John Ibbitson, *Empty Planet: The Shock of Global Population Decline*, Signal Books, 2019.（邦訳『2050年 世界人口大減少』文藝春秋、2020年）は、都市化や女性の権利拡大などを変数に入れ、2050年に90億人に届かず、その後減少していくと予測している。

20 人間の生活が地球環境に与えている「負荷」の大きさを測る指標。

の提唱（1992年）、トリプル・ボトムラインの提示[*21]（1994年）などを経て、SDGsの採択（2015年）、最近ではESG[*22]やTCFD（Task Force on Climate-related Financial Disclosures：気候関連財務情報開示タスクフォース）への注目も高まっています。ようやく、壊れやすい地球環境と真剣に向き合い始めたように見えます。これは、もはや「異常気象」では済まされない「気候変動」がもたらしている日々の生活への影響を実感し、他人事ではいられなくなってきたからだと思います。

人間が生きていくために必要となる食料とエネルギーの生産、そして人間活動の結果として生み出される廃棄物の浄化。人口が増大するなか、カーボン・ニュートラルなど、テクノロジーの進化を活かしたさまざまな「工夫」を重ねていますが、地球にフットプリントを残すような「工夫」が新たな火種をもたらすなど、模索は続いています。結果、地球全体として需要過剰《オーバーシュート》を起こしており、持続的とはほど遠い状況です。これまで以上に地球に負荷をかける可能性は高いと言わざるをえません。

地球環境は、人智の及ばないところでとてつもなく長い年月を経て形成されました。人間ごときが再生できるなどとおごった考えを改め、「流行り」で終わらせないサステナビリティを社会に実装できるかどうかに、人類の成熟した発展が試されていきます。

いまの日本は食料（結果的に水も）とエネルギーを海外に依存する国ですが、これから人口減少が進むのならば、その過程において、世界から範とされる「地球環境に迷惑をか

21 環境的、社会的、経済的の3つの側面から企業活動を評価すること。

22 環境（Environment）、社会（Social）、（企業）統治（Governance）の頭文字を取ったESGとは、投資ファンドが企業を評価する際の指標として用いられている。

けないサステナブルな人間社会のあり方」を提示したいものです。

生物には、みずからのＤＮＡを残すための生存本能がありますので、綺麗事ばかりでは生きていけません。ただ、さまざまな苦難を乗り越え、ようやく人間社会はここまできました。搾取なく、ギスギスせず、無関心にもならず、アナログも大事にしながら、皆が心地よく命を全うできる社会へと進化することができたなら、未来の世代に対して恥ずかしくないでしょう。道のりは長く、平坦ではありませんが、アブラハム・マズローが晩年に示した「第６段階」[*23]を目指して。

それは、これから起こりうる「人間対未知」の戦いに打ち勝っていくための原動力ともなるはずです。

23 人間の欲求を分類した生理的、安全、帰属、承認、自己実現という5段階の上位概念として、6段階目の「自己超越」を提示した。

第2章

*

組織の設計思想

人間は、個々では弱く小さな存在です。また、よく言われるように、家族、学校、会社、地域などで群れをつくる、社会性のある動物です。個々の力は小さいがゆえに、力を合わせ、大きな目的や目標を実現するための集団をつくるわけです。

社会科学でいう組織とは、特定の目的を達成するために秩序だった体系を備えた集団と定義されます。つまり、集団が形成され組織に推移するには、個々の考え方やマインドは千差万別でも、一定の秩序が必要になってきます。

ところが、寄せ集めの集団が組織に進化する過程で問題が生じます。一部の人間が支配を志向したり、自己利益を追求したりするのです。組織のなかで一部の人間が力を得ると、必然的にそれ以外の人たちに影響が及びます。そうして派閥ができて、内輪もめが起きたり、駆け引きが始まったりします。

くわえて、人も組織も元来、「流体」であるにもかかわらず、いまのこの瞬間が永遠に続くと信じ込み、そこに普遍性や固定化を求めて変化の必要性を直視しなくなる。そのような人間が、組織という「形」を構成しているのです。その成り立ちと経緯を考えれば、世の中に完璧な組織など存在するわけがありません。そう、なくて当然といえるでしょう。

とはいえ、現代企業は、事業目的を遂行する〝流体の組織〟を運営しなければ成り立ちません。経営者には、柔軟性を担保しつつできる限り長く機能する形をつくり主導することが求められるわけで、みずからの経営の成否が組織の設計と運営によって決まるといっても過言ではありません。

企業経営において組織論が重視される理由もここにあり、経営者の永遠の課題といえるでしょう。組織の設計には、時代や環境に合った「自由」と「規律」の最適なバランスを模索することが求められます。では、組織設計における「自由」とは何か、「規律」とは何か、そもそも組織の形はどうあるべきなのか。

ワールドクラスの組織設計は、今日までの試行錯誤の過程を経て進化してきました。その過程において、さまざまな視点から数多の組織論が編み出されました。そこで本章では、組織について考える際に、基本として押さえておくべき論考を確認します。そして、組織成長の因子と経路を整理し、ワールドクラスの進化の背景にある組織の設計思想を見ていきます。

大事なことは変わらない

第1章でグローバル経営論の変遷を見ました。そこからもわかるように、企業を取り巻く環境は刻々と変わり、グローバル経営は新たな課題に直面するつど新たなコンセプトや手法を編み出して変化への適応を試みてきました。その過程には成功もあり失敗もあり、経営としての判断を誤り、消失した企業の例は数え切れません。

いまとなっては、「あの選択が間違っていた」「あの戦略は妙手だった」「あの決断がイノベーティブだった」といった評価や分析ができますが、その渦中にあって的確な判断ができたと言い切れるでしょうか。過去の企業事例は、すべて結果論なのかもしれません。

ただ一つだけ確かなことがあります。それは、企業経営に「永遠はない」ということです。当然組織についても、同じことがいえます。

企業組織の変革の事例は枚挙にいとまがありませんが、完璧な正解や究極の形はありません。変化の連続、そして揺り戻しの繰り返しです。だからこそ、組織設計における基本原則＝大事なことを振り返ることは、不確実性の高い現代において意味があります。

企業における仕事、機能、そして組織のあり方についての数多ある考察について、「経営者・実務家・思想家・学者」のだれが論述したのか、また「社会学・経済学・心理学」の分析アプローチを用いたのかなど、分類の仕方は種々ありますが（**図表2‐1**参照）、1900年前後からずっと議論されてきました。今日においてなお組織論に関して多くの文献が発表されていることも、組織に最終形がないことの証左かもしれません。

各時代の環境変化を踏まえた新規性のある取り組みを分析・評価し、そこから何らかの一般的かつ普遍的な答えを導き出そうとする研究も盛んに行われています。本書を執筆している2020年現在でいえば、社内に階級や役職を設けないホラクラシー型組織や、指示系統がなく、メンバー一人ひとりが自主的に意思決定をしながら進化を続けるティール組織などに見られる、フラットでネットワーク重視の組織論が近年の「流行り」といえるでしょう。ところがこれらを実践するとなると、組織を構成する個々人の成熟度《マチュリティ》が要求されますので一筋縄ではいかないというのは皆さんがご

図表**2-1**｜組織研究の構図

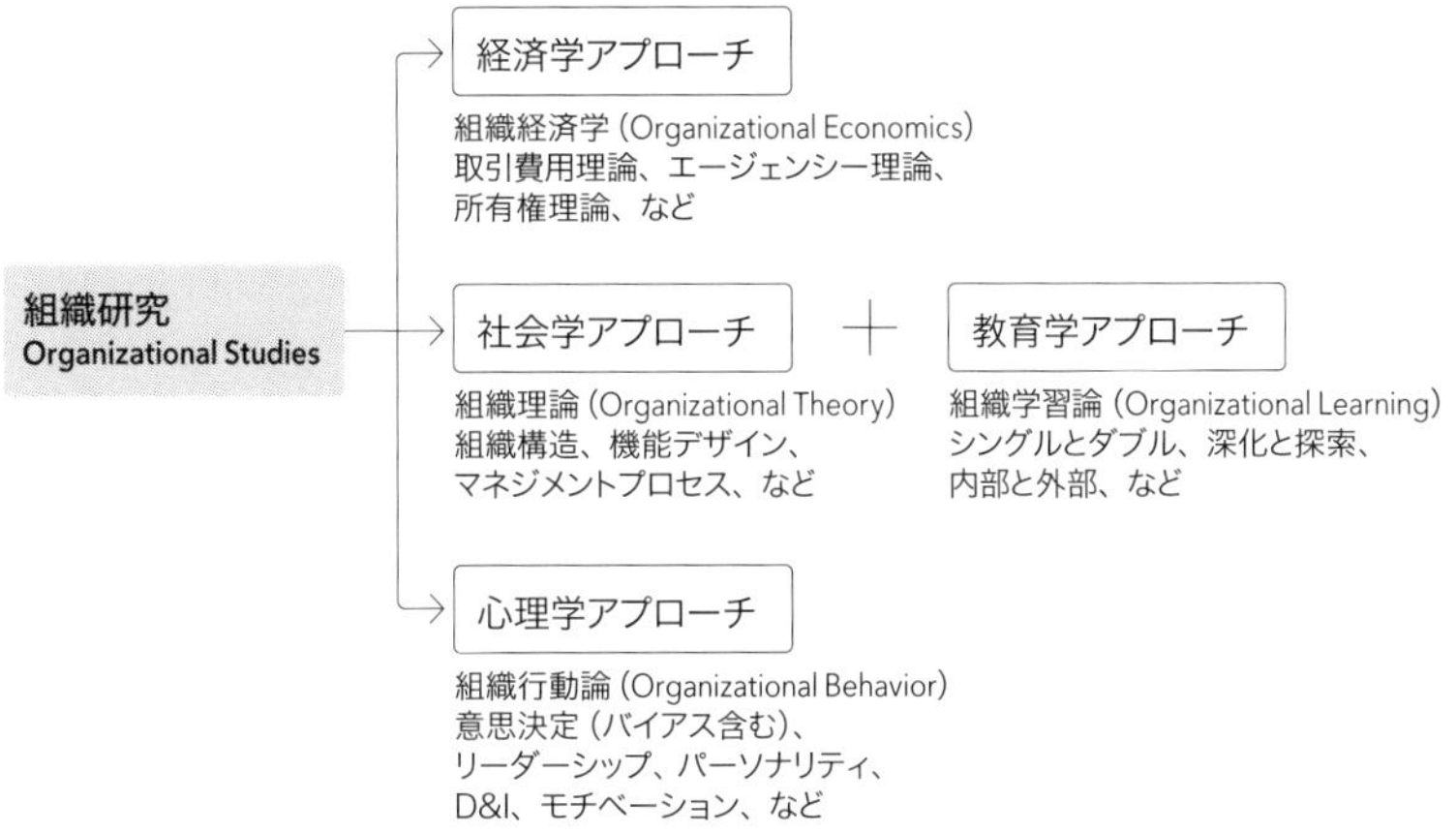

想像される通りです。

「流行り」を軽んじるつもりはありません。従来と異なる組織体制や管理スタイル、つまり現代的な「自由と規律」が求められていることの表れであり、変化に適応していくにはこうした動きに目を配ることは必要です。とはいえ、本当に「新しい」といえるか。こうした見識眼を養ううえでも、20世紀の経済発展を牽引した大規模企業がどのようにして生まれ、成長し、変化していったのか、それを支えた理論を知ることは重要です。その基本は組織論の系譜にあると筆者らは考えています。なぜなら、大事なことは昔から言われ続けているからです。「いろはのい」ではありますが、ワールドクラスの組織設計の思想を考えていくに当たり、いくつか紹介したいと思います。

本章でこれを取り上げる目的は、組織研究の系譜を詳《つまび》らかにすることではありません。学際的な

図表2-2｜組織論の系譜とGDPの変化

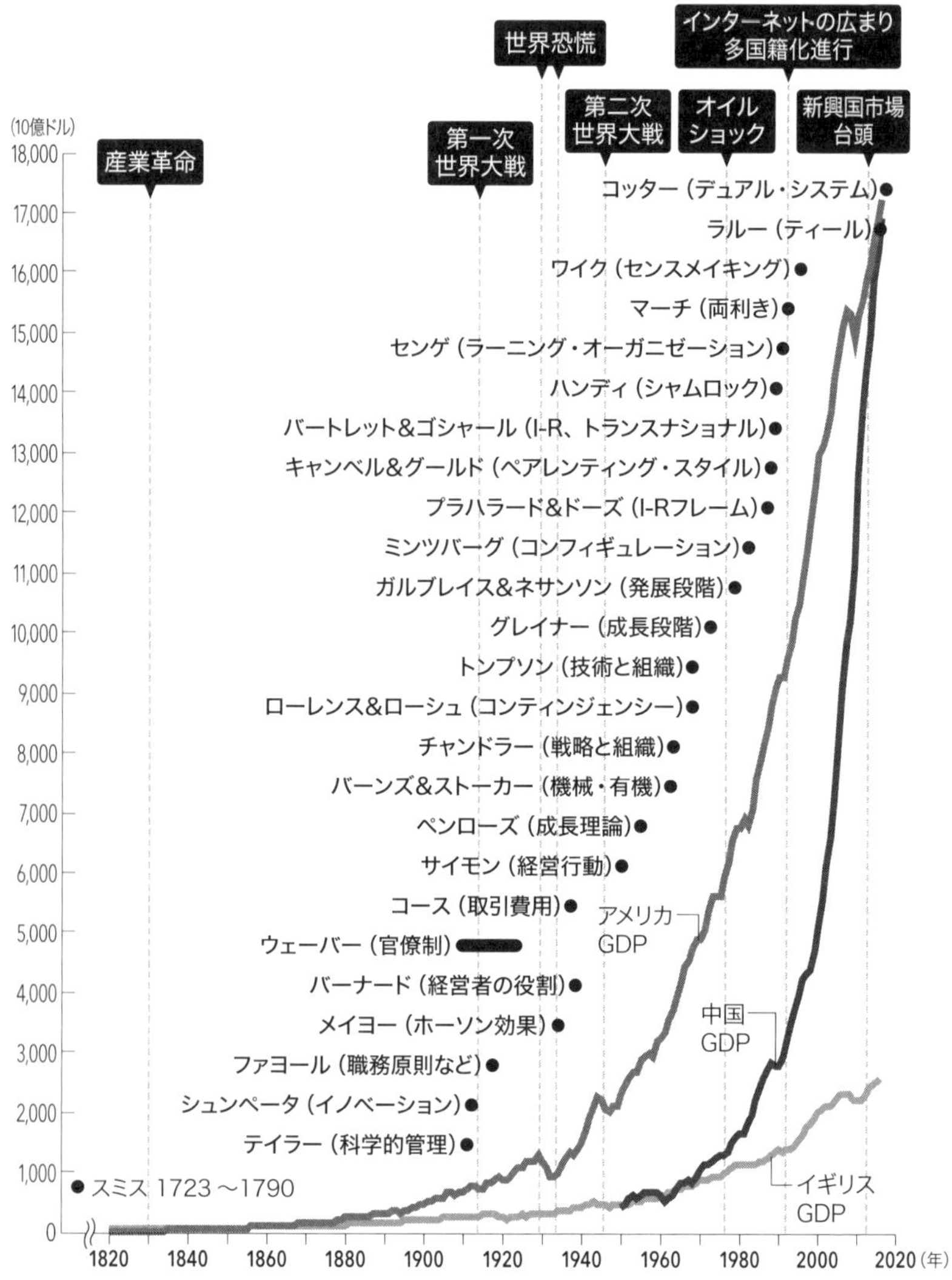

インターネットの広まり
多国籍化進行
世界恐慌
第二次
世界大戦
オイル
ショック
新興国市場
台頭
(10億ドル)
第一次
世界大戦
産業革命
18,000
17,000
16,000
15,000
14,000
13,000
12,000
11,000
10,000
9,000
8,000
7,000
6,000
5,000
4,000
3,000
2,000
1,000
0
コッター（デュアル・システム）
ラルー（ティール）
ワイク（センスメイキング）
マーチ（両利き）
センゲ（ラーニング・オーガニゼーション）
ハンディ（シャムロック）
バートレット&ゴシャール（I-R、トランスナショナル）
キャンベル&グールド（ペアレンティング・スタイル）
プラハラード&ドーズ（I-Rフレーム）
ミンツバーグ（コンフィギュレーション）
ガルブレイス&ネサンソン（発展段階）
グレイナー（成長段階）
トンプソン（技術と組織）
ローレンス&ローシュ（コンティンジェンシー）
チャンドラー（戦略と組織）
バーンズ&ストーカー（機械・有機）
ペンローズ（成長理論）
サイモン（経営行動）
コース（取引費用）
アメリカ
GDP
ウェーバー（官僚制）
バーナード（経営者の役割）
メイヨー（ホーソン効果）
中国
GDP
ファヨール（職務原則など）
シュンペータ（イノベーション）
テイラー（科学的管理）
スミス 1723～1790
イギリス
GDP
1820
1840
1860
1880
1900
1920
1940
1960
1980
2000
2020（年）

研究ではなく、素人による整理なので、網羅性があるわけではなく、体系的に正しく論じるものでもありません。ただし、ここで取り上げる組織論はいずれも原理原則を述べており、「大事なことは変わらない」という事実を知ることができます。この知識が読者の皆さんの血となり肉となり、企業組織を導くうえで必ず重要な視座を与えてくれるはずです（図表2-2参照）。

古典的組織論が提示した分業、専門化、相互依存

組織としての目標を達成するうえで、人をどのように配置して責任と権限を与え、作業単位をどのように構造的に配置すればよいのか、最も有効な方法は何か。組織論においては常にそのことが議論されてきました。その源流は近代経済学が誕生したときにまで遡ることができます。

近代経済学の父と呼ばれるアダム・スミス[*1]は1776年に発表した『国富論』[*2]で、資本主義という経済システムの性質と自由競争市場のメカニズムを世界で初めて明らかにしました。そのなかでスミスは、「見えざる手」、すなわち市場原理に基づく自動調整メカニズムによって導かれる自由競争こそが資源の最適配分と経済成長をもたらすとし、それぞれの利己心による社会的分業が生産性を高めると述べています。社会構造概念の中核ともいえるこの「分業」[*3]について考察したことで、スミスは歴史上、組織論に関する本を最初に書いた人物といわれています。

業務の「分化」や労働の「専門化」を含む分業が、なぜ労働生産性を上昇させるのか。その理由

1 イギリスの経済学者。14歳でグラスゴー大学へ進学して数学と倫理学を学び、その後17歳でオックスフォード大学のベイリオルカレッジに進んだ。

2 原題は、An Inquiry into the Nature and Causes of the Wealth of Nations（諸国民の富の性質と原因の研究）。執筆に10年を要し、当時の重商主義的政府とその保護貿易策に異を唱えるものであった。

3 スミスは、伝統工芸のように一人の作業者が製造の全段階を受け持つのではなく、一つの段階に集中する分業制の利点の例を多く挙げている。彼の考えは1760年以前の生活をベースにしており、機械の導入により分業がいっそう合理性を増し、時には過酷な必要条件になることは予見していなかった。

についてスミスは、次の3つを挙げています。

- 作業量の増加に伴う労働者の技能向上
- 作業変更に伴う注意散漫や無駄な時間の減少
- 機械の発明と改良

つまり、さまざまな作業の適切な分割と結合の結果、「かけ離れて異なったものの力を組み合わせることができる」として、機能別分業のメリットを指摘しました。

また、フランスの社会学者エミール・デュルケームは、1893年の『社会分業論』において、農業社会から工業社会への構造転換を、工業化がもたらした労働の専門化の結果と考察。専門化は社会成員の異質化や個性化をもたらし、仕事役割やタスクといった社会の諸単位の「相互依存」が深まることで有機的な連帯が生まれると説明しました。

ほかにもこの時代には多くの偉人がいます。現代においても組織を設計するうえで論点となる諸概念は、この頃すでに彼らによって観察されていました。

◉――マックス・ウェーバーの官僚制

官僚《ビューロクラシー》制の概念そのものは18世紀にすでに見られましたが、それを本格的に研究し、体系的に論じたのがマックス・ウェーバー[*4]です。ウェーバーは『経済と社会』において、「支配の社会学」や「支配の諸類型[*5]」などに続いて官僚制の定義やその社会的な影響を論じており、官僚制は社会秩序を合理化し、産業組織の技術的効率性を社会のあらゆるものに拡大できると論証しています。

また、ヨーロッパの政府組織の研究を通して、**図表2-3**のような条件がそろった組織ではルールに則った効率的な業務遂行が可能だとして、大規模な組織を合理的かつ効率的に管理するための合法的な支配形態として官僚制を位置づけました。

6つの特徴を見ると、前近代的な組織で頻繁に見られたえこ贔屓や社会的地位による差別、賄賂などの不当なやり方に基づく組織とは大きく異なる、現代に続く組織の基本的な要件が1900年代前半にすでに整理されていたことがわかります。なかでも「専門化と分業」「権限の階層構造」「ルールと手続き」の3つの中核概念は、その後の組織論に大きな影響を与えました。

組織がライフサイクルの各段階を進むにつれ、大規模化と複雑化に伴って官僚主義的特徴を帯びてくることを、我々は経験上知っています。アメリカの社会学者、ロバート・K・マートン[*6]の「官僚制の逆機能[*7]」の指摘などに見られるように、官僚的、官僚主義といった言葉は形式的で硬直的な

4 1904年に*The Protestant Ethic and the Spirit of Capitalism*（『プロテスタンティズムの倫理と資本主義の精神』）を発表。

5 組織研究に対するウェーバーの主要な貢献は、なぜ人は命令に従うのかという彼の興味に端を発している。この興味は、抵抗にかかわらず服従を強いる力としての「権力」と、明らかに自発的に当然のこととして命令に従わせる力としての「権威」とを区別させることになった。権威構造には、「伝統的権威」「カリスマ的権威」「合理的・合法的権威」があり、工業化社会では合理的・合法的権威が用いられるようになったとした。

6 官僚制論、マス・コミュニケーション研究など社会学上の業績は多岐にわたり、1994年にアメリカ国家科学賞を受賞。息子の経済学者ロバート・C・マートンは、ブラック＝ショールズ方程式を確立させた貢献により、スタンフォード大学のマイロン・ショールズ教授とともにノーベル経済学賞を受賞した。

7 訓練された無能力、目的の移転、規則への過同調、繁文縟礼、セクショナリズムという観点から官僚制を批判した。

図表2-3｜成功した官僚主義的組織が持つ特徴

専門化と分業	権限の階層構造	ルールと手続き
専門的資格を有する人員	役職と在職者の分離	書面によるコミュニケーションと記録

様子を批判するときに用いられます。しかし、官僚制が最も先進的かつ合理的な組織のあり方だと考えられていた時代があり、また現代においても大規模組織が効率的に目的を達成するうえで「ピラミッド構造」は有用であり、その優位性は必ずしも否定されるものではありません。

ウェーバー自身、官僚制について、絶対視していたわけでも、無批判であったわけでもありません。組織化を行ううえで、可能な限り効率的な「理想論的な」システムであるとする一方で、人間の基本的自由への脅威であるとも述べています。この官僚制が持つ二面性が、ウェーバー以降も数多くの研究者の間で議論されることとなりました。

ちなみに、官僚制を乗り越える「アドホクラシー」という概念があります。1960年代後半に経営学者のウォーレン・ベニスが最初に提唱し、1970年代に未来学者のアルビン・トフラー[*8]によって広められました。以来、経営学や組織論において広く用いられています。

8 *Future Shock*（邦訳『未来の衝撃』実業之日本社、1970年）、*The Third Wave*（邦訳『第三の波』日本放送出版協会、1980年）、*Powershift*（邦訳『パワーシフト』フジテレビ出版、1991年、最新版は中公文庫、1993年）など著作のほとんどは妻ハイジとの協業による。

フレデリック・テイラーの科学的管理法

マックス・ウェーバーとほぼ同時代を生きたのが、「科学的管理法の父」と呼ばれるフレデリック・W・テイラーです[*9]。長年に及ぶエンジニアとしての経験に基づき、1880年代に入って技術革新に対応できなくなっていたそれまでの生産現場の管理について、作業を正確に把握して適切に仕事を割り当てることで効率化する方法を確立しました。

それ以前の工場では職長や工場支配人が、失業の恐怖などを利用する強制的説得によって労働者を管理しており、仕事について共通の尺度が存在していませんでした。生産管理は管理者の経験や習慣に基づくもので、仕事の割り当ても目分量で行われていました。

賃金は出来高に応じて支払われていましたが、計算根拠となる賃率が明確でなかったため、生産量の拡大に伴う労働コストの上昇を抑えようと、賃金の引き下げが横行するようになります。その結果、「働きすぎると損をする」と感じた労働者が意図的に生産性を落とす組織的怠業が見られるようになり、労使間のトラブルが頻発したのです。

テイラー自身は、管理職として仕事をするなかで、強制的説得以外の管理法の必要性を感じるようになっていました。そこで、労使どちらからも切り離した客観的な基準や作業方法を科学的につくるために行ったのが、原材料の取り扱い、道具や機械の使い方、そして労働者の動機づけなどを

9 亡くなる6年前に『科学的管理法』(Frederick Winslow Taylor, *The principles of Scientific Management*, Harper & Brothers, 1911.邦訳初版は技報堂、1957年、新訳はダイヤモンド社、2009年）を発表。収録された「工場管理法」「科学的管理法の原理」「特別委員会における供述」で述べられた「科学的管理」の概念は、現在ではテイラリズム（テイラー主義）と称されることもある。

対象とする科学的実験です。

その結果、課業（ノルマ）の管理、作業の標準化、機能別組織、成功報酬・不成功減収などを柱とする「科学的管理法《テイラー・システム》」を生み出します。基準作業量と基本となる手順を合理的かつ科学的な方法で定めて、管理者の下で計画的に遂行することによって効率を向上させ、生産性を最大化しようとするものです。

なかでも組織論の観点から特に注目されたのが新たな組織形態である「機能別組織」でした。管理する職長ごとにばらつきのあった班《グループ》の生産性を、職長の機能を計画と執行に分け、さらに部門が持つ機能ごとに職長を配置することで標準化し、未熟練労働者を多く採用しても工場全体の生産性が向上するようにしたのです。科学的管理法はその後、フォード・モーターを創業したヘンリー・フォードによって実践化され、コスト管理を徹底した大量生産方式が導入されました。

その一方で、マックス・ウェーバーと同様にテイラーもさまざまな批判にさらされました。一つは、管理者と作業者、ホワイトカラーとブルーカラーという分離が新たな対立を招き、階級闘争を引き起こすというものです。また、分業によって労働者が単純な作業の繰り返しを強いられることで、仕事が無意味化されるとも批判されました。くわえて、生産現場の管理だけに焦点を当て、企業全体をとらえる視点が欠けているとも指摘されました。

しかしながら、生産の現場に管理の概念をもたらした功績は非常に大きく、その後到来した工業化時代を下支えしたことは間違いありません。また、生産管理論や経営学への貢献度も高く、ヘンリー・L・ガントの[10]「課業・賞与制」やフランク・B・ギルブレスの[11]「動作研究」、またテイラーの門下生であったハリントン・エマーソンによる[12]「標準原価」や「ライン・アンド・スタッフ組織」などへの発展につながりました。くわえて、オートメーションやアナリティクスの技術革新が進む現代の生産プロセスの設計や管理においても、その進化の礎となっています。

◉——アンリ・ファヨールの経営管理論

テイラーが主に生産現場を対象としていたのに対して、企業経営全体を管理するための原則を提示したのが、30年にわたり鉱山会社の社長を務めた実業家であり、経営管理論（管理経営学派）の創始者と呼ばれるアンリ・ファヨールです。[13]彼の功績は工場の作業管理の視点を越えて、企業組織全体の管理について考察したことです。

合理的な管理をするために、ファヨールは、企業活動を①技術、②商業、③財務、④保全、⑤会計、⑥管理（アドミニストレーション）の6つの職能に分類しました。①~⑤は、当時すでに周知の事柄でしたが、⑥についてはそれまで明確に定義されたことがありませんでした。それは、ほかにはない職能——ビジネスの方向性や経営方針、組織の運営、各種の活動の調整、計画と実行のチェックなど——を担うものでした。つまり、管理という機能が①~⑤の機能を覆う傘の役割をするということです。ファヨールは管理という職能を論理的に細分化し、計画（Planning）、組織

10 アメリカの機械工学者。1887年から1893年まで、テイラーの科学的管理法のチームメンバーとして働いた後、ガントチャートなどの労働生産性の測定ツールを開発した。

11 アメリカのマネジメント・コンサルタント。テイラーの研究に「利益の追求」を感じ、労働者のための「工程の効率化」に努めた。

12 アメリカのマネジメント・コンサルタント。産業革命の一産物といわれる原価計算の基礎を1908年頃につくり上げたことが、のちにロバート・S・キャプランとデビッド・P・ノートンによるバランスト・スコアカードを生んだ。

13 フランスの経営学者。鉱山経営と冶金を事業とするフランスのコマントリ・フールシャンボー鉱業会社で、技師としてキャリアをスタートし、1872年に鉱山部門の役員となり、1888年から1918年まで社長を務めた。

図表2-4｜6つの職能とPOCCC

「企業に不可欠な活動」

⑥管理（アドミニストレーション）

計画、組織化、命令、調整、統制

①技術	②商業	③財務	④保全	⑤会計
開発 生産 成形 加工	購買 販売 交換	資本の調達 運用	資産と人員の保護	棚卸 貸借対照表 コスト 統計

→

経営管理プロセス（POCCC）

Planning（計画）

予測や資源を踏まえ、柔軟性・継続性のある、用意周到な行動計画を立てる

Organizing（組織）

責任・権限の系統やコミュニケーションの流れなど、適切な組織をつくり、資源を有効活用する

Commanding（命令）

従業員の状況に精通し、生産性の最大化を図る

Coordinating（調整）

諸活動が正しくかみ合うようにタイミングと順序を決め、手段と目的を適合させる

Controlling（統制）

フィードバックを活用し、諸活動が計画通りに遂行されるようにする（計画は不変ではない）

(Organizing)、命令（Commanding）、調整（Coordinating）、統制（Controling）の5つのプロセス（過程）ととらえました（**図表2-4**参照）。

ファヨールはまた、経営者としての自身の経験則から、管理の要点を定義して14項目から成る管理原則を提示しました。

- 分業：職務の専門化は、個人が専門的な知識や技能を習得し生産性を高めるのを可能にする。
- 権限：権限とは人に対して命令を下す権利のことで、それに見合った責任が伴う。
- 規律：マネジャーがリーダーシップを発揮し、自分の役割を果たして初めて従業員も命令に従う。つまり双務的なものである。
- 命令の一本化：一人の部下に上司は一人だけである。対立や矛盾したほかの命令系統があってはならない。
- 指揮の一元化：同じ目標を持つ活動の指揮者と計画は一つとする。
- 個人利益に対する全体利益の優先：組織の利益はいかなるチームの利益よりも優先され、同じように、合意に基づくチームの利益は個人の利益よりも優先される。
- 従業員への報酬：報酬は公正かつ平等で、正しい努力に報いることによって生産性を高めるものでなければならない。不正に利用されることがあってはならない。
- 集権化と分権化：集権化か分権化かの決まった法則はない。ビジネスに最適な経営条件は何かによって決まる。
- 階層組織：階層は必要だが、それは必ずしも最も迅速なコミュニケーションを実現するものではなく、横のコミュニケーションも同様に必要不可欠である。
- 秩序：適切な組織編成を通じて重複や無駄を避ける。
- 公正：従業員は「温情と正義をもって」扱う。
- 任職の安定性：事業が成功しているほど、マネジメントの体制も安定的である。
- 自発性：従業員に自発的努力を促すことは組織の強みの源となる。
- 結束：マネジャーは従業員の士気を育み開発し、各人が能力を発揮できるよう奨励しなければならない。

この管理原則を眺めてみると、テイラーが機械的な組織観を持っていたのに対し、ファヨールは組織を構成する人間の創意に着目し、規律とともに自由を付与することが従業員の士気を高めると考えていたことが窺えます。ファヨールは、これらの実践に基づいた考えを鉱山会社の社長を退任する前年の1917年にまとめました。[*14]

いまとなっては当たり前の内容です。また、これまでに取り上げた先人たちと同じように、もはや通用するものではないと言われるかもしれませんが、100年以上前にここまで管理が果たす機能を体系化したことはまさしく慧眼といえます。たとえば、管理職能とは、私たちがグローバルで

14 死後、1950年代になって、フランス語で書かれた未完成作品の英訳 *General and Industrial Management*（コンスタンス・ストーズ訳）が出版されたことで、管理経営の研究に対する名声が確立した。

の企業経営で最も大事と考え、本書の中核テーマとしている「コーポレートの機能」を示しています。また、管理原則については、あくまでも原則であり、けっして強制しようとしなかったことは、経営者として生きてきた彼の優れた感覚の表れといえるでしょう。

◉――チェスター・バーナードの組織の定義

第一次世界大戦の軍事需要などを背景に企業規模が急速に拡大するなか、テイラーやファヨールのような主に人と仕事の関係に着目した管理だけでは、組織の問題を解決することが難しくなっていきます。そこで、改めて組織とは何か、またそこにおける経営者の役割とは何かという問いに向き合い、一つの解を導き出したのが、経営論の古典ともいえる『経営者の役割』を著したチェスター・I・バーナード[*15]でした。

バーナードは組織を「2人以上の人々の、意識的に調整された活動、諸力の体系」と定義したうえで、「コミュニティのなかでは、個人や組織のあらゆる行動は直接的または間接的に相互に結び合わされ、相互に依存し合っている」と主張しました。単なる人間の集団ではなく、体系としたところが秀逸です。

その成立要件として、「コミュニケーション」「貢献意欲」「共通の目的」の3つを挙げました。コミュニケーションについては、「空気を読む」「阿吽の呼吸」が有効な一つの手段であること、貢

15 アメリカの電話会社の社長として優れた実績を残し、社長在任中の1938年に*The Functions of the Executive*, Harvard University Press, 1938.（邦訳『経営者の役割』ダイヤモンド社、1968年）を刊行したことにより、経営学者としての名声を確立した。

献意欲については積極的に貢献を果たそうとする人間は少数に限られること、共通の目的に関しては協働的な面と主観的な面の両方が存在することを提示しました。20年間の経営者としての洞察がそれぞれに含まれています。

このようにして成立した組織も多くは消滅していきます。そこで、組織の存続の条件として、「組織の有効性」と「組織の能率」を挙げました。有効性とは、組織が目的を達成するために適切な手段を選択し、実際に達成したかどうかの「結果」です。一方、能率とは、協働体系の均衡を維持するために、個人の動機を満たす有効な誘因を提供する「過程」や「能力」を指します。

目的を達成しなければ、組織は崩壊します。一方で、目的の達成は、存在意義の消失とも考えられるため、組織を継続するには常に目的を用意する必要があり、企業は日々の特定の目的を逐次用意する代わりに、目的を浸透させることでこの問題を解決しています。

このような企業の目的は、環境の変化とともに変化していきます。新しい目的に協働体系を適応させなければ組織の存続はおぼつかなくなります。そこでバーナードは、みずからの「組織＝システム」に「共通の目的＝経営戦略」を与えるのが経営者の役割であり、「コミュニケーションのシステムを提供する」「目的達成のために不可欠な努力を促進する」「目的を定義し定式化する」ことがマネジメントに不可欠な機能であると論じました。

さらに、組織の存続は「リーダーシップの良否」に依存し、それはリーダーの基礎にある道徳性の高さから生ずると、道徳観の大切さを説いています。現代の企業が直面している重要な経営アジエンダを網羅しているかのようです。

『経営者の役割』は、ケネス・R・アンドリュース[*16]が「堅くて難しい本」と評したほど、読み解くのは容易ではありません。それでも、バーナードの組織の定義が、いわゆる「公式組織」(Formal Organization)であることや、組織を外部環境との関係性からとらえた「オープン・システム」のような考えを示していることなどから、人と仕事を統合的に観察する彼の視点は「バーナード革命」とも称され、その後、組織理論が発展していく起点となりました。ちなみに、企業経営の文脈において「戦略」という軍事用語を用いたのもバーナードが最初といわれています。

ノーベル経済学賞受賞者たちにとっての企業組織

「なぜ企業組織は存在するのか」。この問題を理論化したのが、ロナルド・H・コース[*17]です。

コースは、あるタスクを遂行するに当たって市場を利用するための費用が、組織内取引や管理費用を上回る場合は、そのタスクは組織内部で行われるとしました。つまり、市場の取引には価格メカニズムを利用するコストがあるために、組織はこの世の中に存在するとしたのです。これが、「取引コスト」概念による企業組織の存在の意義づけです。

またコースは、組織がどこまで発展するかについて、取引を徐々に内製化して節約できる市場取引費用の減少分と組織化によって発生する組織内取引費用の増加分が等しくなる、言い換えれば、

16 Edmund P. Learned, Kenneth R. Andrews, C. Roland Christensen and William D. Guth, *Business Policy: Text and Cases*, Homewood, 1965. により、分析ツール「SWOT分析」を確立した。

17 ロンドン・スクール・オブ・ビジネスで博士号取得後、シカゴ大学に移籍し、学術誌 *Journal of Law and Economics* の編集者を経てシカゴ大学経済学部教授。*The Firm, the Market, and the Law*, University of Chicago Press, 1988.（邦訳『企業・市場・法』東洋経済新報社、1992年）を参照されたい。

市場取引費用と組織内取引費用の合計である総取引費用が最小になる点まで、組織は取引を内部組織化して規模を拡大するとも論じています。コースは、これら2つのユニークな業績を認められて1991年にノーベル経済学賞を受賞しました。

のちにオリバー・E・ウィリアムソン[*18]はコースの理論を体系的に発展させました。取引コストが生じる要因を人間的特性と取引環境の2つに整理。このうち人間的特性は、他人を犠牲にしてでも自己の利益をずる賢く追求する「機会主義」と、限られた程度でしか合理的ではありえない「限定合理性」を指します。また、取引環境には不確実性・複雑性、そして取引主体の少数性があり、機会主義と少数取引が結びつくとき、あるいは限定合理性と不確実性・複雑性が結びつくときに市場の取引コストが高まると考えました。

そして、市場取引におけるコスト（探索、交渉、監視）の影響を考察し、多大な取引コストを回避するために、企業は取引先を自社資本に内部化する「組織取引」という形態へと移行し、反対に、取引チャネルを資本傘下で持つための内部化コストが取引コストを上回るときには「市場取引」という形態を取るという「企業の境界」についての分析を進めました。

ウィリアムソンもまた、取引コスト経済学の権威として、2009年にエリノア・オストロム[*19]とともにノーベル経済学賞を受賞しました。

ウィリアムソンが取引コストを増大させる要因の一つに挙げた限定合理性を最初に示したのは、ハーバート・A・サイモン[*20]です。経済組織内部での意思決定プロセスにおける先駆的な研究が認め

18 カーネギーメロン大学で博士号取得後、ペンシルベニア大学、エール大学、カリフォルニア大学バークレー校の教授を歴任。*Economic Organization: Firms, Markets, and Policy Control*, New York University Press, 1986.（邦訳『エコノミック オーガニゼーション』晃洋書房、1989年）を参照されたい。

19 カリフォルニア大学ロサンゼルス校（UCLA）で博士号取得後、インディアナ大学教授。専門は公共経済学、女性初のノーベル経済学賞受賞者である。

20 シカゴ大学で博士号取得後、イリノイ工科大学、カーネギーメロン大学の教授を歴任。ジェームズ・G・マーチとの共著 *Organizations*, John Wiley&Sons, 1958.（邦訳『オーガニゼーションズ』ダイヤモンド社、初版1977年、第2版2014年）は「現代組織論の原典」と評価されている。

られ、コース、ウィリアムソンに先んじて1978年にノーベル経済学賞を受賞しています。サイモン以前の新古典経済学では、人間の意思決定はすべての代替的選択を挙げて、それぞれを選んだ場合の結果を考慮したうえで代替案を評価すると仮定されてきました。

しかし実際には、すべての代替的選択肢を列挙することはほぼ不可能で、各選択肢がもたらす結果についても不完全な予測しかできません。サイモンは、現実の人間は新古典派経済学が想定するような客観的合理性を持ち合わせておらず、合理性に限界を持つ存在だとして、限定合理性概念を提示したうえで、組織を「意思決定の複合体系」と見なしました。

ウィリアムソンは以上を踏まえ、個人の合理性の限界を克服し、取引費用を節約するために、市場取引ではなく企業組織を選択すべきだと主張しました。一方、サイモンは、組織は人間の合理性を達成するための土台であり、人間の能力の限界に対処するために組織があると述べています。「バーナード・サイモン理論」とひとくくりにして論じられることの多いバーナードと同じく、組織においても生身の人間である個人が重要な役割を担うとして、メンバーである人間同士のシステムとしての関係に焦点を当てているのがサイモンの組織論の特徴といえるでしょう。

ちなみに、限定合理的な人間が行う意思決定の複合体系というサイモンの組織観は、組織を情報処理の体系ととらえたリチャード・M・サイアートやジェームズ・G・マーチの研究へとつながっていきます。[*21]

21 組織の意思決定に関する従来の企業理論を批判したRichard M. Cyert and James G. March, *A Behavioral Theory of the Firm*, Prentice Hall, 1963.（邦訳『企業の行動理論』ダイヤモンド社、1967年）により行動科学的企業理論を確立した。

◉——アルフレッド・チャンドラーとイゴール・アンゾフの組織と戦略

組織論といえば、『組織は戦略に従う』[*22]で知られるアルフレッド・D・チャンドラー・ジュニア[*23]の名を思い浮かべる方が多いのではないでしょうか。

本書の原題「Strategy and Structure」については興味深いエピソードが残っています。当初のタイトルは、「Structure and Strategy」（組織と経営戦略）だったそうです。チャンドラーは、組織と戦略は相互に深く関わることを述べているにすぎず、戦略と組織の主従を示したわけではありませんでした。

チャンドラーはマサチューセッツ工科大学（MIT）で、組織規模の拡大が「分権化」を促すという仮説を持って、デュポン、ゼネラル・モーターズ（GM）、スタンダード石油ニュージャージー（現エクソンモービル）、シアーズ・ローバックの4社の戦略と組織構造を研究しました。実際には、「規模」ではなく「多角化」が分権化を促したことを発見し、事業が多様化するにつれて分権化が進み、事業部制へ転換するまでを詳らかにしました。そして、単一の製品・事業において垂直統合を進める戦略ならば職能制組織が適し、多角化して複数の製品市場に進出する戦略ならば事業部制組織が適する、と示唆しました。

組織を真に変えるのは企業・事業戦略の変更よりも難しい（＝時間がかかる）ことが多いため、

22 *Strategy and Structure: Chapters in the History of the American Industrial Enterprise*, The MIT Press, 1962.（邦訳初版『経営戦略と組織』実業之日本社、1967年、新訳『組織は戦略に従う』ダイヤモンド社、2004年）。デュポンやゼネラル・モーターズなどの企業史研究をまとめた同書により経営史という研究分野を築き上げた。

23 ジョンズ・ホプキンス大学でピエール・デュポンの伝記を書き上げた後、ハーバード・ビジネス・スクールのストロース記念教授。*The Visible Hand: the Managerial Revolution in American Business*, Harvard University Press, 1977.（邦訳『経営者の時代（上・下）』東洋経済新報社、1979年）はピューリッツァー賞（文学芸能-歴史書部門）を受賞。

戦略が先導しがちですが、「組織と戦略は密接に関わり、組織が戦略に従うこともあれば戦略が組織に従うこともあるが、前者のほうが多く見られる」。これが、チャンドラーが本当に伝えたかったことでした。

チャンドラーは、『組織は戦略に従う』の序文に、「過去の歴史から、組織のマネジメントに当たる人々は、大きな危機に直面しない限り、日々の業務の進め方や権限の所在を変えることはまずない」という言葉を残しています。彼の指す過去とはいまから見れば大昔ですが、その頃から変化へ対応することの難しさは認識されていたのです。それがいまなお続いているということに、経営の課題の本質を見出すことができるでしょう。

チャンドラーに影響を受け、経営戦略だけでなく組織能力を環境変化に適応させることが重要であると主張したのが、「戦略経営の父」として知られるH・イゴール・アンゾフです。[24]彼は、3Sモデル[25]（Strategy＋Structure＋Systems）やギャップ分析、成長ベクトル、シナジーなどさまざまなコンセプトを提示しました。

経営学においてプラニング（戦略計画）学派にカテゴライズされていることなどから、アンゾフは競争戦略の大家として見られていますが、外部環境への適応に加え、企業の内部要素を重視し、のちのリソース・ベースド・ビュー[26]と同様、組織能力に関しても考察していました。彼は、戦略とはそれを立てる組織の能力や性格を反映するもので、たとえ優れた戦略があっても組織内部に宿る慣性と変化への抵抗が強ければ実現されないとして、「戦略は組織に従う」という命題を提示しま

24 1965年に発行されたアンゾフの画期的著書（*Corporate Strategy*, 1968. 邦訳『企業戦略論』産業能率大学出版部、1985年）は戦略論に完全に的を絞った最初の本。

25 アンゾフによる意思決定の分類。スマントラ・ゴシャールは、これに代わるものとして3Pモデル、すなわち目的（purpose）、プロセス（process）、人（people）を提唱している。

26 Jay B. Barney, "Firm Resources and Sustained Competitive Advantage," *Journal of Management*, 17(1), 1991. 参照。同じ業界に属していても、企業間でパフォーマンスに差があるのは、各企業の経営資源（有形＋無形＋ケイパビリティ）の使い方に差があると考え、個別企業の収益性の差を理解するために経済学的手法を採用。VRIO（Value：顧客にとっての価値、Rarity：希少性、Imitability：模倣困難性、Organization：資源を有効活用できる組織）というフレームワークを示す。

した。

戦略と組織の主従関係はいまも議論されることですが、チャンドラー、アンゾフが両者の相互関係を重視したように、組織と戦略が相互に補強し合う関係であることを前提に、どのような状況で組織が先行し、またどのような状況で戦略が先行するか、あるいは並行するかを考えるほうがはるかに有意義です。

◉―――コンティンジェンシー理論の登場と発展

1960年代は多国籍企業の活動が顕著化した時代であり、また技術の急速な発展や市場の不確実性の高まりに対応するためにも、それまでとは異なる組織構造が求められるようになっていました。以降、一定の環境や技術の下で最適な組織構造を追求するコンティンジェンシー理論が台頭します。

これを最初に論じたのは、トム・バーンズとジョージ・M・ストーカーです。彼らは、有効な組織デザインは内部組織の構造を環境からの要求に適合させることにかかっていることを示唆し、唯一最善の組織形態や管理法があるわけではなく、市場や技術革新（イノベーション）などの環境が最適な組織形態や管理を決定すると主張しました。[*27]

まず、イングランドとスコットランドの20の企業を調査し、官僚的で硬直的な機械的システムと、

27 Tom Burns and George M. Stalker, *The management of innovation*, Tavistock Publications,1961.

図表2-5｜機械的組織形態と有機的組織形態の特徴

機械的システム		有機的システム
高い	専門化・分化	低い
高い	標準化	低い
手段	組織とは	目的
上司の介入	コンフリクトの解消	相互作用
暗黙の契約関係に基づくピラミッド型	権限、コントロール、コミュニケーションのパターン	共通のコミットメントに基づく広いネットワーク型
組織のトップ	支配的な権限	知識と能力のあるところ
垂直的	相互作用	水平的
指示・命令	コミュニケーションの内容	助言・情報提供
組織に対して	メンバーの忠誠	プロジェクトと集団に対して
組織内の地位	権威の源	個人的貢献

柔軟な有機的システムの2つの組織構造を定義しました（**図表2－5**参照）。そのうえで、変化率の小さい安定した環境においては機械的システムが最適であるのに対して、変化率が大きく市場のニーズが多様化している環境では、有機的システムが最適であると提唱したのです。

ちなみに、専門化や標準化、権限階層などを特徴とする機械的システムは、官僚制と同一視されがちですが、前者は集権的で、後者は分権的という重要な点で違いがあります。

さらにポール・R・ローレンスとジェイ・W・ローシュが1967年に著した『組織の条件適応理論』[*28]によって、コンティンジェンシーという言葉が広く知られるようになります。ローレンスとローシュは、「分化」と「統合」の観点から組織が不確実性にどのように適応するかを研究しました。環境が安定的で不確実性が低い場合は固定的な組織構造が適合する（余地がある）一方、環境が不安定で予測不能な状況では、変化に柔軟に対応できる組織構造と分散化された意思決定のあり方が適合すると述べています。

くわえて、組織が垂直、水平に分化し、複雑になればなるほど、「統合とコミュニケーション」がより重要になるとして、一番よく見られる組織の統合のメカニズムとして階層（そして公式化）を挙げました。しかし、組織に階層を加えると、より大きな垂直的な分化が起こり、その分だけさらに統合が必要になるため、階層だけでは際限なく拡大する統合の要求に応えられなくなるため付加的なメカニズムが求められると、分化と統合の共依存関係を説明しています。

そしてこれらの考察から、「組織の業務遂行の有効性は、組織の社会構造と環境との適合によっ

28 Paul R. Lawrence and Jay W. Lorsch, *Organization and Environment*, Harvard Business School Press,1967.（邦訳『組織の条件適応理論』産業能率短期大学出版部、1977年）

て決まる。特にうまくいっている組織は、その内部の分化の程度と統合の手段が環境の要求に合致している」との主張に至りました。

コンティンジェンシー理論は、組織をオープン・システムとしてとらえています。これは、バーナードが組織を「社会の構成要素の複合体としてのシステム」と認識したことに端を発した組織観ですが、環境から影響を受けてみずからのあり方や活動を変えるオープン・システムとしての組織を取り扱うことで、組織研究は新たな展開を見せました。

なかでも、ジェームズ・D・トンプソンが見せたオープン・システムとクローズド・システムを統合した組織観[*29]はユニークなものでした。

現実の組織は、自前主義《クローズド》（閉鎖的）でほかからの影響を受けずに効率性を追求する「合理的モデル」[*30]ではなく、人がコントロールできない不確実性を含む多数の変数にさらされ、結果的に他力活用《オープン》の「自然システムモデル」です。トンプソンは組織を「合理性の基準に影響を受けるオープン・システム」ととらえ、組織内の人間は「合理の基準」に従い、計画的、合理的に行動すると考えたのです。人間は一様に均質でもなければ、不安定でもない存在であり、そこでは、オープン・システムの自己安定化《ホメオスタシス》が重要になります。

またトンプソンは、組織に合理性をもたらすものとしてテクノロジーに焦点を当てました。詳細は彼の著書『行為する組織』を読んでいただきたいのですが、テクニカル・コアの相互依存パターンなどの技術的要件が技術的合理性として組織デザインや組織構造（事業部制）に与える影響につ

29 James D. Thompson, *Organizations in action: Social science bases of administrative theory*, McGraw-Hill,1967.（邦訳初版『オーガニゼーション・イン・アクション』1987年、新版『行為する組織』2012年、いずれも同文舘出版）

30 1930年代から1950年代にかけて、ロバート・K・マートン、フィリップ・セルズニック、アルヴィン・W・グールドナーらは、組織の官僚制化が進むほど、人間の感情を抑圧する結果、組織の合理性に逆機能がもたらされる、もしくは、組織の目的とは別のところで人間の感情や利害関係により組織が構造化する自然システム的な側面から「官僚制論」を展開した。またW・リチャード・スコットは、合理的、自然的、オープンの3つの概念を定義し、環境に対するオープン性が次第に高まり、システムを構成する要素間の結合が次第にルーズになるプロセスを説明した。

いて考察しました。同書第5章のタイトルが"Technology and Structure"であることから、チャンドラーの組織論の影響が窺えます。

ヘンリー・ミンツバーグのコンフィグレーション

ヘンリー・ミンツバーグ[*31]は、優れた組織について、「構成ユニットに一貫性があり、一つの要素を変えるときは、その他すべてに与える影響を考えなければならない。管理範囲、職務拡大の程度、分権の形、計画システム、およびマトリックス構造は、単独に取捨選択すべきものではない。それらは、内部的に調和の取れたグルーピングに従って選択されるべきものである。そして、このグルーピングはまた、組織が置かれた状況——成長段階や競争状況、技術の革新、不確実性など——と整合性がなければならない」と説きました。

そして、組織の特徴は、自然に群れをなし、いくつかのコンフィグレーション（組織の構成や構造の特徴、相対的配置）に落ち着くけれども、構成要素の組み合わせを間違うと、組織はうまく機能せず、自然な調和も生まれないため、効率的な組織を設計したければこの適合性に注意すべきだと述べています。

構成要素には、戦略の頂点、ミドルライン、オペレーションのコア、テクノストラクチャー、サポートスタッフの5つがあり、その組み合わせによって組織構造を**図表2-6**のように分類してい

31 *The Nature of Managerial Work*, Harper&Row,1973.（邦訳『マネジャーの仕事』白桃書房、1993年）と"The manager's job：folklore and fact," *Harvard Business Review*, Jul-Aug 1975.（邦訳「マネジャーの職務：その神話と事実との隔たり」『DIAMONDハーバード・ビジネス』2003年1月号）によって注目される。ミンツバーグの著作全体を通じて、マネジメントとは人間の能力をシステムに適用することであり、システムを人に適用することではないという基本的な信念が展開されている。

図表2-6｜5つのコンフィグレーション

単純構造	小規模企業によく見られるトップに権限が集中する最も基本的な構造
機械的官僚制	高度に効率的だが柔軟性に欠ける。生産プロセスの標準化を重視し、従業員は少数のスキルのみを必要とする高度に特化したタスクを遂行する
専門職官僚制	標準化されたプロセスではなく、標準化されたスキルに依拠する。専門的な訓練を受けた従業員にタスク遂行上の自由裁量を与える。機械的官僚制よりは階層が少なく、専門職は機械的に組織されたスタッフのサポートを受ける
事業部制	比較的自律した部門が特定の市場に特化した製品を生産し、事業を遂行する。コーポレートが部門目標を制定し、資源をコントロールすることによって部門を監督する
アドホクラシー（問題別随時組織）	常に変化する問題を解決する役割を担う、相互作用するプロジェクトチームから成る。非標準的な製品・サービスを提供するために多くのエキスパートを抱える。意思決定は高度に分権化し、戦略は組織全体の行為から生じる

ます。のちに、5つの構成要素を包み込む6つ目の構成要素として「イデオロギー」を加え、またコンフィグレーションにも、共有されたイデオロギーに基づくコーディネーションを前提とした「ミッショナリー（宣伝的）形態」を追加しています。時流を読み解いた付加といえるでしょう。

さらに、ミンツバーグはルド・ヴァン・デル・ハイデンとともに、事業活動の真実を映す新しい組織図として「オーガニグラフ」を提唱しています。ネットワーク型のように企業組織の形態が複雑になるなか、ヒト・モノ・情報などのつながりや相互関係の概要を表現し、理解を促す新手法の構築を模索しました。

官僚制から始まり、コンティンジェンシー、そしてコンフィグレーションへ。この一連の流れが、組織構造に関する議論のメインスト

図表2-7｜組織構造論の深層潮流

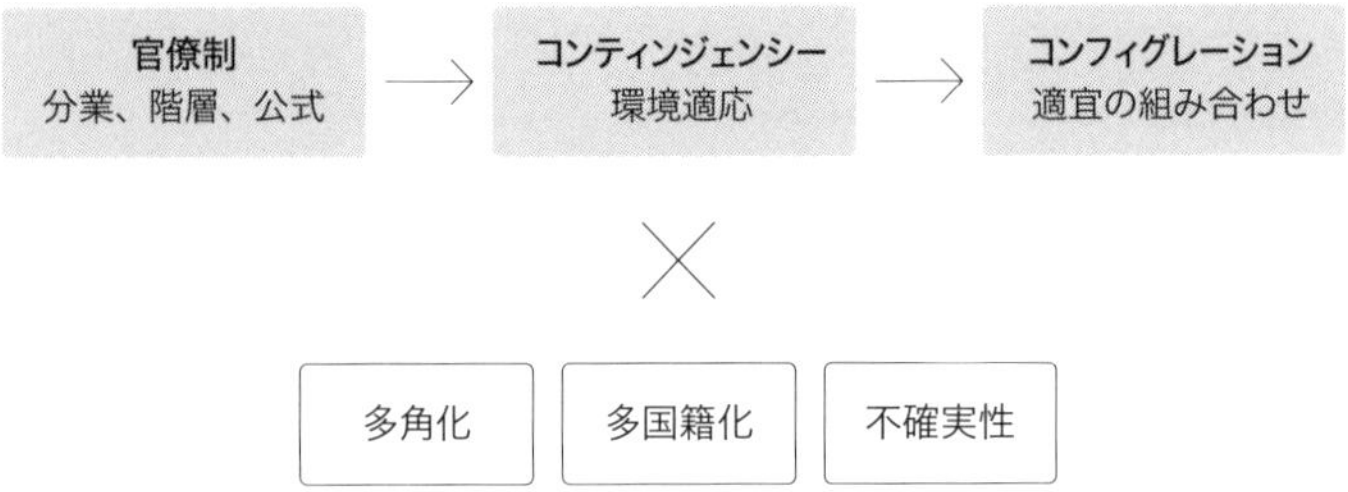

リームを形成してきました（図表2－7参照）。

ネットワーク、連邦制、ティール、そしてデュアル・システム

グローバル化の進展や技術革新、競争環境の変化を受けて、その後も組織モデルにイノベーションを求め、さまざまなコンセプトやアイデアが打ち出されていきました。複雑性を増す環境に対して、企業内の資源のみならず、外部の能力も活用し、どうすれば最適に組織化できるかが組織設計の中心的課題となりました。

まず「ネットワーク組織」です。これは古くから議論されてきたコンセプトですが、テクノロジーの進化と相まって、注目度が高まりました。ヒエラルキー組織が集権的でトップが定めた目標を指揮と統制（コマンド・アンド・コントロール）で達成しようとするのに対し、ネットワーク組織は分権的で、目的と価値を共有した個々人が自律的に参加します。組織内におい

てはコンティンジェンシー理論で登場した有機的システムやプロジェクト型組織、ＧＥがかつて実践したバウンダリレス[*32]の考え方もネットワーク型といえるでしょう。組織の外まで視野を広げると、垂直または水平方向への企業間分業や、プロジェクト型で適宜最適な連携先とつなぐバーチャル（ダイナミック・ネットワーク）組織などが該当します。

さまざまな論者がさまざまな角度から研究していることから、いまひとつ定義が定まっていないコンセプトですが、一例として、トム・ピーターズ[*33]は１９９２年に発表した『自由奔放のマネジメント』[*34]で、「伝統的な機能別組織の組織構造の概念を打破すると同時に、明らかに構造を欠いた、変幻自在で明確に定義できない、未知で、単純だが複雑な新しい組織構造」として提示しました。

ネットワーク組織では、企業内部においては本社と子会社、ファンクションとファンクション、従業員同士が、また外部との間では、顧客、サプライヤーなどがネットワークで結ばれます。従来型の組織とは異なり、何かを所有したり1カ所に集中したりすることや規模の拡大によって効率化（規模の経済性）を図るのではなく、コア・コンピタンスに特化し、それ以外の多くの部分を他者に任せることで競争力を獲得しようとするもので、ネットワークを基礎にした範囲や連結などの経済性（ネットワークの経済性）によって効率性を追求します。

イギリスの経営思想家チャールズ・ハンディ[*35]は、「20世紀は組織の世紀だったが、21世紀は人間の世紀になる」としたうえで、３つの組織形態を提示しました。いずれも、ネットワーク的な性質を備えています。

32 1990年代初頭、GEの会長兼CEOだったジャック・ウェルチは、組織の垣根を越えて、ベストプラクティスの共有を目的に、「境界がない」という意味のこの言葉を掲げた運動を仕掛けた。

33 ロバート・H・ウォータマンとの共著 *In Search of Excellence*、Harper&Row, 1982.（邦訳『エクセレント・カンパニー』講談社、1983年、2003年に英治出版より復刊された）は20世紀ビジネス出版界の大ベストセラーである。

34 Thomas J. Peters, *Liberation Management: Necessary Disorganization for the Nanosecond Nineties*, Knopf, 1992.（邦訳初版『自由奔放のマネジメント』ダイヤモンド社、1994年）

35 ロンドン・ビジネス・スクール学部長、最優秀ビジネスコラムニスト、テレビ解説者と多彩な顔を持つハンディは、行動科学の企業経営への適用、経営の変革や組織構造、そして生涯学習の理論と実践を主要テーマとした。代表作は、Charles B. Handy, *Understanding Organizations*, Oxford University Press, 1976。

1つ目はシャムロック組織です。3枚の葉をつけるクローバーに似た植物であるシャムロックに模して、雇用形態や組織との関わり方について次の3つの基本形態を示しました。

①組織の中枢をなす有能な専門技術者や経営幹部。組織の継続に不可欠な存在であり、高い給与や各種恩恵と引き換えに献身が要求される。さらなる少数精鋭を目指す「仕事文化」。

②契約ベースの専門職。R＆DやIT、マーケティング（広告宣伝）などの業務で利用。報酬は給与ではなく手数料や料金で、貢献は時間ではなく成果で測られる「個の存在文化」。

③流動的な労働力、つまり、パートタイム労働者や臨時従業員、季節労働者など。雇用形態は臨時的だが、場当たり的に扱ってはならず、「役割文化」のなかで価値を認める。

2つ目が連邦型組織で、「さまざまな構成を持ついくつかのグループが、何らかの同一性を分かち合う共通の旗（ビジョン）の下に手を携える」組織形態です。中央《センター》はビジョンを示したうえで、調整、影響、助言、提案の機能を果たし、長期的な戦略に関与する一方、短期的な意思決定を指図することはなく、その名前の通り「常に物事の中心に位置する」ものとしました。「サブシディアリティ（各ユニットの自律的権限）」という哲学を示し、親会社とコーポレートが、子会社と事業部に権限を付与、あるいは委譲する分権型組織との違いを説明しています。

3つ目は、トリプルIです。変化が激しく競争の厳しい情報化社会では、知識から価値を創出し、

図表2-8｜ティールの要素

セルフ・マネジメント（自主経営）	大組織にあっても、階層やコンセンサスに頼ることなく、仲間との関係性のなかで助言を得ながら動き、自己管理の下、目的実現のために行動する
ホールネス（全体性）	組織のなかでは、強い意志、決意と力を示し、疑念と弱さを隠すように求められがち。また、合理性がすべてであり、情緒的、直感的、精神的な部分は歓迎されず、場違いだと見なされるが、多様性を尊重し、自分をさらけ出そうとする心的な安全を担保する一貫した慣行を実践している
エボリューショナリー・パーパス（進化する存在目的）	組織メンバーは、将来を予言し、統制しようとするのではなく、組織が将来どうなりたいのか、どのような目的を達成したいのかに耳を傾け、理解し、組織の存在目的を全員で進化させる

質の高い情報とアイデアを生み出すような組織でなければならないとして、情報（Information）、知性（Intelligence）、アイデア（Idea）の3つのIの重要性を指摘しました。

2014年にフレデリック・ラルーが提示したティール組織[*36]は日本でも話題になりました。旧来のマネジメント手法は成果を上げていることから正解と思われがちですが、組織に副作用・悪影響・疲弊を与える可能性をはらんでいることを指摘したうえで、レッド（特定個人の力に依存）、アンバー（支配層と階層の登場。軍隊的）、オレンジ（ヒエラルキーと実力主義。機械的）、グリーン（ヒエラルキーは残るが、らしさや多様性、平等を尊重。家族的、コミュニティ型）、ティール（生命体型）の5段階のフェーズで組織の特色を示したうえで、ティール組織に共通する3つの要素を挙げました（**図表2-8**参照）。

ちなみに、ブライアン・J・ロバートン[*37]が提唱す

36 Frederic Laloux, *Reinventing Organizations: A Guide to Creating Organizations Inspired by the Next Stage in Human Consciousness*, Lightning Source, 2014.（邦訳『ティール組織』英治出版、2018年）

37 アメリカの起業家。2007年に、体系化された組織運営システム「HOLACRACY」を提唱。

る「ホラクラシー」（できるだけフラットな体制で、各人が自主的に、定められた役割に沿って、組織の存在目的を実現する）は、ティールの一つの形態に位置づけられます。

ラルーによるこの意欲的な試みは、インテグラル理論[*38]を下地とした目新しく興味深い整理であり、ティール組織は変化の激しい時代における組織観の一つの指針となることでしょう。ただ、従来の議論を振り切ってはいますが、真新しいコンセプトということではなく、この原型もネットワーク組織、あるいは有機的システムに見ることができます。

このような類いの組織形態は、トム・ピーターズがネットワーク組織に対して「理解するのに骨が折れ、管理するのにかなり苦労を要する」と述べたように成功例が少なく、特に大企業にとってはSFの様相かもしれません。限定された一部分、一範囲において、形は組織でも制度でもプロセスでもかまいませんが、意図的にティール的に機能設計し、有機的システムやネットワーク型の特性を全体構造のなかに埋め込むというのが多くの大企業での現実解のように思います。無論、実装となるととても難しいことではありますが。

このことをうまく整理したのが、ジョン・P・コッター[*39]のデュアル・システムです（**図表2-9**参照）。事業を効率的に運用していくためにはヒエラルキー組織が最も効果的であるとしたうえで、変化のスピードが速く方向性が見えない時代にあって迅速に事業転換を行うためには、従来の階層組織を維持しつつ、ネットワーク組織を共存させる仕組みを提唱したのです。

実はどんな大企業にとってもネットワーク組織は馴染みのない仕組みではありません。創業直後

38 ケン・ウィルバーが提唱した、多様性があふれる人間・組織・社会・世界を統合的にとらえるための理論。具体的には「AQAL」（アークアル）と呼ばれる“All Quadrants, All Levels, All lines, All states, All types”（全象限、全レベル、全ライン、全ステート、全タイプ）という5つの要素から成るメタ・フレームワークとして紹介されるのが一般的。ティールを含む色で示された5段階の進化モデルは、ウィルバーの「意識のスペクトラム」を応用している。

39 変革のマネジメントとリーダーシップについての世界的権威。ハーバード・ビジネス・スクール（松下幸之助記念リーダーシップ講座）名誉教授。John P. Kotter, *Accelerate: Building Strategic Agility for a Faster-Moving World*, Harvard Business Review Press, 2014.（邦訳『実行する組織』ダイヤモンド社、2015年）参照。

図表2-9｜デュアル・システム

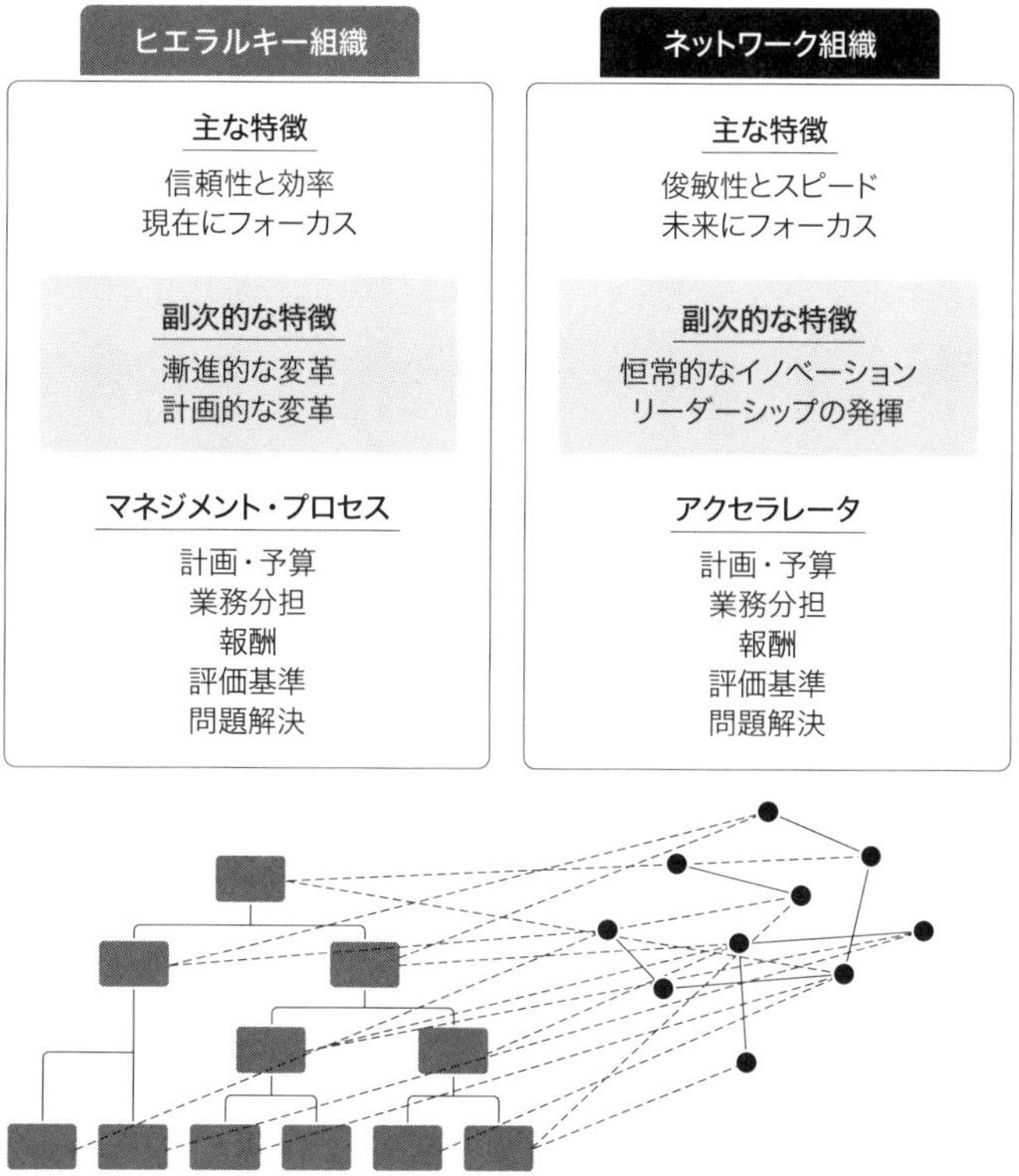
ヒエラルキー組織
主な特徴
信頼性と効率
現在にフォーカス
副次的な特徴
漸進的な変革
計画的な変革
マネジメント・プロセス
計画・予算
業務分担
報酬
評価基準
問題解決
ネットワーク組織
主な特徴
俊敏性とスピード
未来にフォーカス
副次的な特徴
恒常的なイノベーション
リーダーシップの発揮
アクセラレータ
計画・予算
業務分担
報酬
評価基準
問題解決

はもれなくネットワーク的な組織で、フラットかつ迅速な意思決定を行い、事業の基礎を築いたはずだからです。そこでコッターは、大規模化するにつれて硬直してしまったものを、再び取り戻せばいいと主張しました。

役職も部署も異なるネットワーク組織のメンバーは、既存の階層組織にも籍を置いたままボランタリーに活動し、社内のさまざまな問題の解決策を策定し、階層組織のトップのコミットメントを得ながらこれを実行します。これにより、大企業であってもベンチャーのような俊敏性と、安定的なオペレーションの両立が実現すると述べています。

デュアル・システムは主に「変われない」大企業に向けた処方箋ですが、変えるべきところは変え、よい部分は残すという点では、あらゆる組織の成長と変革のプロセスにおける貴重な示唆を与えたといえるでしょう。

組織としての学習

このように組織の構造のあり方をめぐっては、時代や論者によって、機械的システムか有機的システムか、クローズド・システムかオープン・システムかなど、さまざまな理解が提示され、いまだ決着を見ていません。そもそも唯一の絶対解があるわけではなく、常に揺り戻しのある議論と認識しておくことが正しいでしょう。

しかし、組織に学習が必要であるとする考えに対案はありません。

「学習する組織」という概念を最初に提示したのはクリス・アージリスです[*40]。ＭＩＴ教授のドナルド・ショーンとともに、１９７８年に発表した共著『組織学習』[*41]において、組織の意図と現実を適合させるための組織学習をシングルループ学習とダブルループ学習の２つに分類しました。

シングルループ学習は、過去の体験などを通じて得た考え方や行動様式に則って問題解決を図り、その過程で学びを得ます。

一方、ダブルループ学習は、組織の目的や前提そのものを疑い、既存の枠組みを超えて学習します。アージリスはこれを「組織の誤りが、基礎をなしている規範や方針、目的の修正を伴う方法で発見され、修正される状態」であるとし、「ほとんどの組織はシングルループ学習はうまくできるが、ダブルループ学習で苦労する」と述べています。

アージリスらが提唱した「学習する組織」の概念を体系化したのが、ピーター・Ｍ・センゲ[*42]です。彼は、複雑性や変化が加速する世界に企業やその他の組織がどのように適応しているかについて研究し、『最強組織の法則』[*43]を発表します。これがベストセラーとなり、その成功によって「学習する組織」の概念を世に広めることになりました。

センゲのメッセージはシンプルです。その要点は２つで、「学習する組織においては、競争優位は個人と集団の両方の継続的学習から生まれる」「情報化時代の到来により、企業だけでなく教育団体や政府組織も抜本的に変貌することが求められている」。世界が密接に結びつき、ビジネスが

40 心理学の学士号、経済学の修士号、組織行動論の博士号を取得し、エール大学教授を経て、ハーバード・ビジネス・スクール・ジェームズ・ブライアント・コナント記念教授（教育・組織行動論）。コンサルタントとしての影響力も絶大で、顧客にはIBM、デュポン、アメリカ国務省などの政府機関、複数の外国政府などが名を連ねる。

41 Chris Argyris and Donald A. Schön, *Organizational Learning*, Addison-Wesley Publishing, 1978.

42 マサチューセッツ工科大学（MIT）スローン経営大学院の組織学習センターの責任者。スタンフォード大学（工学）を経て、MITで社会システムのモデリングに関する博士課程研究を行う。センゲは自分を「理想主義的な現実主義者」と呼ぶように、その思想は理想主義的ではあるが、彼の下には豪華な顔ぶれの企業がスポンサーとして名を連ね、試験プログラムに莫大な資金を投資している。

43 Peter M. Senge, *The Fifth Discipline*, Addison-Wesley,1990.（邦訳初版『最強組織の法則』徳間書店、1995年、新版『学習する組織』英治出版、2011年）

より複雑化してダイナミックになるにつれて、学習を要する局面が増え、急速に変化する世界に適応する組織能力が持続的な成長を可能にすると論じました。

センゲは、学習する組織を実現するためのディシプリン（構成技術）として、システム思考[*44]、自己マスタリー、メンタルモデルの克服、共有ビジョンの構築、チーム学習の5つを挙げました。その一方で、縦割り意識や他責思考、短期的な出来事にとらわれる姿勢、熟練した無能な経営チームなどが学習を妨げていると指摘しました。これらの学習障壁はどの組織にも、またいつの時代にも見られるものですが、これを放置することの代償はかつてないほど大きくなっています。

センゲによるこのコンセプトが浸透する時期に、ハーバート・サイモンと『オーガニゼーションズ』を共著するなど、長く組織論者として活躍しているジェームズ・G・マーチ[*45]が、組織学習における「知の探索」と「知の深化」を両立させることの重要性を示しました。[*46] 知の探索とは、新しい知を探す活動であり、組織に柔軟性をもたらし、変革を生み出します。既存を前提とした考え方から変革そのもののとらえ方を変えるという意味ではこれもダブルループ学習ということができるでしょう。また知の深化とは、すでに持っている知を改良したり、知を組み合わせたりしてビジネスに活用することです。

マーチのこの考えの元となったのは、ロバート・B・ダンカンによる「両利きの組織[*47]」というイノベーションを創出するための組織デザイン理論です。組織における両利きとは、「今日のビジネス需要に対するマネジメントにおいて統制が取れ、効率的であると同時に、時々の環境の変化に柔

44 Donella H. Meadows, *Thinking in Systems: A Primer*, Chelsea Green Publishing, 2008.（邦訳『世界はシステムで動く』英治出版、2015年）

45 心理学、人工知能、経営学、組織論、言語学、社会学、政治学、経済学、システム科学にわたる広範な領域で影響を与えた。

46 James G. March, “Exploration and Exploitation in Organizational Learning,” *Organization science*, Vol.2, No.1, pp.71-87, 1991.

47 Robert B. Duncan, “The Ambidextrous Organization: Designing Dual Structures for Innovation,” *The Management of Organization*, 1, pp.167-188, 1976.

軟に対応する組織能力」とダンカンは定義しています。[48]
2004年には、チャールズ・A・オライリーとマイケル・L・タッシュマンが、両利きを可能にするために、イノベーション組織を既存事業とは切り離している企業が成功しているとハーバード・ビジネス・レビュー誌で発表しています。[49] 彼ら自身「統合と交流」が不可欠と述べているように、組織の配置については大いに議論のあるところですが、現業をうまく回しながら、イノベーションをどう生み出していくかというこのテーマに対する関心は、時勢を反映してますます高くなっています。

組織理論家のカール・E・ワイク[50]は、組織論の世界に、ルースカップリング、イナクトメント、マインドフルネス、そしてセンスメイキングなどのコンセプトを持ち込みました。

ワイクの組織観は、すでにできあがった組織ではなく、「組織化」という「常にできあがりつつある過程」に着目することに特徴があります。その考えを土台に組織の「意味づけ《センスメイキング》」がどう機能するのかを論じているのが、『センスメーキング イン オーガニゼーションズ』[51]です。読み解くには少々骨が折れますが、これからの時代の経営を考えるうえでとても示唆に富む、まさに「腹落ちする」内容です。

センスメイキングとは読んで字のごとく、「意味を形成する」ことです。その詳細な特性（**図表2-10**参照）については彼の本で確認していただくとして、以下に「解釈」との対比を用いたセンスメイキングの説明を示します。

48 ダンカンの論文の原題にあるAmbidextrousやAmbidexterityという見慣れない単語に「両利き」というイメージしやすい訳を付したのは早稲田大学の入山章栄教授である。

49 Charles A. O'Reilly III and Michael L. Tushman, "The Ambidextrous Organization," *Harvard Business Review*, April 2004.

50 アメリカの組織理論学者。研究領域は、社会心理学、組織論、意思決定、リスクマネジメント、信頼システムなど、多岐にわたる。

51 Karl E. Weick, *Sensemaking in Organizations*, SAGE, 1995.（邦訳初版『センスメーキング イン オーガニゼーションズ』文眞堂、2001年）

図表2-10｜センスメイキングの特性

センスメイキングには、理解や解釈などほかの説明プロセスとは異なる
7つの特性があるとしている。

- 解釈は、テクストがどう読まれるかが焦点になっている。センスメイキングは、それだけでなく、テクストがどのように構築されるのかということも問題にしている。読みだけでなく創作でもある。
- 解釈するという営みは、世界のなかにあるテクストがそこにあり、発見され近似されるのを待っているということを匂わせる。センスメイキングをするということは、構築すること、フィルターにかけること、枠を組むこと、事実性を創造すること、そして主観性をもっと実体的な何かにすることである。発見よりも発明に近い。
- センスメイキングには、自分たちが解釈するものを自分たちが生成するという重要な特徴がある。

ワイクは組織のオープン性やコンティンジェンシー理論の有機的システムとも関連させながら、センスメイキングを論じています。急速かつ複雑に変化していく状況下において、組織や環境について正確に認知することは困難です。くわえて、固定的なものの見方や決定論的な考え方のみの企業経営ではおぼつかない。組織が組織化し続ける過程において、環境に対しても受け身にならず、それがみずからにとって意味のあるものになるよう行為することの大事さを示しています。ワイクのセンスメイキングの議論は、組織のあり方、組織学習のプロセス、そして意思決定《ディシジョン・メイキング》に重要な問いを投げかけています。

ここまで見てきたように、組織学習に関する研究の多くは抽象度が高く、また、企業における実装も一筋縄ではいかない難度の高い取り組みです。けれども、複雑性の高まる現代のような環境下だからこそ、多義性や曖昧性に受け身にならず、能動的にそれらに働きかけることで、みずからの存在やあり方を再定義し続けるための機能や能力が企業経営には問われています。

コーポレートの機能

最後に、第3章のテーマとなるコーポレートの役割・機能に関しては、古くは機械工学者のポール・E・ホールデンらが1941年に示した機能分類[*52]が存在しますが、その後の論文数からして経営学の研究分野としてはマイナーです。ただそのなかでも、筆者らが体系的に整理されていると認

52 Paul E.Holden, Lounsbury S.Fish and Hubert L. Smith, *Top Management Organization and Control: A Research Study of the Management Policies and Practices of Thirty-one Leading Industrial Corporations*, Stanford University Press,1941.（邦訳『トップ・マネージメント』ダイヤモンド社、1951年）で、組織の主要な構成要素として、①トップ・マネジメント、②オペレーション組織、③スタッフ組織、④委員会組織の4つを挙げ、①については、取締役会、ゼネラル・マネジャー、事業責任者が経営責任を負うとしている。

識する論考があります。アンドリュー・キャンベルとマイケル・C・グールドが提示した「ペアレンティング・スタイル」です。[53]

キャンベルとグールドは、プランニングやコントロールなどへの影響の与え方から、コーポレート（彼らは「センター」と呼んでいます）の役割を「フィナンシャル・コントロール」「ストラテジック・コントロール」「ストラテジック・プランニング」の3つの典型として定義しています。それぞれのアプローチや利点が異なり、どのスタイルが最も効果を得られるかは企業の目的や文化、コンテクストなどによると説明しました（**図表2-11参照**）。

その後、彼らは「ペアレンティング・アドバンテージ」の実現や、「最低限のコーポレート機能」「価値を付加する機能」「シェアードサービス機能」といったセンターの機能分類について実証研究を続けました。

実務的かつ専門的なテーマですので、アカデミックな考察には不向きかもしれません。とはいえ、これを知らずにマネジメントを論じるのは机上の空論になりかねません。前出の「アンリ・ファヨールの経営管理論」で紹介したように、経営者としての経験を持つファヨールは管理職能（アドミニストレーション）とPOCCCプロセスを明らかにしました。同様にバーナードも著書のタイトルに「経営者の役割」と明示して、組織の成立と存続という視点から経営者を含むマネジメントが果たすべき機能を整理しています。

さらに、チャンドラーは事業部制を論じる際に「ゼネラル・オフィス（総合本社）」の機能を「セ

53 Michael C.Goold and Andrew Campbell, *Strategies and Styles: The Role of the Centre in Managing Diversified Corporations*, Basil Blackwell, 1987.

図表2-11｜キャンベル＆グールドのペアレンティング・スタイル

	フィナンシャル・コントロール	ストラテジック・コントロール	ストラテジック・プランニング
戦略哲学	ポートフォリオ	リンケージ（連繋）	コア・コンピタンス
コーポレートの役割	より高い投資収益性を狙うための財務ターゲットを設定する。	戦略の調整と再検討を行う。 厳格な財務ターゲットと戦略ターゲットを設定する。 競争優位性を生み出すべく、ビジネス間の連繋創出を試みる。	戦略の策定に主導的役割を果たす。 重要な潜在的シナジーと強みを活かす。 強力に事業部間の活動調整と連繋創出を行う。
事業部の役割	コーポレートが設定したターゲットの達成に向け、策定から実行まで戦略をマネジメントする。自律的。	戦略の大部分を策定するが、コーポレートによる調整が入る。	戦略の実行に集中する。戦略の実現を支援する。
ビジネスの数／特性	多/多様	中/中程度	少/同質的
情報の詳細度	低	中	高

ントラル・オフィス（事業部の中央本社）」と区分しています。1990年代には、複数事業会社の「ヘッド・クオーター」の機能として、「価値創造」や「損失予防」などの分類基準から議論を試みました。また、ミンツバーグによるコンフィグレーションの「戦略の頂点」や「テクノストラクチャー」、ハンディによる連邦制の「センター」などでもコーポレートの機能について言及されています。

コーポレートが果たす機能については、日本の経営学者も研究を重ね、また、いまでも日本企業の経営者からの問い合わせも多く、とても関心の高いテーマです。ただ、考えるための素材が限られているというのが現実ですので、本書でしっかりと整理していきます。

企業成長の因子と経路

組織論の系譜を概観したところで、次に、企業組織が成長、発展していく際の因子と経路を整理し、ワールドクラスの進化の背景にある組織の設計思想を見ていきます。

企業の成長に影響を及ぼす因子やその成長の経路についても、さまざまな研究があります。古くはエディス・ペンローズが『企業成長の理論』[*54]において、「成長＝規模の拡大」ではなく企業が花ひらく「成長過程の副産物が規模」とのスタンスから企業の成長過程と要因を考察しました。また、1972年にはラリー・E・グレイナーが時間と企業規模を二軸に、企業成長を5段階に整理し、

54 Edith Penrose, *The Theory of the Growth of the Firm, Third Edition*, Oxford university Press, 1995.（邦訳『企業成長の理論 第3版』ダイヤモンド社、2010年）において、企業は自社内の人的資源の成長によって成長する、つまり、社員の能力アップやノウハウの蓄積、経営者の力こそ企業成長の源泉であると理論的に分析した。『GMとともに』『組織は戦略に従う』とともに今日の経営学の礎を築いた必読書である。

図表2-12｜グレイナーの企業成長モデル

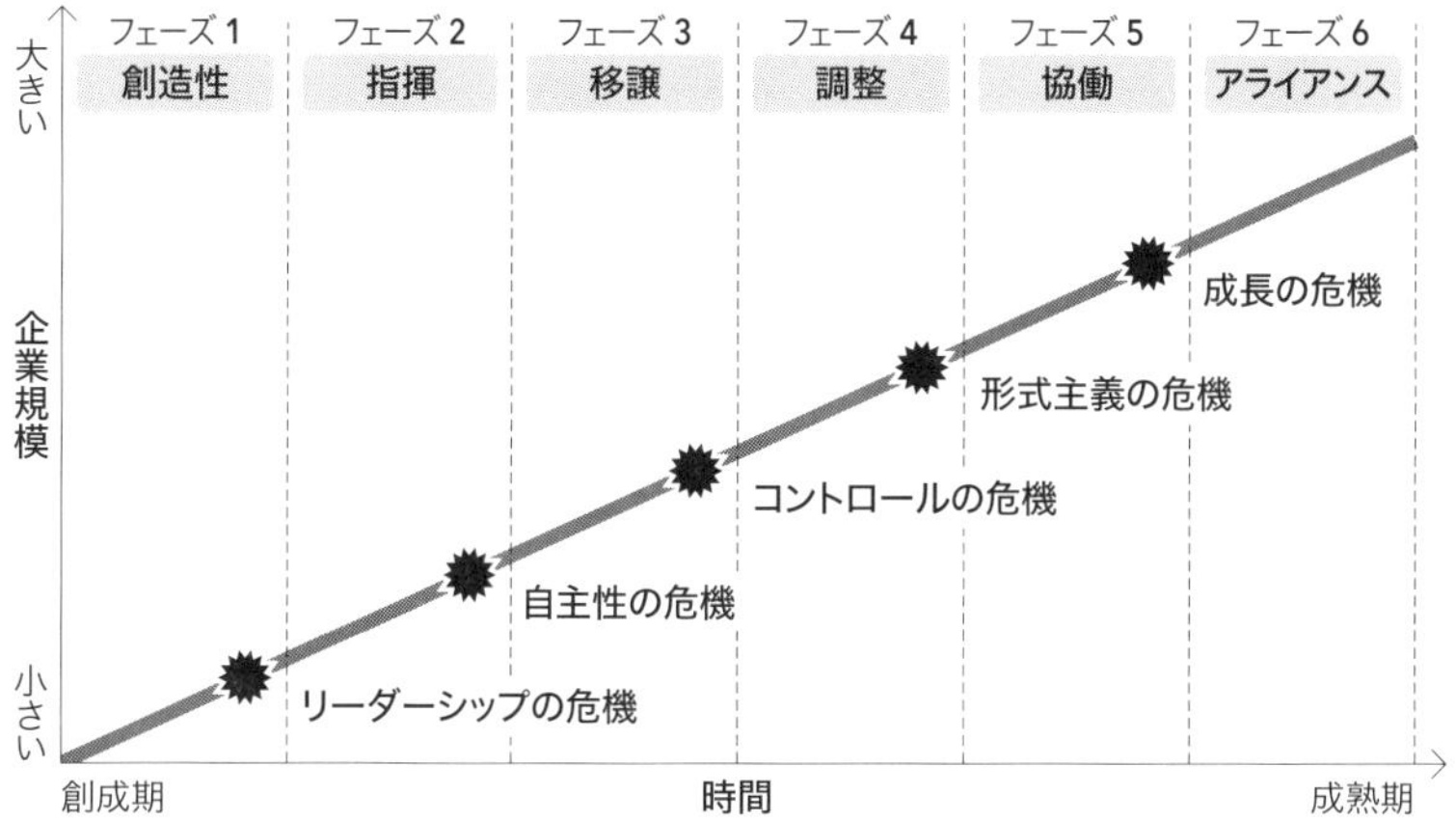

それぞれの特色と制約条件を示しました。[*55] のちに、外部の力を成長に取り込むべく6段階目として「アライアンス」を追加しました（**図表2-12**参照）。

さらには、成長の経路に「国際化」という要素を加味した研究も多くなされています。B・R・スコットやジョン・M・ストップフォード、W・スミス&R・チャーマスなどの発展段階、ジョン・M・ストップフォードとルイス・T・ウェルズ、[*56] ローレンス・G・フランコ[*57]の発展順序に関する先行研究を受け、ジェイ・R・ガルブレイスとダニエル・A・ネサンソンが『経営戦略と組織デザイン』[*58]のなかで発展段階モデルとして整理しました（**図表2-13**参照）。

実際の企業行動はさまざまであり、画一的に示すことは難しいですが、ここでは彼・彼女らの研究も参考にしながら、できるだけシンプル

55 Larry E. Greiner, “Evolution and revolution as organization grow,” *Harvard Business Review*, July-August 1979.（邦訳「企業成長の“フシ”をどう乗り切るか」『DIAMONDハーバード・ビジネス』1979年2月号、1983年5月号）

56 John M. Stopford and Louis T. Wells, *Managing the Multinational Enterprise*, Prentice Hall Press, 1972.（邦訳『多国籍企業の組織と所有政策』ダイヤモンド社、1976年）参照。

57 Lawrence G. Franko, *European Multinationals: A Renewed Challenge to American and British Big Business*, Joanna Cotler Books, 1976. 参照。

58 Jay R. Galbraith and Daniel A.Nathanson, *Strategy implementation: The role of structure and process*, West Publishing, 1978.（邦訳初版『経営戦略と組織デザイン』白桃書房、1989年）

図表2-13｜ガルブレイス＆ネサンソンの発展段階モデル

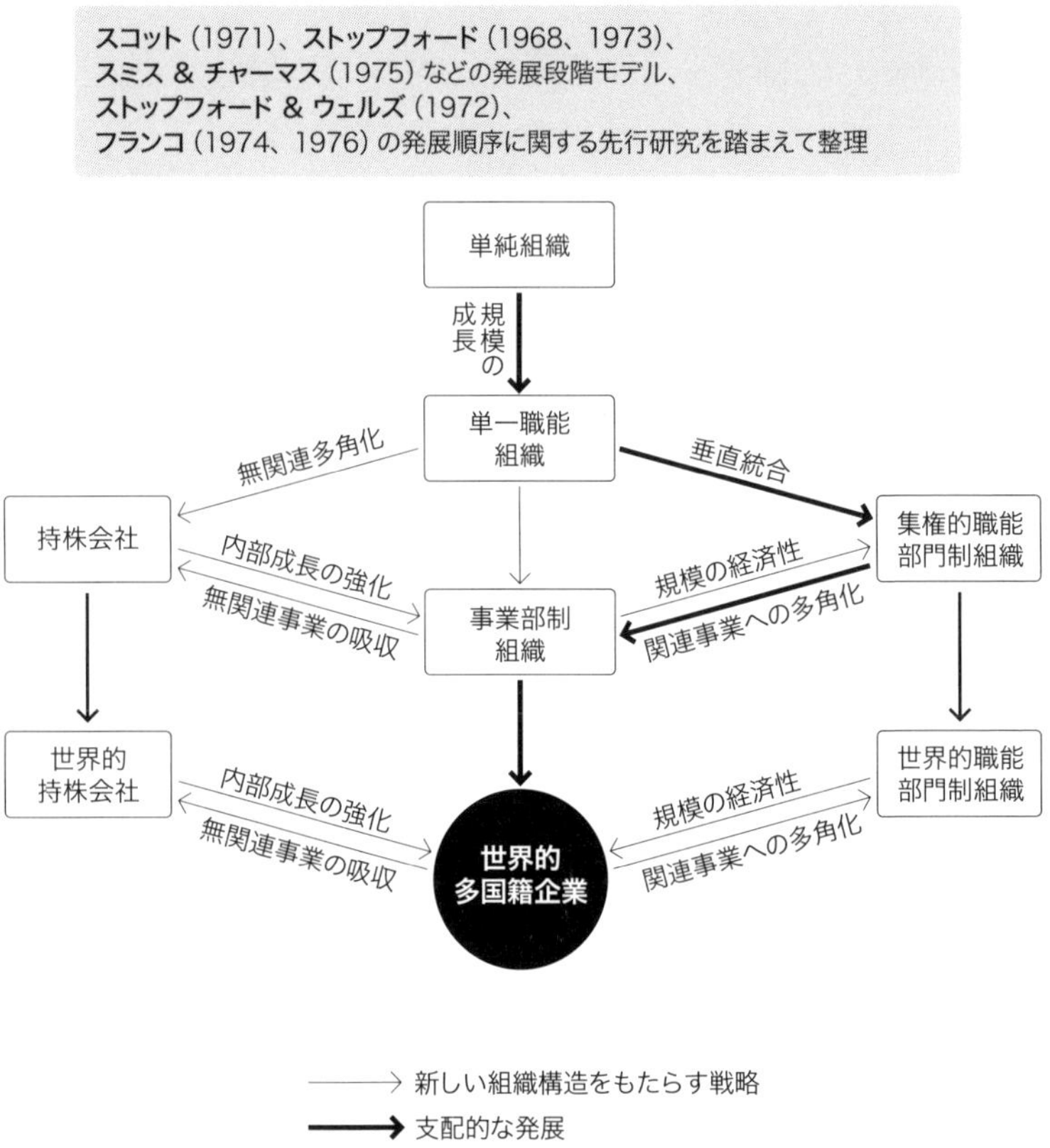

図表2-14｜組織は「スケール×スコープ×ジオ」で成長

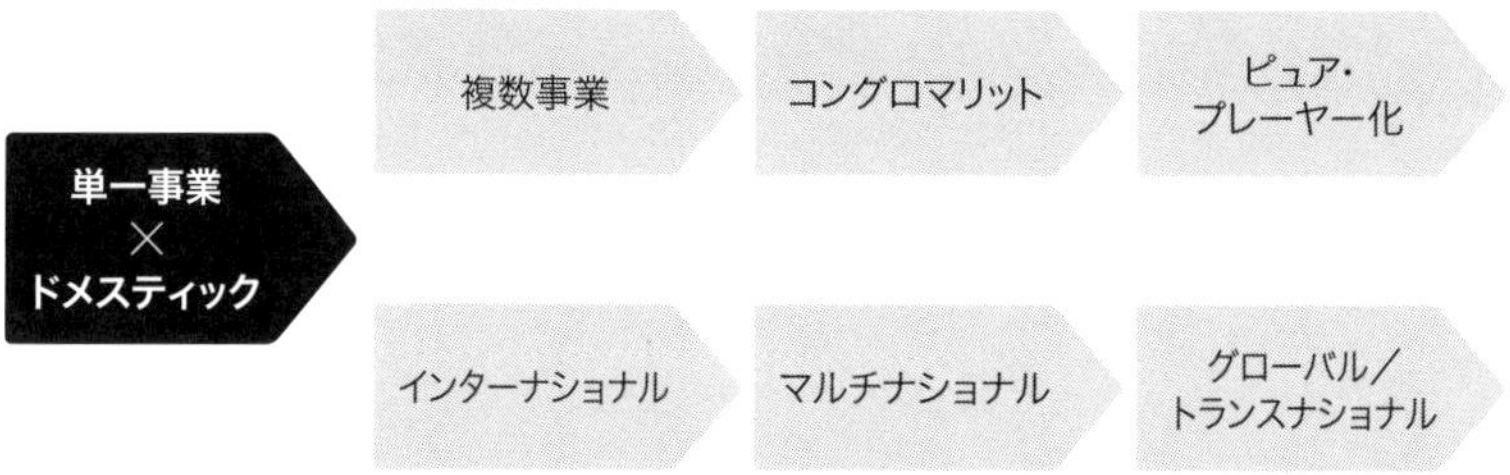

に整理を試みたいと思います。

企業の代表的な成長因子には、規模《スケール》、範囲《スコープ》、地域《ジオ》の３つがあります（**図表2-14**参照）。スケールとは、文字通り企業が展開している事業の規模です。スコープは、事業の幅。すなわち、単一事業から複線化、多角化への展開です。ジオは地理的な展開のことです。当然ながら、これらの３つの因子は互いに影響し合います。

小さな単一ビジネスから始まるシンプルな組織体は、のちにその規模（スケール）を大きくしていきます。国内のセールス機能を整備し、製造業であれば規模の拡大に伴い生産機能を拡充していきます。その過程で研究や開発（Ｒ＆Ｄ）、購買や物流などの機能分化が起こり、機能別組織の体を成していきます。

この際には、ビジネスラインのみならず、コーポレート・スタッフ側の機能も専門性を起点に整備が始まります。

さらなる成長に向けては、２つの方向性があります。

一つは海外市場（ジオ）に手を伸ばすことです。限られた国内マーケットだけでスケールを拡大していくには限界がありますので、自然な流れといえます。

たとえば、海外展開の初期段階では、本社に「国際事業」や「海外営業」といった名称の、海外展開を専門とする機能を置き、国内向けとは区分して海外ビジネスの推進を図ります。現地では、初めは代理店やディストリビューターなどを活用した輸出型モデルを採用することが多いですが、次第に自社販売拠点を本格的に構えてセールス機能を強化していきます。場合によっては、セールスを統括する機能をリージョン単位に設置、これがのちの地域統括の土台となります。

自国での生産だけではキャパシティ制約が起こったり、次第にコスト競争力を失い始めたりすると、為替リスクも鑑み海外生産へ移行するようになります。すると、現地のニーズやウォンツに則した製品やサービスの提供が必要になるので、市場をより理解するためのマーケティング機能やR&D機能[*59]（企業競争力の源泉の一つであり、本来は自国に留めておく傾向がある）を国外に置くケースも見られます。

成長に向けたもう一つの方向性が、事業の多角化を進めること（スコープ）です。単一事業に留まるなら別ですが、企業は規模（スケール）×地理（ジオ）のみで成長していくわけではありません。規模の拡大と同時か、あるいは少し遅れたタイミングでスコープの拡張も志向します。

多角化については、アンゾフやリチャード・ルメルトらによって分類されていますが（**図表2-15**参照）、このスコープの拡張によって組織はより複雑になっていきます。チャンドラーが『Strategy and Structure』で確認したように、「分権化」をもたらす因子としては規模よりも多角化度のほ

59 最終製品やサービスに近い応用研究関連の機能（D）とコア中のコアである基礎研究の機能（R）の両方。

図表**2-15** | 多角化の分類例

イゴール・アンゾフの分類

- **水平型** Horizontal……………現在と同じタイプの顧客を対象に新製品を提供する多角化
- **垂直型** Vertical Integration……………現在の製品の川上や川下に対する多角化
- **同心型** Concentric……………現在の製品とマーケティングや技術の両方、またはいずれか一方に関連がある製品を、新たな市場に提供する多角化
- **集成型** Conglomerate……………現在の製品や市場とほとんど関連がない新製品を新市場に提供する多角化

リチャード・ルメルトの分類

- **専業戦略型** Single
- **垂直的統合戦略** Vertical
- **本業中心多角化戦略** Dominant　1)集約型 Constrained　2)拡散型 Linked
- **関連分野型多角化戦略** Related　1)集約型 Constrained　2)拡散型 Linked
- **非関連型多角化戦略** Unrelated

※集約型……………事業分野間の関連が網の目のように緊密にあるもの。少数の経営資源をさまざまな分野で共通利用するような多角化

※拡散型……………現在保有する経営資源を土台に新しい分野に進出するが、全体として緊密なつながりを持たない多角化

うが影響大です。多角化の結果、事業ごとに、R&D、設計、生産、販売などの各機能が国内に留まらず海外にも配備されていきます。となると、仮に個別の事業にとっての最適をうまく実現できたとして、企業総体で見ると機能の重複が生じたり、場合によっては「抜け」が発生したりします。当然、分権化された事業間における経営資源《リソース・アロケーション》の配分の調整は複雑になります。

ちなみに、先ほど紹介した発展段階・順序に関する1970年代の先行研究では、次のように指摘されていました。

- アメリカ企業は、国内市場が大きく、競争環境が厳しかったため、国内向け組織を職能部門制から事業部門制に移行したうえで、国際事業部を設置して海外展開を進め、その後、世界的構造へと移行（ストップフォード&ウェルズ）
- 他方、多くのヨーロッパ企業では、国内市場が小規模のため、国内向けに事業部門制を敷くことなく、国際事業部の設立も省略し、世界的事業別／地域別組織やマトリックス組織に移行したが、ヨーロッパ企業のなかでもフランスや（西）ドイツを母国とする企業は、国内市場が大きかったためアメリカ同様の経路をたどった（フランコ）
- このような支配的な順序はあるものの、世界的構造に至る過程はさまざまある（ガルブレイス&ネサンソン）
- 皆が最終的なグローバル構造まで至る必要はなく、どこで止まってもかまわない（ガルブレイ

ス&ネサンソン)
50年ほど前の研究ですが、いまの時代にも通ずる示唆です。

また、成長の経路を歩んでいく際には、自前に加え、他力を借りるのが常套手段です。

日本企業も古くからセールスはディストリビューター、製造拠点・プラントなどはジョイントベンチャーを活用していますが、ワールドクラスは垂直統合型からの転換、持たざる経営の志向、限られた経営リソースの強みへのフォーカスなどから、製造機能そのものをアウトソースして、自社のリソースを設計や開発、マーケティングに集中させながらグローバル成長を遂げる企業が少なくありません。ほかにも、ロジスティクスのアウトソースや、スタッフ系の機能はBPO(Business Process Outsourcing:企業の組織機能の一部を外部に委託して運営するサービス)を活用し、グローバルワイドでオペレーションの統合、効率化を図っていきます。

さらには、外部資源の取り込みによる成長《インオーガニックグロース》の代表的手段であるM&Aで海外企業を買収して成長するケースもあります。ただし、買収側の洗練された経営システムによって、被買収企業のPMI(Post Merger Integration:買収後統合)が遂行できなければ、ポテンシャルを活かすことはできません。

過去10年では、多角化からの揺り戻しの現象として「ピュア・プレーヤー化」(**図表2-16**参照)が散見されます。ペンローズが定義したように「成長=規模の拡大ではない」という考えに沿うならば、これも一つの成長の形といえるのかもしれませんが、ワールドクラスでは先んじてみずから動くケースが多く、多角化やコングロマリットには常に「ディスカウント」の議論がつきまとうため、外部からの圧力が強まっているご時勢を反映しているともいえそうです。

事業部門単位の売買《カーブアウト》はわかりやすいケースですが、切り出した事業を一つの企業として上場させるケース（スピンアウト）や、2社を1社に統合してからすぐ3社に再編し直すという離れ業までであります。スコープを絞ることで、強みにフォーカスしてグローバル勝者になるという戦略的なスタンスの取り方です。

この動きを組織論的に解釈するならば、ジオとスコープという両面からの複雑性のうち、スコープについてはシンプル化の方向へ動くため、全体最適の視点からのグローバルでの構えの整理が少しばかりですがしやすくなると考えられます。現実には、もともと組織体制や機能配置などのグローバルでの構えがしっかりとしているからこそ、このようなオプションが取れるという面が強いようです。

企業の成長・発展に伴い高まっていく組織の複雑さを束ねるための工夫にはいくつかあります。たとえば、地域統括《リージョナル・ヘッドクォーター》をコーポレートの出先機関として配備することで、全体最適視点を担保しながら、リージョンやローカルにおけるビジネス活動を支援します。

ほかに、各国・地域の法人《エンティティ》で実施しているスタッフ系オペレーションを集中させて処理するシェアード・サービス・センターの活用もあります。ワールドクラスはこの手法を１９８０年代から使

図表2-16｜グローバルの流れは「ピュア・プレーヤー」に

> **いかなる組織といえども、多くの分野において卓越することはできない。しかし、一つの分野において卓越することはできる。成功するには、この一つの分野における卓越性に加えて、多くの分野において並以上でなければならない**
>
> ピーター・F・ドラッカー

> **多くの企業は成功すると事業の多角化を始め、会社としての焦点がぼやけて、“魂”を失ってしまう。ただ四半期ごとの決算の黒字化や、その帳尻あわせのための企業買収や事業の拡大など、設立当初の理想からどんどん離れて本質を失っていく**
>
> スティーブ・ジョブズ

> **事業の多角化は、無知を隠す一つの手段**
>
> ウォーレン・バフェット

っていますが、グローバルベースでポリシーやルール、プロセス、システムといった前提条件が整っているうえ、タイム・ゾーン別にセンターを設置するのが一般的です。日本企業には、この点においてもいまだハードルが高いようです。

競争力の強化という点においては、R&Dやイノベーション・センターをグローバルに配し、点在する知を共有することで、効率的かつ効果的に顧客や市場からの要求に対応している企業もあります。

このような「フィジカルな」機能の持ち方や配置のあり方と合わせて、職能（機能）制、事業部制（製品別／地域別）、マトリックス制（事業と機能／製品と地域）といったマネジメント上の組織構造やレポート・ラインを設計し、投資や人事などに関

図表2-17｜組織のマネジメント構造の変遷

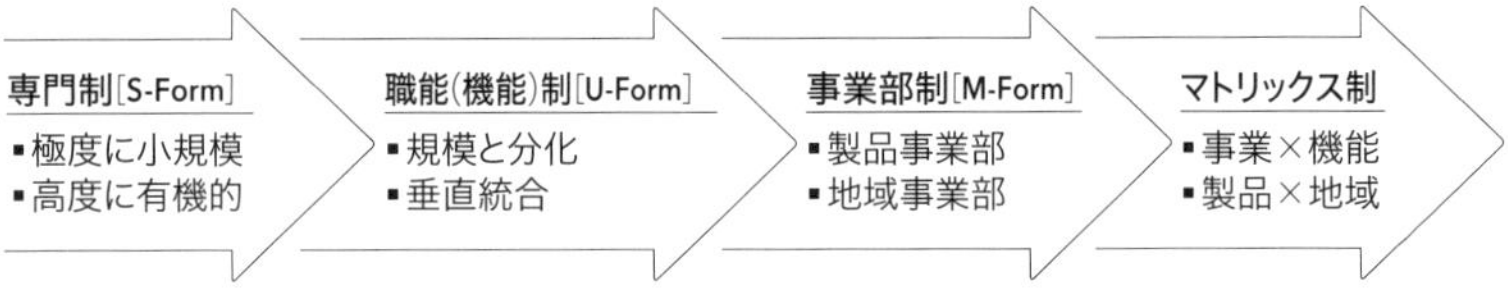

図表2-18｜柔軟であるためのメカニズムも取り入れる

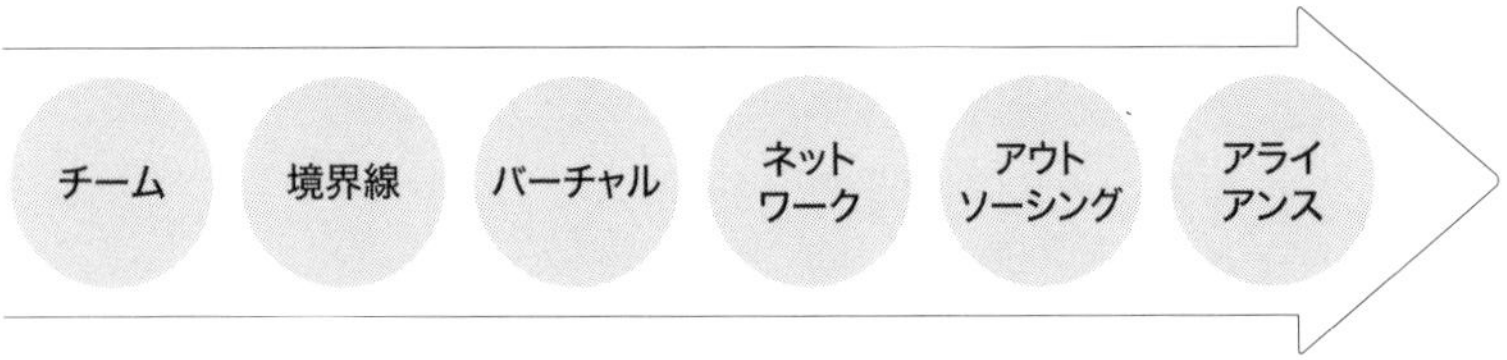

する権限や売上げや収益に対する責任、インターロック（たとえば事業部と地域の共同目標設定）ルールなどを設定します（**図表2-17**参照）。その際、可能な限り内部的な管理と調整に手間がかからないような制度にすべきです。

　これら階層型の構造にサイロ化などの弊害が見られるならば、チームやバーチャル、ネットワークなどの仕掛けを取り入れます（**図表2-18**参照）。

　また、コーポレートと事業部門との関係性については、前述のペアレンティング・スタイルや連邦制でも議論されているように「ガチガチ」から「お任せ」まで、マネジメント上の「自由と規律」の程度を調整します。このように、組織ができる限りデザインした意図通りに機能するよう「集権と分権」「公式と非公式」「クローズド（自前主義）とオープン（他力活用）」のバランスを修正するための試行錯誤は続いていきます。

スケールから始まり、ジオに展開しつつ、スコープも広げていくという複雑系の成長・発展の経路において、その手段としてはオーガニックグロースとインオーガニックグロースがあり、アライアンスやアウトソースもある。そのなかで、職能制や事業部制などを適応・応用しながら、「グローバル統合とローカル適合」や「事業と地域」の両立という無理難題に挑み、最適解たる組織をデザインする。

ここまで説明してきた企業成長の因子と経路を簡単にまとめるとこうなりますが、実践はたやすいことではありません。散らかすのは簡単ですが、整理・整頓は難しく、世界に広がった複雑な兵站線を、グローバル最適というコンセプトの下にどうシンプルにしていくか。だれにとっても大きなチャレンジです。だからこそ、それに必然性や必要性を感じ、取り組み続ける覚悟や根気があるかどうかで、できあがりの姿に大きな差が表れます。ワールドクラス企業もけっして最初からそうだったのではなく、また完全にできているわけでもありません。一つひとつの行動によっていまの姿をつくり上げ、そしてさらなる進化に向け果敢に挑み続けています。

ちなみに、ここまで説明してきた流れは、伝統的な大企業に見られる組織の成長・発展経路ですが、いまどきの企業であれば、たとえば、デザインのみに特化し、その他の機能は最初から外部の力を活用して、一気にグローバル体制を構築してしまうケースもあります。「ボーン・グローバル」

などと呼ばれるモデルです。この場合、企業内部よりも外部パートナーとの連携・調整がいっそう重要になりますので、そのための機能（能力と表現するのが正しいかもしれません）を充実させる必要があります。

組織のメガトレンド

成長・発展のコンテクストから見える「集権と分権」「公式と非公式」「クローズドとオープン」は、いつの時代も変わらぬ、組織デザインにおけるメガトレンドといえる論点です。付け加えると、これらは常に揺り戻しが起こる、ということです。

工業化時代からポスト工業化時代へと変わりゆくビジネスへの適応を図るため、多くの企業が顧客目線、社会課題目線から組織・機能の再整備・再配置を図ろうとしています。特に、資本市場の新陳代謝が活発で、新しい産業は新しい企業が担うアメリカと異なり、新しいことも古い大企業が対応しがちな日本で多く見られます。

このような状況のなか、人間そのものの性質はそれほど早く変わることはない一方で、テクノロジーは急速に進化していますのでそれも活用して、最近のビジネス開発や人材意識からの「理想型」に合致する、「分権・非公式・オープン」が特徴となる「フラット」や「ネットワーク」寄りの組織設計が流行っているように感じます。

小さい企業であれば、いまも昔も、ティールのような考え方はもともとあるでしょう。かっこいい感じの組織デザインを表す言葉としては遠い感じもしますが、よい意味での「中小企業感覚」といえるかもしれません。

工業化時代のものづくりとは異なり、ポスト工業化時代のビジネス開発は、量を競うというよりは個別のケースにいかにベストソリューションを提供できるかの勝負となります。自社内外にある質のよい衆知を集めるために「オープン」「フラット」「ネットワーク」の思想はより大事になります。これから老い縮み、各所でさまざまな社会課題が現実化してくるであろう日本国内のビジネスは、その最たる例といえるでしょう。

しかしながら、これを大組織で実践するとなると、コッターも言及しているように、ヒエラルキー組織とネットワーク組織の二面性を持つ「デュアル」の構造が必要になります。「既存を回す」と「新規を生み出す」ためのデュアルともいえます。

組織のどこをフラット・ネットワークでやるのか、そしてそれを全体のなかでどう位置づけ、ほかとつなげるのか、デュアルをきちんと成立させようとするならば、意図的に、ティール的あるいはホラクラシー的な「場」をつくり、それを機能させるための仕掛けが必要です。中途半端なやり方では両立できず、たいてい失敗します。

そこで、大企業に埋め込む際には、組織全体をファンクションの視点で整理したうえで、フラット・ネットワークが適する機能を特定し、場を設計しなければなりません。「出島」的な推進機能として切り離すのではなく、ルーチンの動きのなかに取り入れる必要があります。せっかくつくっても存在が孤立したり、行動のための資源が枯渇してしまっては何の意味もありません。

この先の世代がつくる企業は、もしかすると全体的に「ティール」や「ホラクラシー」な組織になっていくかもしれません。すでにNPOなどには近いところがあるでしょうし、アメリカの会社法の一つの企業形態である「パブリック・ベネフィット・コーポレーション」[*60]に認定されている企業のなかには、その先駆けが存在しているかもしれません。

しかし、筆者らが見てきたこれまでのコンテクストからはまだ想像ができないというのが正直なところです。人と人が協力し合うという組織の本来的な機能を強化し、社会をよくしていくことにより貢献できる新たなる形を見出せる可能性があるなら、大いに期待したいところです。ただし、それには資本の出し手側のシステムと意識も心底変わる必要があります。企業と資本市場との関係性の変化も、組織のメガトレンドの一つと認識すべきでしょう。

ワールドクラスの組織設計の要諦

スケール、ジオ、スコープの各因子からさまざまな影響を受けながらも、「企業全体と事業個別」「グローバル統合とローカル適合」「既存を回すと新規を生み出す」という相反する経営要件を両立させるために、ワールドクラスは先ほど掲げた組織論における3つのメガトレンドを調節しながら

60 社会的責任の促進を意図したアメリカの会社制度の一形態。会社法は州ごとに制定されるため、それぞれ細部に違いはあるが、①経済的利益だけでなく公益と持続可能な価値の創造を目指す、②社会と環境に対する影響を考慮する、③ステークホルダーへ進捗状況を報告する、の3つの要件がある。代表的な企業にパタゴニアがある。

図表2-19 ワールドクラスにおける組織設計の思想は “One”

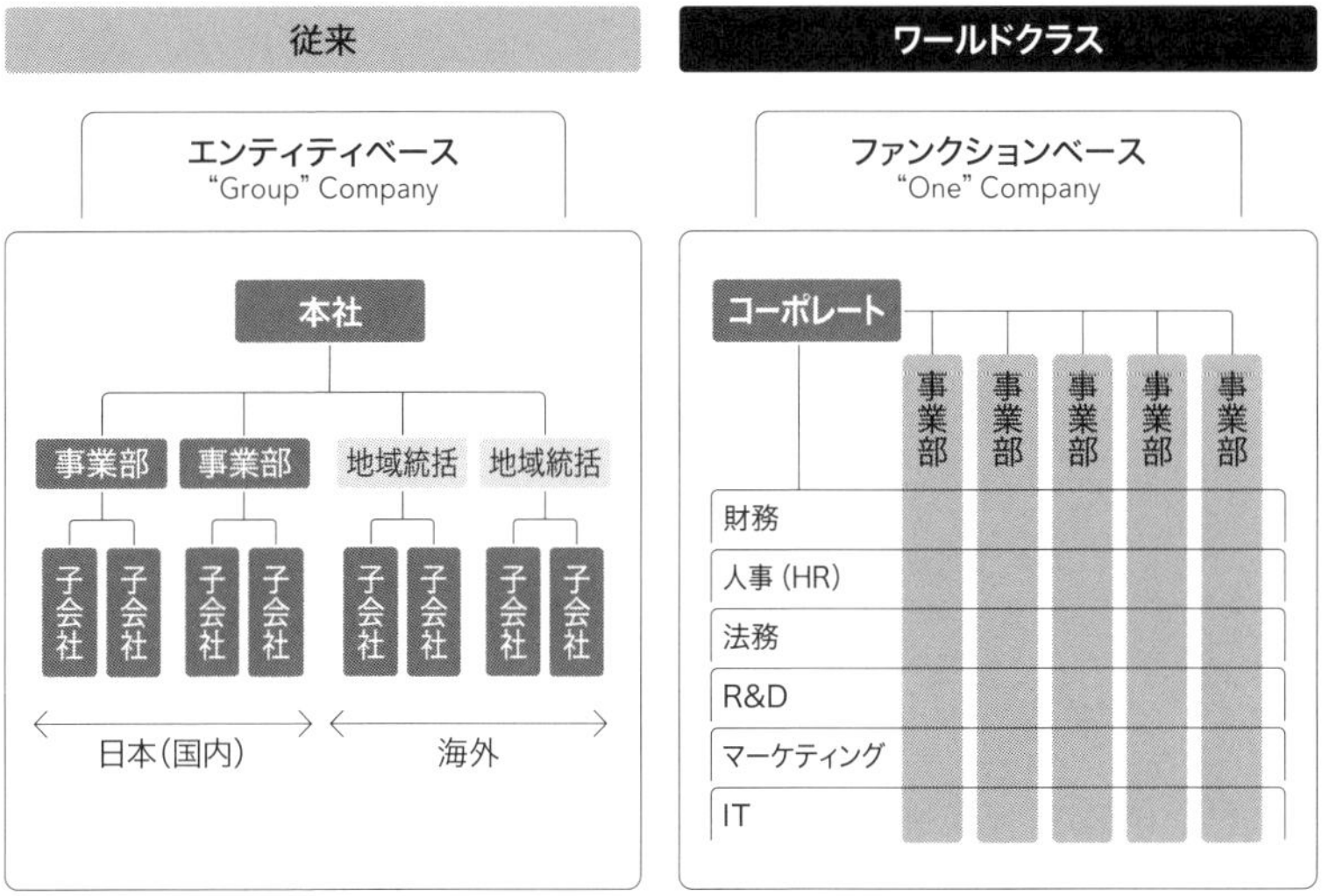

最適な構えを模索しています。

その組織デザインの根底に流れる思想を筆者らは「ファンクションベース」と呼んでいます（**図表2-19**参照）。ファンクションベースでは、親会社・国内外子会社・孫会社といった法人格の積み上げ構造に関係なく、企業体を一つの会社（ワン・カンパニー）と見なして、グローバルに最適な形に機能を配置します。

第1章で挙げたバートレットとゴシャールの「I-Rフレームワーク」の4象限のうち、インターナショナル、マルチナショナル、グローバルの3つについては、このフレームワークが登場した1980年代後半には実際の企業行動として観察されていました。ところが、トランスナショナルについては、当時はいいとこ取りの理想論でした。

しかしその後、ビジネスのグローバル展開がいっそう進み、テクノロジーの進化も相まって、程度の差はありますが、ワールドクラスの経営はトランスナショナル的性質を持ち始めました。

ローカルのビジネス状況に適応しながら、グローバルで統合された一貫性のある経営をするのは、言うは易しですが、いざ実践するとなると難しいものです。

ローカルとグローバルの2つを両立させるに当たっての大きな転換点は、組織設計の基本思想をエンティティベースからファンクションベースにしたことでした。世界各地のエンティティを一国一城的に扱い、それぞれに利益を追求したり、個々に機能を整備したりするのは、全体最適を志向する際の制約をみずからつくるようなものです。

もちろん、ワールドクラスといえども、ほとんどの企業が最初はエンティティベースで企業体を組み上げていきましたし、それが普通のことでした。しかし、経営環境が「一様ではないがつながっている」という前提へ重心が移りゆくなか、法人格をマネジメント上「意味を持たせない」ものとして、組織の構え方を変化させていきました。もちろん、法人格の否認とならないように、各子会社の運営やレポート・ラインの設計に配慮をしています。

ちなみに、「エンティティ」には3つの考え方があります（**図表2-20**参照）。

1つ目は「リーガル・エンティティ」。法的な制約などから設立するお馴染みの法人格です。2つ目が、税を最適化するための資本のつなぎ方などから設立する「タックス・エンティティ」。あ

図表2-20｜3つの“エンティティ観”

まりやりすぎると不正の温床になりかねませんが、合法的にグローバルで税を最適化することは当たり前の経営行動です。そして3つ目が、リーガル・エンティティにとらわれずに企業経営・事業運営の原単位を設定する「マネジメント・エンティティ」。このマネジメント・エンティティの考え方に基づき、ワン・カンパニーとしてファンクションベースの組織が設計できるか否かが、グローバルワイドに効率的かつ効果的な経営が実装できるかの分水嶺です。

会社法など法律上の対応もありますので軽視せよとまでは言いませんが、リーガル・エンティティは企業運営に当たって必要に応じ配備するもので、その基本的な認識は「コスト」です。したがって、なるべくリーガル・エンティティの数を少なくするように意識しています。

グローバルでの企業経営は「複雑系」です。そのため、コストがかかり、リスクも高まります。また、デモグラフィーとタスクの両面から働き手のダイバーシティは増します。クリアな神経系を持つシンプルな体躯をつくり、環境変化への柔軟性を担保しつつ、働き手が求める透明性や公平性を根づかせる。これを実践していくには、個社ごとの対応を是としたり、個別の事情を汲んだりする余裕はありません。コンプライアンス上のインシデントや海外M&Aの失敗など、近頃の日本企業によく見られる失策は、個別に対する配慮・遠慮・放置に起因します。

法体系が基本的に個社を念頭に置いてつくられており、長らくそれに沿って運営されているので、難しいのは理解しています。それ以上に、社会人類学者の中根千枝が指摘したように、社会構造を構成する原理の2つのパターンのうち「資格（職業や地位、身分など）」よりも「場（地域や会社などの枠）」を重視する「タテ社会」という日本の特徴が思考と行動を縛りつけているのかもしれません。[*61] しかしながら、グローバルでワールドクラスと戦うことを選択するのであれば、少しばかり組織に関する思想を転換しなければなりません。彼らと同じレベルの神経系を持つシンプルな体躯を構築しなければ、ビジネス上の競争でも人材獲得競争でも単純に分が悪くなります。これは、できるできないではなく、やるかやらないかの話です。世界水準の当たり前を当たり前に実装・実践できるかは、それが経営にとって必然であると認識できるかどうかにかかっています。

コーポレートが弱いと世界で戦えない

ここでカギとなるのが、コーポレートです。

61 中根千枝『タテ社会の人間関係』1967年、『タテ社会の力学』2009年、いずれも講談社。

図表2-21｜コーポレートとビジネスは経営の両輪(デザイン)

ワールドクラスが強い理由――それは、事業部門がビジネスの個別最適を追求し競争力を磨いていくのに対し、コーポレートが企業全体の最適を追求し、個別事業の単純合算以上に企業としての価値を高めるべく、リソース・アロケーションなど経営力を磨くことで「両輪駆動」を実現しているからです(**図表2-21**参照)。ワールドクラスにとって、これは基本型です。

ところが日本企業では、コーポレートよりも事業部門の声が大きく、直接的に売上げに貢献しない人事や経理は「間接部門」や「バックオフィス」などと呼ばれ、軽視されがちです。もちろん、日本企業のコーポレートは、「行政」的な動きが主となっているようですし、生産性や品質は、欧米の同規模・同業種の企業と比べて低く、結果、高付加価値業務に十分な時間を割くこともできていません。さらには時間のみならず能力の問題も指摘されるところですので、ある意味みずからが招いた現状なのかもしれません。

コーポレートは「本社」と訳されがちで、するとどうしても人事権を握っている「建屋としての御本社」や「資本関係上の親会社」というイメージが強くなります。それゆえ、どのような機能を保有し、どのように配備するのかという論点はぼやけがちです。

しっかりとしたコーポレートを構えることで、企業としての戦力が見違えるほど高まる可能性があるにもかかわらず、その重要性を理解している経営者がどれだけいるのか。なかにはＰＭＩなどの機会を通じて、ワールドクラスの実像をその目で見、肌で感じている方もいますが、多くはないと思います。

実際、グローバルにビジネスを展開している日本を代表する企業にワールドクラスから移ってきた外国人人材が、「この会社にはコーポレートはないのか」と声を上げたのを耳にしたことがあります。また、近頃はワールドクラスを経験した日本人人材が、日本企業の重要なポジションに招聘されるケースが増えていますが、彼らから「想像はしていたが、ここまでコーポレートが弱いとは驚いた」と聞かされることも間々あります。

「コーポレート・スタッフ＝間接部門」「バックオフィス＝コスト＝削減対象」という短絡的な議論から出てくる「小さな本社論」はその典型です。建屋として「親」となり、格上げして立場を強くしたはずの純粋持株会社も、コーポレートとしての機能を発揮している様子はあまり見られません。事実、上場している一事業会社であるにもかかわらず、みずからを「株主」「投資業」と位置づけている企業もあるほどです。本当の株主に面と向かってそんなことを言えるでしょうか。ウォーレン・バフェットが言うのであれば納得できるでしょうが……。

多くの日本企業の「小さくて弱い本社」は、当たり前に個別最適を追求する事業部門や子会社群を全体最適の観点からマネジメントできていない。これが、日本にはワールドクラスどころかグローバル企業すらないと本書の冒頭で述べた理由です。

どんなビジネスでもいつかは陳腐化します。企業業績は市場や競合との関係によって変動は避けられず、グローバル企業ともなれば激しく変動する可能性が高くなりますが、ワールドクラスは短期のみならず長期的にもボラティリティが小さくなるよう意識しています。短期的な成功のために長期的な成功を犠牲にしない。これこそが企業経営の本質です。仮に主要なビジネスの一つが何かの理由でつまずき、環境の変化に対応しようにも手が打てずに、そのビジネスのみならず全体に悪影響を及ぼしかねない状況に陥るようならば、その企業は「事業運営」はしていても「企業経営」はできていないといえるでしょう。

組織・機能のデザインはすなわち経営のデザインであり、システムデザインです。何か一つの要素だけをよくしたところで効用は限定的であり、企業全体がよくなるわけではありません。いまの時代、いまの環境に適応する「自由と規律」の仕組みを組織のメガトレンドを意識してホリスティックにデザインし、そして、ほかに先んじるべく実行していくことが求められます。これを担うのがコーポレートなのです。

第3章

＊

ワールドクラスの経営行動
——コーポレートの実像

この章ではコーポレートが果たす役割について見ていきます。現実には、企業の生い立ちや業種、また、米系なのか欧州系なのかなどによって、実務（プラクティス）レベルで多少の違いはありますので、少々理想論的なところもありますが、筆者らの知るワールドクラスに共通するコンセプトやエッセンスを理解していただきたいと思います。

それは、変化する厳しい環境において、競争に勝ち、社会に貢献し続けるために試行錯誤を重ねていった必然の型といえるのかもしれません。

◉コーポレートの役割

コーポレートが果たす役割とは何か。

この問いに対し、筆者らは、こう答えます。

「経営資源の配分《リソース・アロケーション》です」

これ自体が企業経営、あるいは経営戦略《コーポレート・ストラテジー》といえますが、企業としての存在価値の証明、そのための経営目標の達成に向け、お金《キャッシュ》、人材《タレント》などの限られたリソースを、自社の強み《コア・コンピテンシー》や価値観《コア・バリュー》に連なる事業機会に対して、グローバルで最適に配分していくことが主たる仕事になります（**図表３-１**参照）。

そして、実行に際しては、日頃から「先読み」を意識することが大事になります。また、その実

図表3-1｜コーポレートが担う役割・機能と経営実装するための「3＋2」

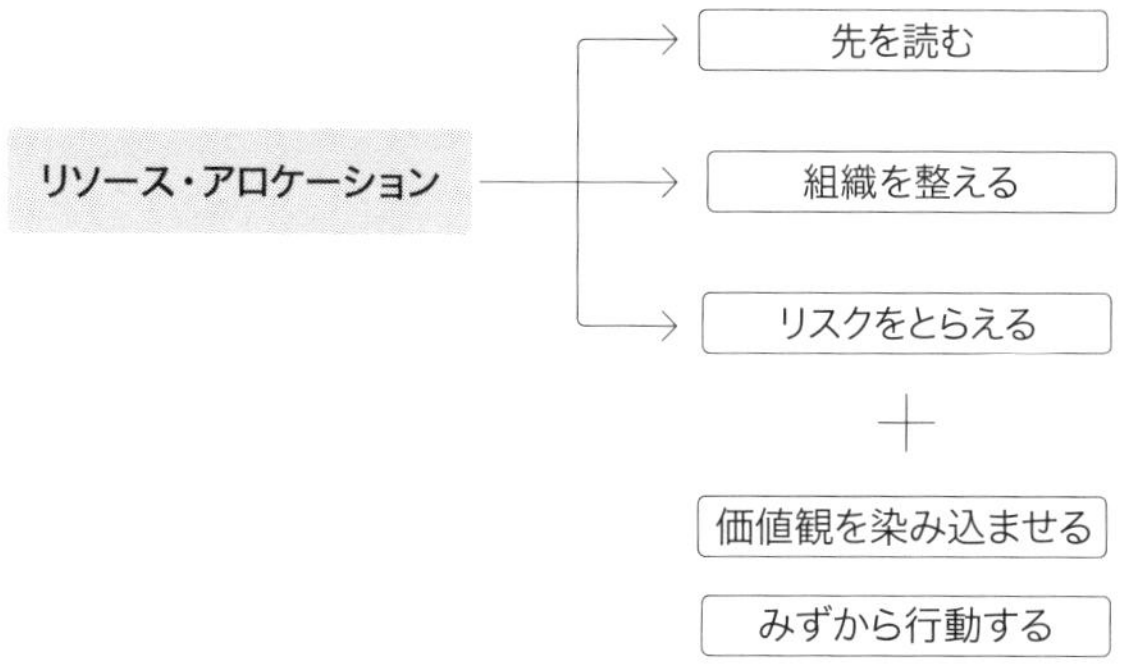

現を確かなものとすべく、グローバルに適切な陣を張り巡らせる「組織デザイン」も必須です。これについては、先んじて第2章で取り上げました。

さらには、あらゆる事業機会の裏に、また世界中で実施されるオペレーションにも必ずさまざまなリスクがつきまといます。取るべきリスクを見極め、リスクの総量を受容可能な水準に収めるよう、長期・中期・短期の視点から適切にマネジメントする「リスクマネジメント」も、コーポレートの役割となります。これについては、第4章のコーポレートの各機能《ファンクション》のなかで説明します。

そして、価値観を染み込ませ、コーポレートみずからが行動することで、リソース・アロケーションの機能は企業経営に実装されていきます。本章では、ワールドクラスのリソース・アロケーションのメカニズムに焦点を絞ります。その後、コーポレートをリードし、企業の「神経系」として機能するCxO[*1]（Chief Officer）のあり方について見ていきます。

1 CEO、CFO、CHROなど、各機能における執行レベルのChiefのこと。C-suiteやCクラスとも呼ばれる。

常に「先」を意識する経営の仕掛け

リソース・アロケーションのためにワールドクラスが徹底するのは、常に「先」を意識する経営です。企業経営を持続可能なものにするためにも、それを経営のルーチン（当たり前）にしなければなりません。

そのための仕掛けづくりには、いくつかポイントがあります。

まず、「これから世界に（社会に）どのような変化が起きるのか」という世の中の潮流をつかむことです。

1980年代初めに、アメリカの未来学者、ジョン・ネイスビッツ[*2]が提唱した「メガトレンド」は、日本でも2010年代に入ってからの未来予測の再ブームのなかでよく耳にするようになりました。メガトレンドに明確な定義はありませんが、海洋の深層循環のように流れゆく世の中の大きな変化やその振れ幅ととらえてください（**図表3－2**参照）。メガトレンドが経営・事業環境にどのような影響を及ぼすかを認識したうえで、自社が目指すべき方向性や取るべきスタンス、そして解決すべき課題について、経営層は未来を基点として「いま何をすべきか」を主体的に議論し、考え抜く。これが常に先を意識する仕掛けの大枠になります。

そして、この仕組みを有効化するためには、コア・コンピタンスとコア・バリューへの共通理解

2 John Naisbitt, *Megatrends: Ten New Directions Transforming Our Lives*, Warner Books, 1982.（邦訳『メガトレンド』三笠書房、1983年）は、アメリカ社会の近未来を予測し、世界的なベストセラーとなった。

図表3-2｜ジョン・ネイスビッツの10のメガトレンド

工業化社会 Industrial Society	⟷	情報化社会 Information Society
技術移転 Forced Technology	⟷	ハイテック、ハイタッチ High Tech, High Touch
国家経済 National Economy	⟷	世界経済 World Economy
短期 Short-term	⟷	長期 Long-term
中央集権化 Centralization	⟷	分権化 Decentralization
制度支援 Institutional Help	⟷	自立自助 Self-Help
議会制民主主義 Representative Democracy	⟷	参加デモクラシー Participatory Democracy
ヒエラルキー Hierarchies	⟷	ネットワーク Networking
北 North	⟷	南 South
二者択一 Either/Or	⟷	多様な意見 Multiple Opinion

が不可欠です。

コア・コンピタンスは、「そこにあるかもしれない機会」に対してどのようにアプローチして市場を創造し、他社と差別化ができるのかを見極めるための基盤になります。裏を返せば、自社に何が足りないかを認識することにつながり、M&Aやオープン・イノベーションの手掛かりとなるでしょう。

また、もし自社では高付加価値（高価格）を生み出すための差別化ができない、あるいは自社の方向性とは異なるために十分な経営資源《リソース》を回せないという場合には、「ベスト・オーナー・マインドセット」、つまり、「その事業にとってもっとふさわしいオーナーはだれか」という視点から、事業のあり方を見直すことも必要になります。

コア・バリューは、自分たちは何を大切にしていて、どのような思いを持って企業を経営し、社会の一員として役立っていく存在なのか、それを大局的価値観（企業理念）と行動的価値観（行動規範）として定義されます。これを重視し、判断の軸とすることで、選択する未来が流行に振り回されることなく、社内外に対する説得力が高まります。

メガトレンドをリサーチし、単に読むだけであれば、事象の解釈にすぎません。それはだれがやっても同じような結果になります。大事なのは、コア・コンピタンスやコア・バリュー、これまでの進化のコンテクストといったフィルターを通して、不確実な未来に対し「意味づけ《センスメイキング》」をすることで、変化の兆しをとらえ、経営戦略や事業戦略、つまりはリソース・アロケーションの拠り所とすることです（**図表3－3**参照）。

このような長期的な情報を経営の基点に置きながらも、変化の激しい経営環境において、事業機会とリスクを見極め、適切な戦略オプションを採り、実行動へと落とし込んでいくためには、中期経営計画《ミッドターム・プラン》の使い方もポイントとなります。

日本企業における中期経営計画の典型的なイメージは、3～5年の一定期間の固定的方向性や達成したい目標数値を詳細にまとめ上げ、公表するというものです。

かつて筆者らは、日本企業の中期経営計画策定に対して、「お祭り的な」力の入れ具合の割に、できたものに対する熱量が少ないことなどを指摘して、「中計病」と揶揄したことがあるのですが、

図表3-3｜経営環境と経営理念に基づくリソース・アロケーション

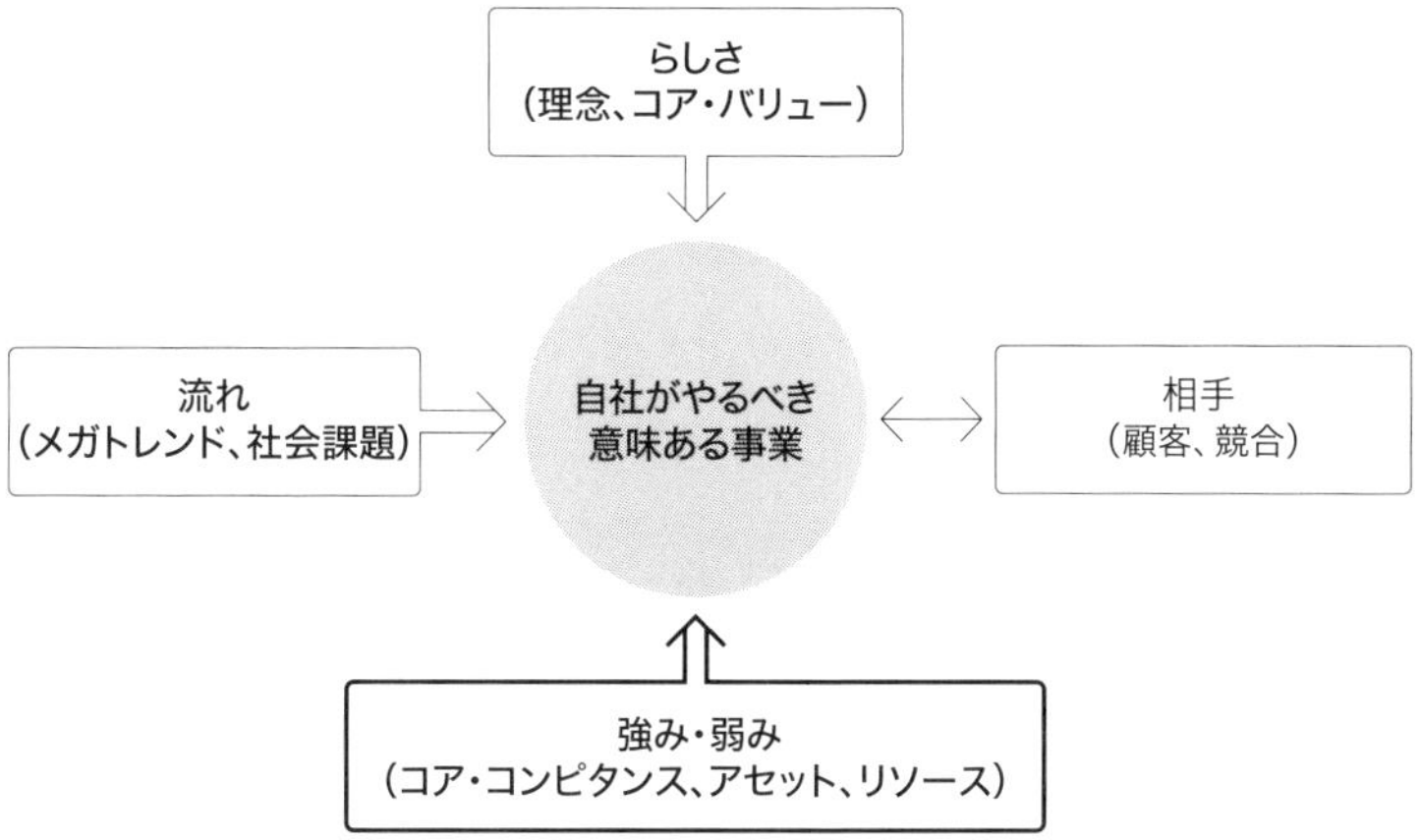

いまなお「経営の重心がずれている」ように感じます。

これに対し、ワールドクラスでは毎年、2～3年のミッドターム・プランを立てます。今年つくったから次は3年後、ではなく、翌年には新たなミッドターム・プランを考えます。なぜそんなことができるかといえば、先ほどのメガトレンドのような、常にミッドターム・プランの期間よりも長い時間軸でものごとを見ているからです（**図表3-4**参照）。

また、なぜそんなことをするのかといえば、一度つくったミッドターム・プランの達成よりも重要な目的があるからです。変化の激しい時代にミッドターム・プランの前提とした環境条件が2年も3年も変わらないわけはありません。ですから、毎年、環境変化を取り込み、みずからの変化の方向性を見定めるのです。ちなみに、

図表3-4｜長期と短期をつなげるための仕掛けを構築する

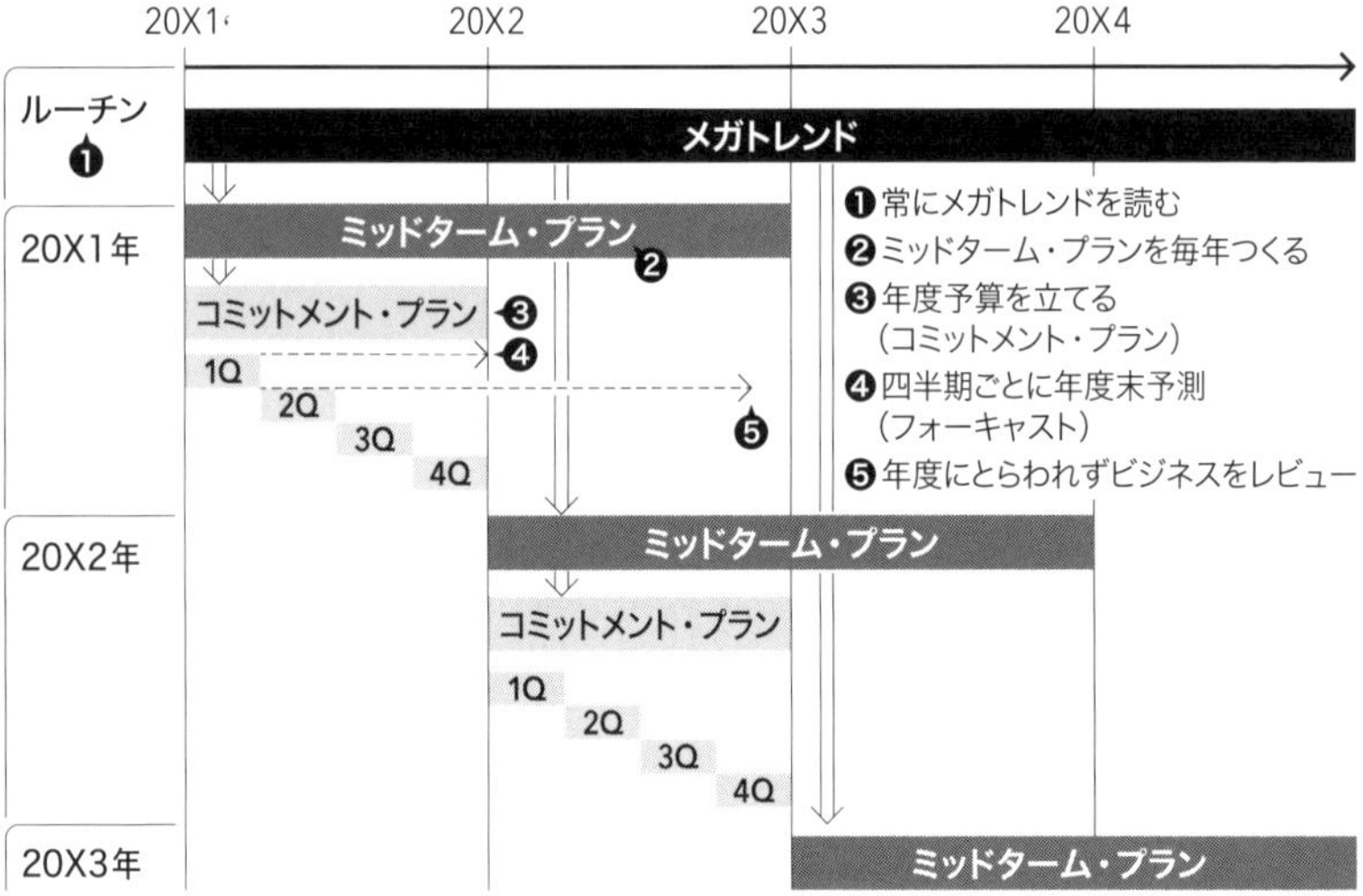

このようなミッドターム・プランを、わざわざきれいな資料にまとめ上げて開示することはありません。

経営環境が激変する時代に、仮に3年前に立てた中期経営計画を無事に達成できたとすれば、それは3年前に見えた道筋をなぞったにすぎません。その結果に安堵しているうちに、かつての競合や新たに出現した変革者は、後ろ姿もとらえられないほど先に行ってしまっているかもしれません。一度立てた中期経営計画を後生大事にして、環境変化への対応が遅れては、せっかく先を見据えようとしていた努力が無意味になります。

ミッドターム・プランで検討する数値計画は、大まかな方向性を示す、いわゆる「ガイダンス」のような位置づけです。これに基づいて最初の1年分を、達成が必達の計画《コミットメント・プラン》として、後続のプロセスで詳細に策定します。いわゆる年度予算です。これは株主との約束であり、未達と安易な修正が許されるようなものではありません。つまり、ミッドターム・プランを〝触媒〟にして、長期と短期をつなげています。

そして、四半期《クオーター》ごとのレビューにおいて、厳格に策定した年度計画（コミットメント・プラン）の進捗や、投資家からの視線が集まる年度末の着地に向けた予測（フォーキャスト）といった足元の業績をしっかりと確認します。特にフォーキャストについては、四半期ごとに精度を高めていかなければなりません。乖離率がバラついたり、年度末に近づいたタイミングで大きくなったりすれば、数カ月先のことすら予測できないと判断され、経営能力の不足を厳しく問われます。

クオーター・レビューでは、年度の枠にとらわれない時間軸で、事業の先行きについての議論も行います（「ストラテジック・レビュー」などと呼ばれています）。長期トレンドや競合との力関係を考慮し、場合によってはコア・バリューにも言及しながら、各事業に対する自社のスタンスを定めます。足元よりもその先行きの議論に多くの時間を割く企業もあります。また、課題のある事業に対しては、事業推進体制の見直しのためにタレント・レビューも合わせて実施します。

単純な例ですが、ワールドクラスはこのような仕組みで現在と未来をつなぎながら、常に「先」を意識する経営をルーチンとする努力を続けています。そうでなければ、変化の時代のなかでは、やすやすと慣性《イナーシャ》の餌食になってしまうことを理解しているからでしょう。イナーシャによる現状維持は、環境変化に対応していないということです。地球の歴史でも恐竜が滅びたように、変化に対応できなければ大きな組織の企業体は同様な末路をたどることになります。

メガトレンド分析の本気度

リソース・アロケーションの起点の一つが、時代の潮流を読むためのメガトレンド分析です。経営の持続性を高め、高収益を獲得し続けるためには、長期的な視点で自社のポジショニングを確かめ、どこに限りあるリソースを振り分けるかを見定めることが欠かせません。

とりわけワールドクラスは、社会の変化とそこに生じる課題にこそ、事業機会があると考えています。ワールドクラスの多くは公衆衛生の改善や生活利便性の向上などを実現するために事業を起こしているので、それがＤＮＡなのかもしれません。

メガトレンドという名称は使っていませんが、ＩＢＭでは、１９８０年代半ばから技術トレンドを読んでいました。[*3] しかしながら、自社目線、技術目線だけでビジネスを生み出していくには限界があります。そこで、２０００年代初頭からは、いま、あるいは将来、社会が解決しなければならない課題に焦点を合わせ、世界の潮流を読み始めました。[*4] その際には、その道の専門家のオピニオンはもちろん、自社の従業員やその家族、また取引先までをも巻き込んで、衆知を集めるよう挑みました。

シーメンスは、「グローバリゼーション」「都市化」「人口動態の変化」「気候変動」、そして「デ

3 1985年から、10年先まで見通した事業戦略ならびに技術開発戦略の根幹を示すものとして「グローバル・テクノロジー・アウトルック」（Global Technology Outlook）を毎年ロードマップに取りまとめ、研究開発のテーマ設定や資源配分の際に活用した。

4 2004年からは、イノベーション、ビジネス変革、社会的な進歩をテーマとする「グローバル・イノベーション・アウトルック」（Global Innovation Outlook）がスタート。

ジタライゼーション」の5つのメガトレンドを掲げました。それらに対して自社が保有するテクノロジーがどのように貢献できるのかについて、経営陣が〝腹落ち〟するまで議論を重ね、コーポレート・ストラテジーを構築しています。2003年から実施しているピクチャー・オブ・ザ・フューチャー(PoF)という活動では、外部のコーポレート・テクノロジーと事業部門が協働し、エネルギーやヘルスケアなどの各領域の将来像を描き、技術動向を取りまとめたうえで、自社の研究開発テーマにフィードバックをしています。

軍事理論家・未来学者のハーマン・カーン[*5]が編み出した方法論を参考にし、1970年代前半からシナリオ・プランニングを経営のルーチンとして公式化したシェルでは、数年に一度、想定するシナリオを発表しています。2013年の「ニュー・レンズ・シナリオ」では、エネルギー、政治、経済、地球温暖化の長期トレンドから、2060年までの世界を「マウンテン」と「オーシャン」という2本のシナリオにまとめました。国連気候変動枠組条約第21回締約国会議(COP21)「パリ協定」後の2018年には、気温上昇を2度以下に抑える「スカイ」という3本目のシナリオを追加しています。

ダウ・ケミカルとの統合、そして分割という大きな変化で話題を呼んだデュポンが創業200年を迎えるに当たって打ち出したのも、「食糧増産の必要性」「化石燃料依存からの脱却」「安全な暮らしの実現」「急速な都市化への対応」という4つのメガトレンドにサイエンスで挑戦するという百年の計でした。

5 ハドソン研究所の創設者。Herman Kahn, *Thinking about the unthinkable*, Horizon Press, 1962.(邦訳『考えられないことを考える』ぺりかん社, 1968年)参照。

ほかにも、スリーエム（3M）、ボッシュ、DHL、ネスレなどの名だたる企業がこのようなメガトレンド分析やシナリオ思考をマネジメントプロセスに取り込んでいます（**図表3－5**参照）。

「メガトレンド分析なら当社もやっている」と思われた読者もいるでしょう。事実、筆者らも日本企業の方々とよく議論させていただくテーマですし、最近は、「インテリジェンス」機能を強化する必要性を感じ、専門チームを立ち上げるところもあります。また、ウェブサイトなどで自社が認識しているメガトレンドを誇らしげに紹介している企業も少なくありません。

しかし、それが経営の意思決定に反映されているかといえば疑問が残ります（**図表3－6**参照）。

ワールドクラスは、メガトレンドを読むところからして本気度が違います。1998年から2008年までデュポンのCEOを務めたチャールズ・O・ホリデー・ジュニア[*6]は日経ビジネスのインタビュー[*7]で、百年の計の前提となったメガトレンドを抽出する作業に、みずからも深く関わったことを明らかにしています。世界各地の専門家50人の知見を集めるプロセスに、次期CEO候補だったホリデーが参加することで、将来起こりそうなうねりを予測するだけでなく、それが自社にとってどのようなインパクトを与えるのかを見極めようとしたのです。

その結果、導き出されたのが先の4つのメガトレンドです。特に驚くようなものがないのは当然で、客観的なデータとロジカルなフレームワークに基づいて分析すれば、どの企業でも抽出されるメガトレンドにそれほど大きな差はありません。問題はそれを、どう活用するかです。

ホリデーはCEOに就任するとすぐに「脱化学メーカー」という大きな方針を示し、1年目に化

6　1998～2008年CEO、1999～2009年会長を歴任。1990年代、日本に常駐し、知日派として知られる。

7「デュポン 200年企業、長寿の法則」『日経ビジネス』2002年6月24日号参照。

図表3-5｜シナリオ思考

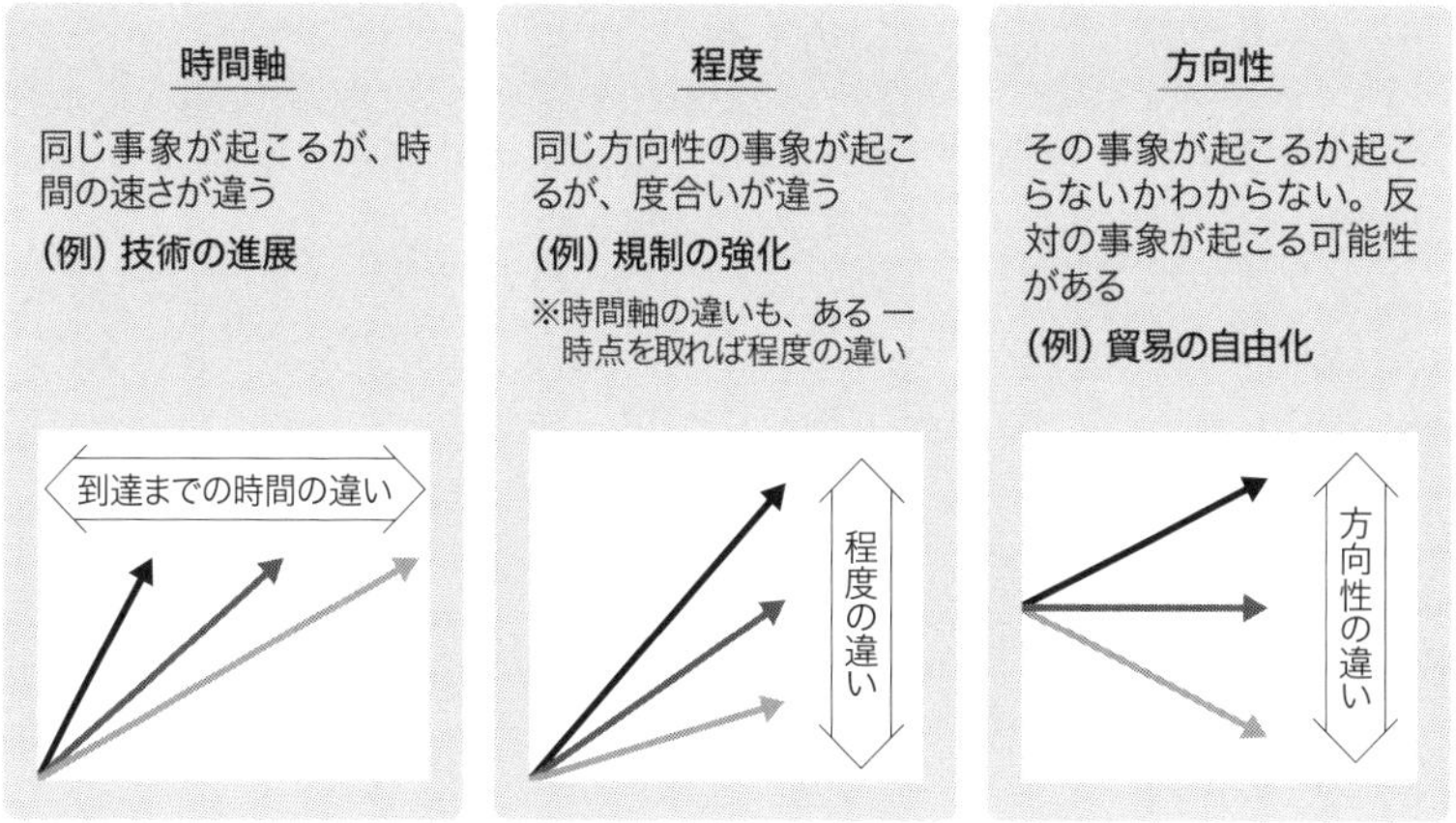
時間軸
同じ事象が起こるが、時間の速さが違う
（例）技術の進展
到達までの時間の違い
程度
同じ方向性の事象が起こるが、度合いが違う
（例）規制の強化
※時間軸の違いも、ある一時点を取れば程度の違い
程度の違い
方向性
その事象が起こるか起こらないかわからない。反対の事象が起こる可能性がある
（例）貿易の自由化
方向性の違い

図表3-6｜ワールドクラスはルーチンとして、俯瞰し、経営判断に活かす

ワールドクラス		多くの日本企業
ルーチン 常日頃から読むことで、変化を察知する一貫した把握	⇔	**イベント** 中期経営計画などのタイミングでかき集める会議体ごとに視点のばらつきも
俯瞰 複雑に絡み合う事象の関連を理解する不都合な真実から目をそらさない	⇔	**断片** 自社の都合にサポーティブな情報を選択想定の甘さにつながる
判断 経営判断の重要なインプットという位置づけ	⇔	**資料** 報告資料の冒頭を飾るという位置づけ

石燃料のピークアウトを見越して石油大手のコノコを売却すると、２年目には食糧供給不足に備えて種子メーカーのパイオニアを買収。メガトレンドを起点にした次の一手を、他社に先んじて打ったのです。このスピードと迷いのなさは、みずからメガトレンド分析に関わったことと無縁ではないはずです。

重要なのは、どんな未来が待っているかを予測することではなく、これから起こりうることが事業にどんなインパクトをもたらすのか、自社なりの意味を読解、あるいは形成し、50年後、１００年後も生き残るために、「何をするか」を考え抜いて意思決定を行い、速やかに行動することです。主に外部から提供された情報でとりまとめたメガトレンドと、手持ちの事業や製品のなかからそれらしいものを見つけてマッチングさせるだけなら、それは〝メガトレンドごっこ〟にすぎません。

先述したように、メガトレンドを企業行動に落とし込むためには、コア・コンピタンスを見極めることが必要です。それも、現在だけでなく、将来にわたって継続する自社の核《コア》となる強みを明らかにします。ワールドクラスを例に取ると、スリーエム（３Ｍ）ならば「絶えずイノベーションを生み出す力」、プロクター・アンド・ギャンブル（Ｐ＆Ｇ）なら「どこよりも深く顧客を理解して市場を開拓する力」といったもので、仮に技術ライブラリーやブランドポートフォリオなどの「目に見える」強みは陳腐化していくとしても、外的要因の変化だけでそれらが色あせるということはありません。こうした強みをメガトレンドに照らせば、おのずと進むべき方向性は示されます。

また、自社のコア・バリューも明確でなければなりません。それは、価値観のような観念的・抽象的なものでも、技術力に対する誇りといった即物的なものでもかまいません。しかし、何のために存在し、どんな使命を掲げているのかという、企業として拠って立つ基盤となるものです。このコア・バリューが確立されて共有されていないのなら、たとえ巧妙にトレンドに乗って生きながらえたとしても、それはファンドが行う事業再編とさほど変わらないのではないでしょうか（むしろ、限られた期間で、投資家に約束した収益を上げるためにイグジット〈事業売却やＩＰＯなど〉するといった価値観が明確なだけ、ましかもしれません）。環境適応力が求められる時代だからこそ、「変わっていくための変わらない軸」の確かさが問われているのです（**図表3-7**参照）。

さて、メガトレンドのような長期トレンドを読むための体制はさまざまです。先のＩＢＭであれば、ＣＥＯ配下のチームで分担していました。成長機会や技術戦略、事業推進などを担うそれぞれのチームには、ファイナンスやテクノロジーといったコーポレート部門からメンバーが任命され、外部からの知も得ながら取り組みます。デュポンのケースでは、先にも記した通り、世界中から専門家を募り、そこに経営陣も参加するプロジェクトを組成して、議論を深めました。シェルでは、社内にエネルギー、政治、経済、気候変動などの専門家から成るシナリオ・プランニングの専任チームを構え、チームを通じて外部有識者との接点を維持しています。

このようにメガトレンドを読むための決まった体制はありませんが、それを経営判断に活かそうとするマネジメント層の本気度によって、情報の鮮度や確度を高め、分析の継続性を生み、インサイト（洞察力）の深みが増していくことは共通しています。マネジメントが常日頃からこのような

図表3-7｜コア・バリューから事業領域までの連なり

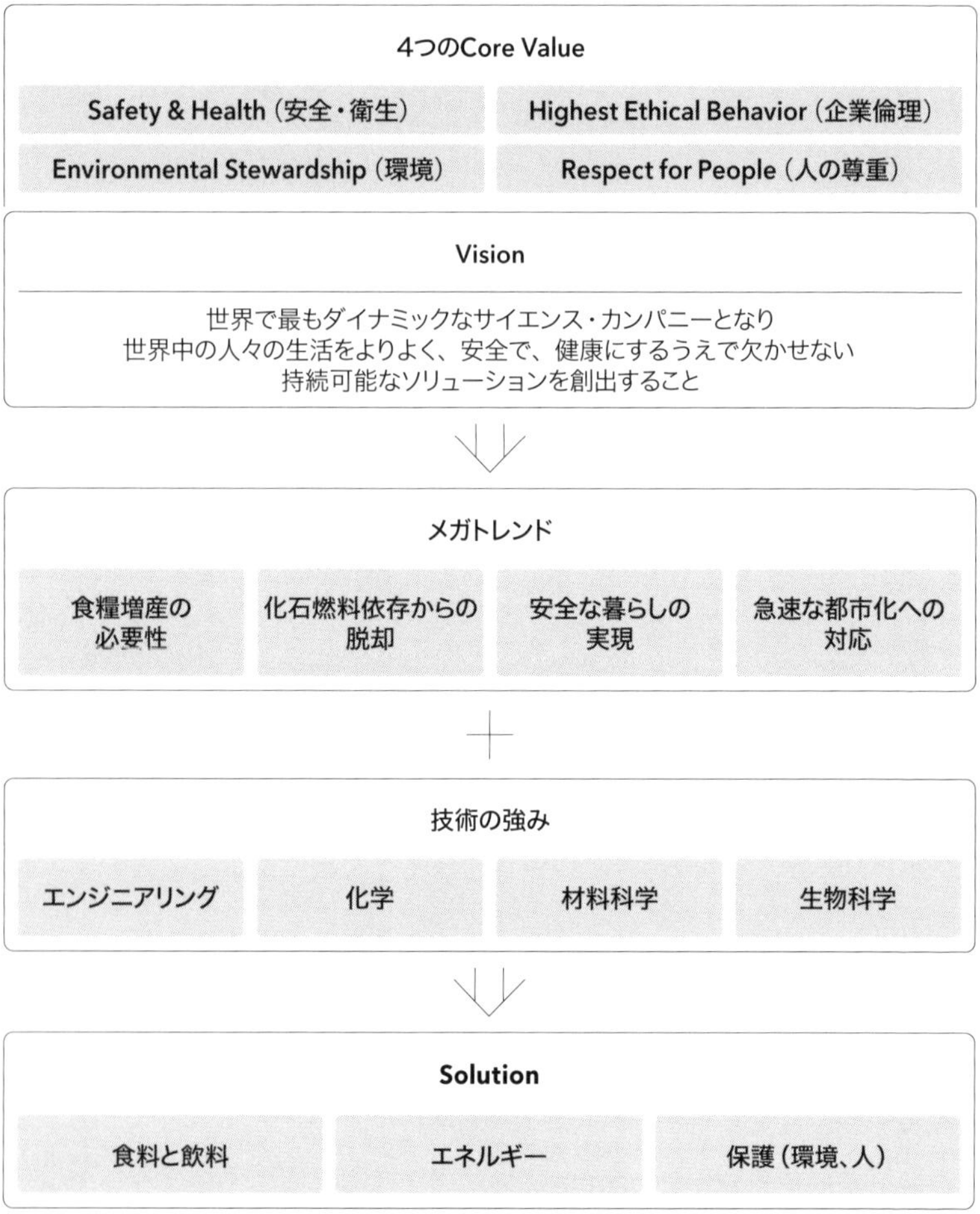

出所：DuPont Annual Report 2019

「インテリジェンス」に関心を持ち、みずから思考し続けるようになることで初めて、企業経営の基部となっていきます。

超長期と超短期の「両利き」

一般に海外企業、特に米系企業は短期収益志向だと考えられがちですが、ここまで見てきた通り、ワールドクラスの経営は短期志向《ショートターミズム》と長期志向《ロングターミズム》の「両利き」*8です。メガトレンドで、世の中の潮流を読むことに始まり、長期のビジョンや目的を掲げ、短期的な結果も出しながら、その実現に向け実直に努力していきます。もちろん、長期の潮流が変わっていくこともあるので、何が経営に転換点をもたらすのか、その兆しを見極めるために常にウオッチし、長期志向を継続するのです。

ワールドクラスにとって、長期志向は、短期収益を上げることと矛盾しません。「長期か短期か」ではなく、「長期も短期も」であり、これらは同じベクトル上にあるのです（**図表3-8**参照）。

新たな事業や技術を探索する10年程度の方向性から、30年、50年、時には100年といった超長期を見据えた企業の存在価値と、既存の事業やナレッジを通してアナリストや投資家の期待に応える超短期のバランスを取りながら、両方の実現に挑んでいます。実際には、「長期も短期も」を実現するために、「コーポレートは超長期」「事業部は超短期」というような棲み分けをしています。長期を担保することは、コーポレートの存在意義の一つともいえるでしょう。

8 経営学における「両利き（Ambidexterity）」は、「知の探索と知の深化」（第2章）を指す。経営においては多様な「両利き」の必要性に直面する。ここで取り上げた「長期と短期」のほか、I-Rフレームワークで見た「グローバルとローカル」（第1章）、事業の「足しと引き」、また近頃では「経済価値と社会価値」もよくいわれる。これらは「ゼロ・イチ」で割り切るものではなく、状況に適応しながら柔軟に両立し、企業への「期待」と経営の「実力」を高めなければならない。

図表3-8｜長期志向と短期志向

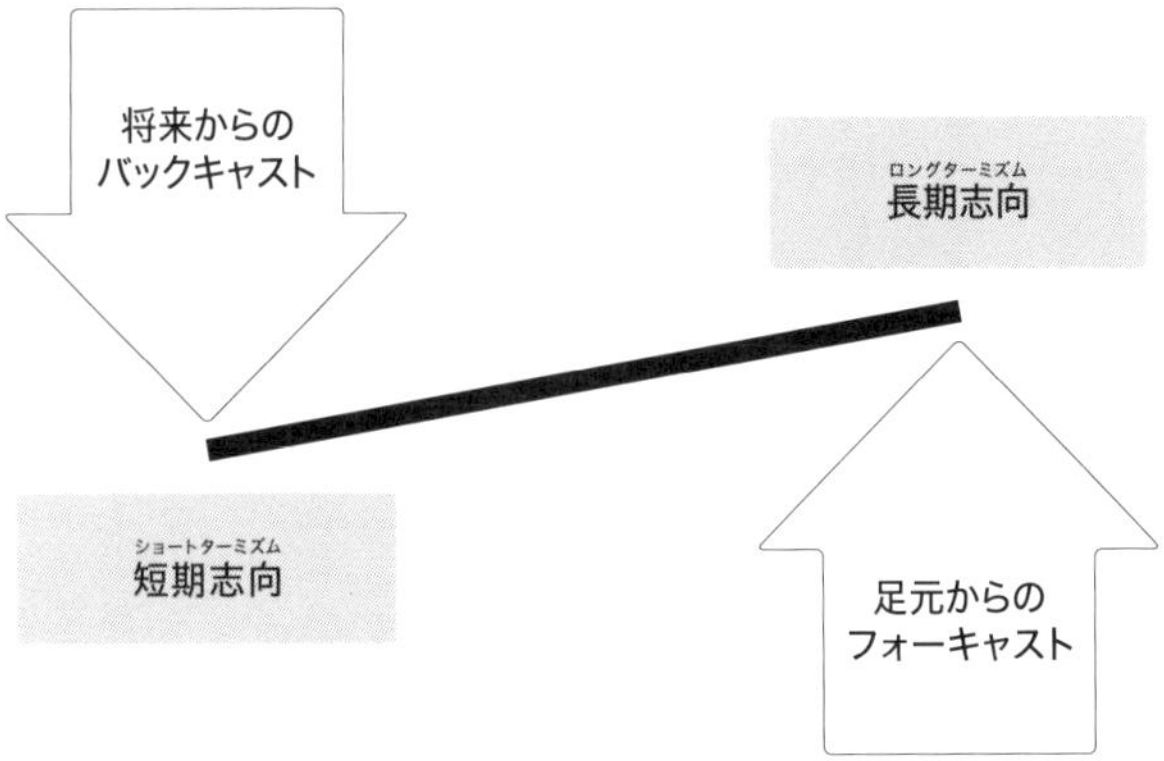

日本企業は「長期的経営」といわれてきました。しかし、長期志向だから短期利益が出ないというのは、言い訳にすぎません。そもそも多くの日本企業は、短期のみならず、長期的なパフォーマンスもよいとはいえません。日本における長期的経営とは、資本市場からのプレッシャーも弱く、また国の成長もあり、「短期的に厳しい判断をせずに経営できた結果論の総称である」という厳しい見方もできます。もちろん、むやみに規模《スケール》や範囲《スコープ》、地域《ジオ》の拡張を志向せず、じっくりと根差している〝老舗系〟企業に対しては、これとは異なる評価をすべきです。

長期トレンドさえ見ていれば長期的経営ができるということではありませんが、長期トレンドさえも読まずに長期的経営ができるわけはありません。日本企業が本当に長期志向であるならば、ワールドクラスの超長期と超短期のバランスや両立を追求する姿勢を学び、言い訳のない、だれが見ても長期的な価値のある企業になるよう、いま一度自身の長期志向への本気度を問い直してみてはどうでしょうか。

単純な質問ですが、10年後のあなたの会社はどのような会社になっていますか。

もちろん、前提条件をいくつか設定して、その条件下における姿がどのようになるかを想定することになります。前提条件を変更した場合のセンシティビティ（感応度）分析により、その姿の幅をある程度の範囲で見定めることになりますが、この質問に答えられることが重要なのです。

意図的な新陳代謝

自社が営む事業の足し引きは、ロングタームとショートタームの両利きの実践の一つです。ワールドクラスの事業の変遷を見ると、時代の変化にもまれながらも新たな「稼ぎ口」を見つけて成長を続けてきたことがわかります。100年、200年と続く企業、それも成長性と影響力を持って続くワールドクラスのほとんどは、事業ポートフォリオの抜本的な見直しを、長い歴史のなかで幾度となく行っています。

たとえば、メガトレンドで取り上げたデュポンは、大胆に事業再編を繰り返すことで知られます。1802年に創業し、19世紀は主に火薬メーカーとして基盤を築き、20世紀は化学製品とエネルギー事業で成長を遂げてきました。同社の218年あまりの歴史から、1990年から2015年ま

図表3-9｜3世紀にわたる事業トランスフォーメーション

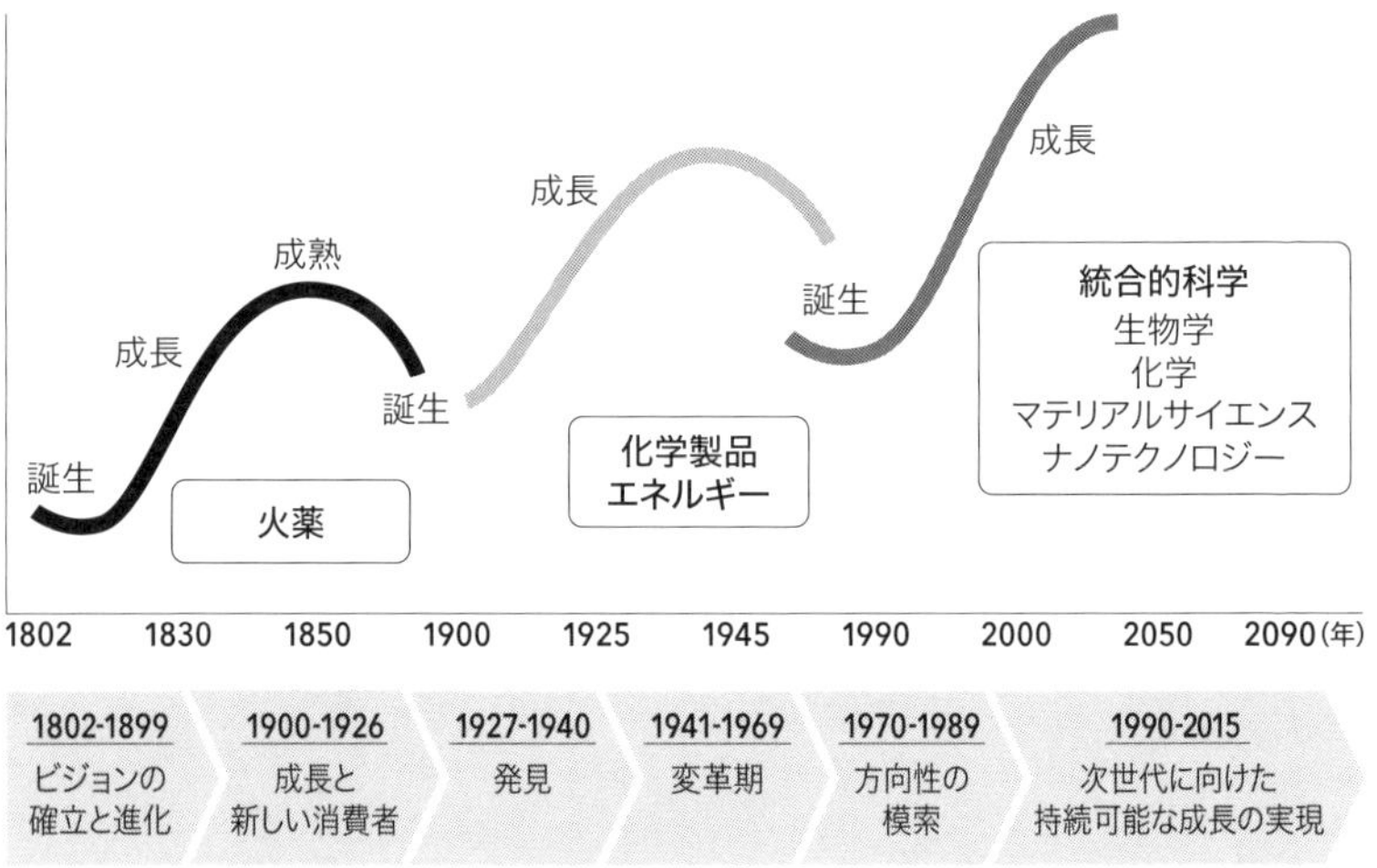

での25年間の事業ポートフォリオの変遷を見ただけでも、それがいかに激しく、厳しいものであるかがわかります（**図表3－9**参照）。

デュポンは、1999年に売上げの4割を占めていた石油事業のコノコを分離し、その売却資金で種子ビジネスやバイオに投資しました。さらに2005年には、デュポンの画期的な発明の一つであり、売上げの4分の1を占めていたナイロン繊維事業（当時の保守本流事業であったナイロン中間体を含む）も、新興国の追い上げに対するコスト競争力の観点からコーク・インダストリーズに売却し、機能性食品素材メーカー、ダニスコ買収などの資金に充てています。さらに2013年には、速乾性の自動車用塗料のおかげでT型フォードの大量生産が可能になったとされる歴史ある高機能塗料事業をカーライルに売却し、その後、アクサルタに社名変更してニューヨーク証券取引所に上場となりました。文字通りの聖域なき再編といえます。

一般的な基準から見て十分な利益を上げていても、市場の期待に応えられないと判断されれば、事業の継続はありません。デュポンが、メルクとの合弁会社の設立を経て、のちに完全子会社化した医薬事業をブリストル・マイヤーズ・スクイブに売却したのは、この領域に成長性がないからではありません。むしろ有望であるがゆえに、熾烈な投資競争が展開されるこの領域において、自社の規模は小さすぎてメガファーマとの研究開発投資の競争には勝てないことから、その事業の「ベスト・オーナー」ではないと判断したと考えられます（**図表3-10参照**）。

その背景にあるのは、①事業の成長には必要な資金を投資することができるオーナーが必要である、②当該事業をコアと位置づけ強みを持つ他社に売却することによって、より当該事業に対する投資が活発になる、という考え方です。長期にわたり投資が行われていない事業では、従事者たちの不満もたまっているものです。

たとえば、プライベート・エクイティファンドに売却された事業に対する投資額は、売却前の2倍から3倍に上るケースもあります。売却に伴う作業には多くの困難がありますが、最終的には売却された事業の業績は向上し、ポジティブな結果が得られることが多いというのが実態です。ワールドクラスの経営者にとっても売却は難しい意思決定ですが、感情的な判断は排除し、その事業にとって最良のオーナーを見つける責任があるという考え方に立っています。

図表3-10｜事業ポートフォリオの考え方

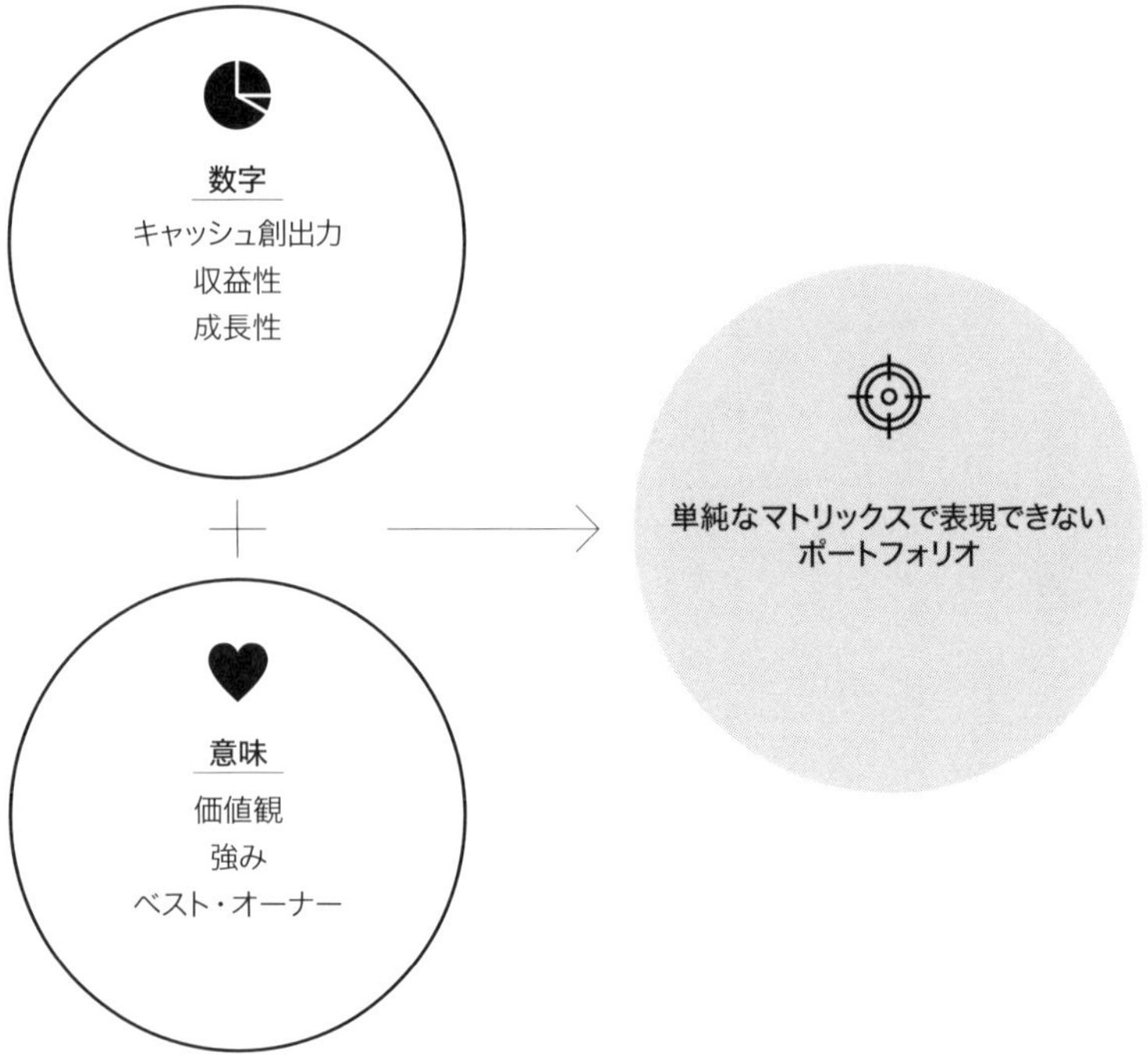

判断が遅れ業績悪化などで後手に回ると、選択肢は少なくなります。事業を売却したくても売却先を見つけにくくなりますし、売却できたとしても安値で売る羽目になります。売却後は当該事業の従業員たちも厚遇されることはないでしょう。ですから、自ら動ける選択肢が多いうちに、つまり、当該事業に価値があるうちに判断する必要があります。このようなディールであれば、買う側にとっても競争力の強化につながり、皆にとって「幸福な事業売却《ハッピーセパレーション》」になるのではないでしょうか（**図表3-11**参照）。

また、資金手当の観点から見ると、自立的成長《オーガニックグロース》に向けた投資や配当金の支払いは、事業運営で得たキャッシュでまかないますが、外部資源の取り込みによる成長《インオーガニックグロース》に向けた投資は、事業の撤退によって得た資金によってまかなうことも必要となります。資金が潤沢に調達できる現在のマクロ経済環境では、必要な資金を外部借入で調達すればよいと判断しがちですが、外部負債のレベルをにらみながら事業撤退による資金の創出を考え、事業の足し引きをします。このような判断がないと、買収による拡大ばかりで事業撤退の検討がおろそかになり、ポートフォリオの入れ替えにはなりません。また、いつでもお金は外から調達できると安易に考えているようでは、買い物に際してそうありたいと願う企業像から外れた案件に手を出して、「払いすぎる」ことにもなりかねません。

電信機を祖業とし、世界初の電車を製造したことで知られるシーメンスも、新陳代謝を繰り返してきた一社です。同社は総合電機企業と評されますが、現在の中核《コア》事業は、発電設備、医療機器、そして製造業のデジタル化のためのデジタル・ファクトリーです。1990年代後半以降、半導体、

図表3-11｜“ハッピーセパレーション”という発想をもっと意識すべき

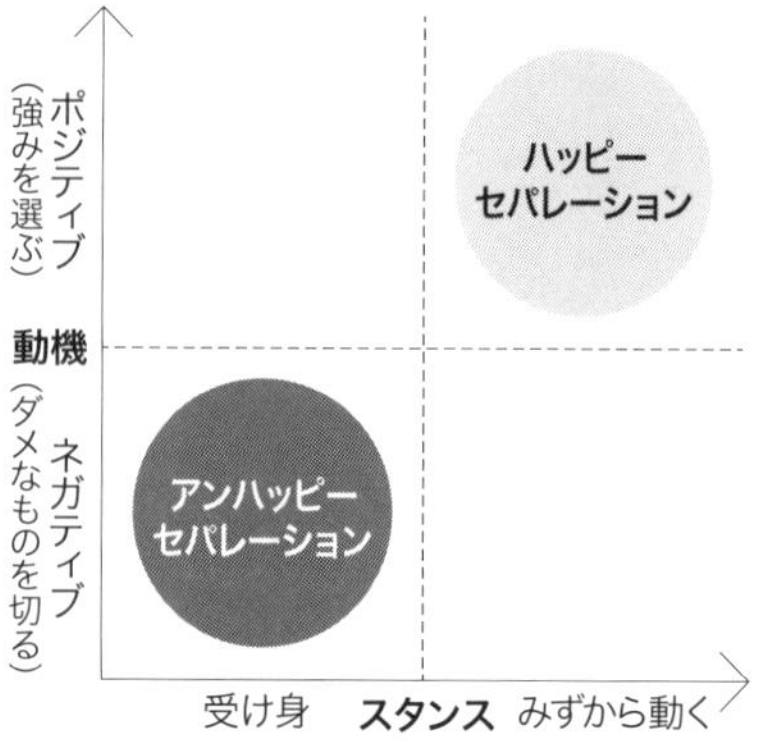

アンハッピーセパレーション		ハッピーセパレーション
安く売る 買い手なく撤退	結末	高く売れる 市場から評価されて 独立（IPO）
コストカットでの体質改善、 投資がどれだけ回って くるか不透明	機会	バリューアップに向けた 十分な投資を得る
時間がないため、 急な解雇 社内飼い殺し	待遇	時間に余裕があり、 配慮ある再配置 熟慮した転職

「たたむ」をためらう日本企業が問うべきこと

- 経営リソースを集中し、筋のよい新しい事業を起こすために既存事業をたたむべきか
- 自社で持ち続けることがその事業にとって最善の選択となっているか（自前主義に支配されていないか）
- 働き手にとって何が幸せか

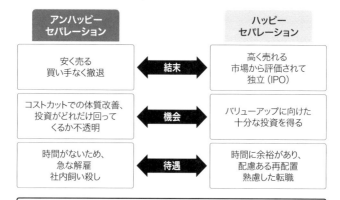

携帯端末、通信機器、自動車部品などの非中核《ノンコア》事業を次々に切り離す一方、メガトレンド分析やピクチャー・オブ・ザ・フューチャーに基づき、エネルギー関連事業やヘルスケア事業に集中的に資金を投じてきました。足し算と引き算、それぞれトータルで、数兆円レベルになります。

もちろん、ワールドクラスといえども、いつも１００点満点の経営ができているわけではありません。追い込まれてから、あるいは、外圧を受けて変革に取り組むこともありますが、ワールドクラスがほかに先んじて新陳代謝をしようとするのは、変化を是としているからです。

変化はだれにとっても難しく、怖いことです。洋の東西は関係ありません。なぜなら、人間の脳は変化を嫌います。人間には「ホメオスタシス」という恒常性維持機能[*9]が備わっていて、元の状態に戻そうとする作用が働きます。変化はストレスを生じさせるので、悪い変化のみならず、よい変化すらも嫌うのです。

それでもワールドクラスは変化していく。そうでなければ、勝ち続けられないことを、生き残っていけないことを、いずれ必ず立ちゆかなくなることを、これまでの経験と学びから真に理解し、受け入れているからです。

そして、これを牽引していくのがコーポレートの経営陣です。経営者も人間です。変わりたくないと思うのが当然の反応ですが、それを克服するのがリーダーの仕事であり、それができる人物だからこそリーダーに任命されているのです。

9 環境が変化しても体内環境を一定に保つために調整する仕組み。人間の体は本来、具合が悪くならないように調子を整える「自然治癒」の力がある。

共通言語は「数字」

ワールドクラスは、メガトレンドなどの世の流れに、自社の価値観と強みを照らして、事業機会を見出し、具体のビジネスをつくり上げます。一方で、その〝公式〟に合致しない事業に対しては、自社ではなく競合がベストオーナーであると判断した場合は早めに手を引くなどして、新陳代謝を続けています。このように説明すると、主に定性的な材料で判断しているように見えますが、当然数字を見ます。ワールドクラスの共通言語は数字です。

リソース・アロケーションを実行するためには、そのための基準が必要です。デュポンの「ディファレンシャル・マネジメント」（**図表3-12参照**）は、既存の事業領域と新しい事業領域のそれぞれに、目標とする成長率や収益率に加え、どれくらいの投資額や研究開発費といった経営資源を割り当てるかについて、企業としてのスタンスを明確に示すものです。

走り始めた事業は、当然KPIでフォローします。ただし、それほど複雑なものではなく、成長性（市場成長率に対する自社成長率、市場シェア、売上高成長率など）、収益性（SVAやROIC[10]など）、キャッシュ創出力（フリーキャッシュフロー、キャッシュコンバージョン・サイクル[11]など）を見ながら事業性を判断しています。ポイントは、内部指標だけではなく、対市場、あるいは対競合の観点から成長性を確認し、当該事業を続けることがベストかどうかを検討することです。先ほども

10 Return on Invested Capital（投下資本利益率＝税引後営業利益÷投下資本）。事業に投じた資金でどれだけ効率的に利益を生み出しているかがわかる。

11 在庫回転日数と売上債権回転日数（顧客から代金を回収するまでの日数）の合計から、仕入債務回転日数（仕入先への支払いにかかる日数）を引いて算出。この数字（日数）が短いほど資金繰りに優れていることになる。

図表3-12｜ディファレンシャル・マネジメント

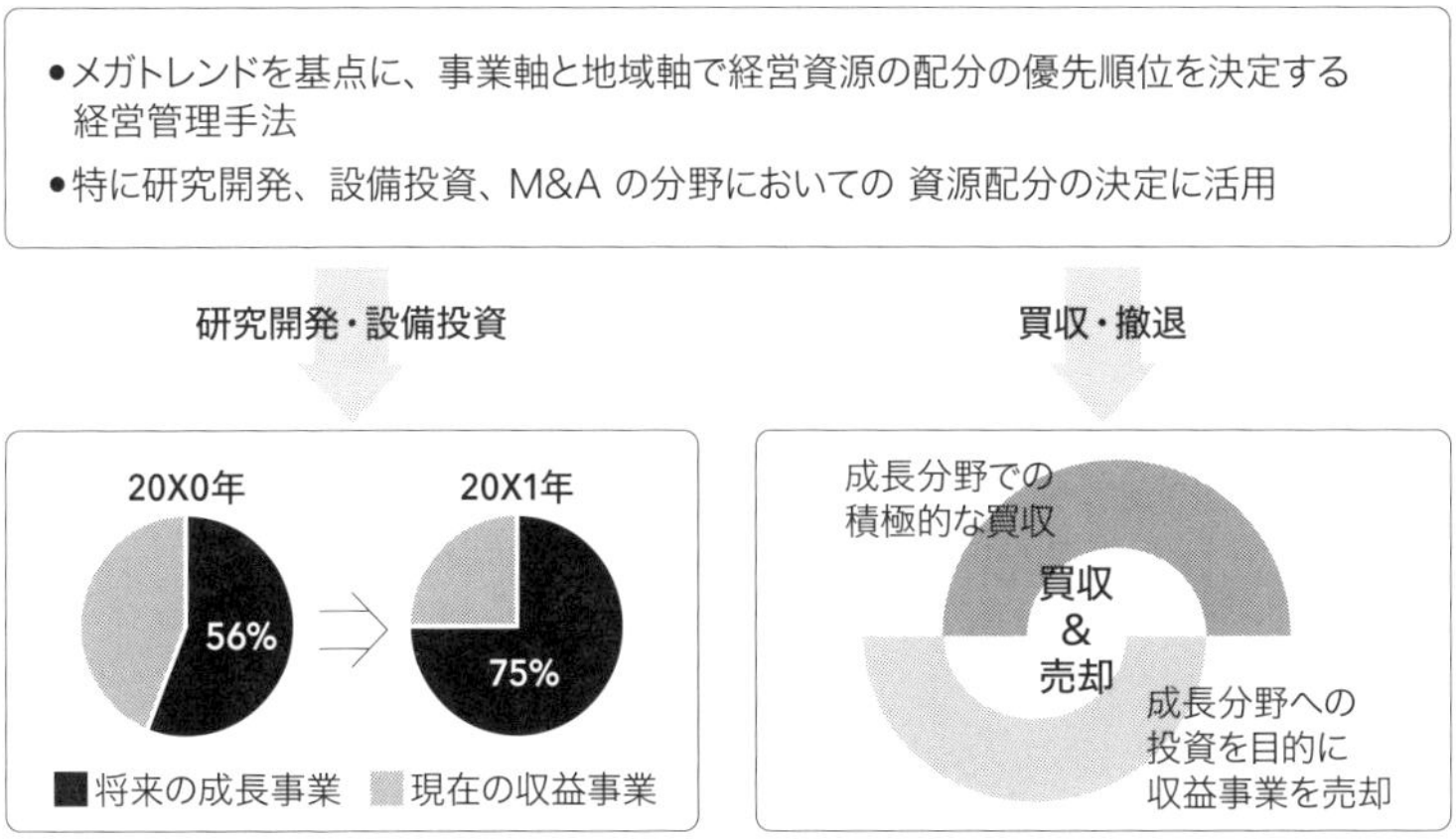

●メガトレンドを基点に、事業軸と地域軸で経営資源の配分の優先順位を決定する経営管理手法
●特に研究開発、設備投資、M&A の分野においての 資源配分の決定に活用
研究開発・設備投資
買収・撤退
20X0年
20X1年
56%
75%
将来の成長事業
現在の収益事業
成長分野での積極的な買収
買収&売却
成長分野への投資を目的に収益事業を売却

述べたように、業績が悪化してからでは選択肢が限られますから、このスタンスはとても大事です（**図表3-13**参照）。

くわえて、製造業などでは、新製品の売上高比率を重視する傾向も見られます。新しいものを生み出し続けることで、それを高収益性の維持につなげる、という意図があるからです。「新製品」の定義は一様ではないので、売上高比率による事業間の相対比較に適しているとは言いがたいのですが、継続的に新しいものを生み出す力は軽視できません。また、競合製品に追い込まれて収益性が下がってからではなく、むしろ自社の新製品が既存製品を駆逐するカニバリゼーションも容認することで、意図的に新陳代謝を実践しています。そのうえで、一定の成長率を維持していくのですから、どれだけ大変であるか想像もつきません。

図表3-13｜KPIで事業を管理する

収益性	キャッシュ（創出力）
SVA（株主付加価値） **ROIC**（投下資本利益率） **RONA**（純資産収益率） **EBITDA**※ **ATOI**（税引後営業利益）	フリーキャッシュフロー キャッシュコンバージョン・サイクル
成長性	**新陳代謝**
売上高成長率	新製品売上高／比率 特定の社会課題領域からの売上高やR&D費用割合

株主

EPS（1株当たり利益）
ROC（資本返還）
TSR（株主総利回り）

※Earnings Before Interest, Taxes, Depreciation and Amortization：利払い前・税引き前・減価償却前利益

そもそも、事業を起こすにしてもたたむにしても、ワールドクラスの収益性判断の基準は厳しいものです。上場企業であれば、ＳＶＡやＲＯＩＣなどが資本コスト[12]を下回る事業は、株主や投資家に説明がつかないことから、到底継続することはできません。資本コストを下回らないのは、〝最低限のルール〟です。

もちろん、事業のライフサイクルの草創期においては、資本コストで縛らないほうがよい場面もあります。超長期を見据えて、資本コストよりも、将来性や先行者利益を重視するという判断もありえます。

ちなみに、資本コストはその「企業」に対する投資家や債権者からの期待を表しているので、これ自体にカントリーリスクはまだしも「事業」特性を反映させることはありません。企業としての資本コストを越えたところで、自社における各事業の位置づけを鑑み、各事業にさらなるハードルを課して厳密に評価できるかが、競合に対する競争力、ならびに持続的な高収益性を維持する事業を構築することにつながります。そしてそこから、「成長の原資」であるキャッシュが生まれます。

もっとも、事業の収益性が資本コストを下回るのは、当該事業を経営する事業責任者の経営手腕によるところも大きいことを付け加えておきます。事業領域の市場成長率がＧＤＰ成長率を上回ると期待されるのであれば、供給不足を起こさないようにしっかりと先行投資を行い高成長を達成する戦略を採ります。一方、事業領域の市場成長率がＧＤＰ並みの成長率であれば、市場シェアを高めることによってＧＤＰ成長率を上回るよう戦略を練ります。これは単純なケースですが、事業ご

12 企業の資金調達に伴うコスト。一般的には、借入などにかかる負債コストと株式調達にかかる株主資本コストをそれぞれの時価で加重平均した加重平均資本コスト（WACC：Weighted Average Cost of Capital）を使う。

とにどのような戦略を組み立てていくかは、事業責任者次第です。

コーポレートは、彼らの経営手腕を評価し、事業の経営をだれに託すかを判断します。事業責任者に求められる資質は、攻めの場合と守りの場合では異なるので、各事業のライフサイクルで求められる適性を見極めなければなりません。また、場合によっては途中交代させることもあります。事業を託すことも事業責任者の選任も、コーポレートにとっては事業ポートフォリオ同様に重要な責務なのです。

このように、一つの指標や定量情報だけで画一的に判断するわけではありませんが、ワールドクラスともなれば、営業利益率が二桁を下回るような事業は、当然、「問答無用」で撤退の対象となります。さらに言えば、過去・現在の結果ベースではなく、将来性にこそ注目しており、たとえ利益が出ていたとしても将来の見通しが悪ければ、事業としての価値はマイナスと即座に判定します。「何期連続赤字ならば……」というのんびりした条件や判断など、ありません。

定性的な意志と定量的な数字をもって、コーポレートは常に「その事業は継続すべきか」「リソースを振り向けるべきか否か」を議論しています。くわえて、キャッシュに関しては、「競争力のある株主還元のあり方」までを含めてリソース・アロケーションを決定します。

検討事項は事業部サイドからも上がってきますが、判断するのはコーポレートです。これを事業部任せにしたり、あるいは自分の出身事業部を身贔屓せずにはいられない役員が口を挟んだりすると、判断が歪められたり、判断が遅くなることで、企業としての競争力を失ってしまいます。

ちなみに、ワールドクラスの事業責任者は、キャリアを通じて自分への期待値や責任範囲を自覚し、上位層の目線からのマネジメントを要求されるポジションで鍛えられており、全体最適の判断ができます。言い換えれば、そのような要件を備えている人材でなければ、この重要なポジションに就くことはまずありません。

事業には事業戦略《ビジネス・ストラテジー》があります。そして、本社には経営（企業）戦略《コーポレート・ストラテジー》があります。単一事業の企業であればコーポレート・ストラテジー＝ビジネス・ストラテジーと考えてよいのですが、２つ以上の事業を展開する企業であれば、コーポレート・ストラテジーはビジネス・ストラテジーの上位概念です。各事業において、コーポレート・ストラテジーがなければ正しい判断も行動もできません。可能な限り材料を集め、可能な限りの論理的議論に基づくリソース・アロケーションは、コーポレートにしかできない仕事なのです。

要すれば「幅」のマネジメント

ここまで、常に先を見ること、そして先んじて行動することの重要さを述べてきました。メガトレンドのような長期トレンドをどれだけ読んでいても、未来が正確に予測できるわけではありません。明日のことは昨日よりも今日のほうが見通しやすい、というのが現実です。そして、気にすべきはその正確性ではなく、変化がもたらすインパクトです。

また、長期と短期、足すと引くなどの「両利き」においては、異なるマネジメント・スタイルや組織能力が求められ、そこには多くの矛盾が内在します。

それでも、ワールドクラスは業績のボラティリティ（振れ幅）を可能な限り小さく抑える経営を志向しています。だからこそ、限定合理性に基づく判断しかできないとわかっていても、丹念に情報を収集、分析し、さまざまなシナリオを想定して、どんな事態になっても一定の変動幅のなかで業績数値が収まるように最大限の努力を怠りません。

この姿勢はクライシスやインシデントに対しても同様です。どの程度の事態ならばどのような対応を取るかを想定した「プレイブック」に取りまとめ、事前準備を整えています。

ビジネスの世界においても「ＶＵＣＡ」[13]時代といわれて久しいですが、これに適応し、「幅」のマネジメント（不確実な将来に備えて可能な限り多くの手段を持つ）を世界規模で実行するために、さまざまな仕掛けを実行しているのが「強いコーポレート」です。「強い」といっても「強権」ということではありません。権限もそれなりに強くなければ企業を動かすことはできませんが、それ以前に「能力の高さ」[14]が問われます。連続・非連続な変化にいち早く、よりうまく適応した者だけが成長し、生き残れる時代にあって、コーポレートの果たす役割はますます大きくなっています。

先を見て、先手を打って、不確実性に立ち向かう。未来のことなどだれにもわからないため、限界はありますが、コーポレートはできる限り環境変化の範囲を想定します。ですから、業績が悪化したときでも、ワールドクラスの経営者はけっして「環境変化」を言い訳にはしません。それは、「経

13 Volatility（変動）、Uncertainty（不確実）、Complexity（複雑）、Ambiguity（曖昧）の頭文字を取った頭字語。1990年代後半にアメリカで使われ始めた軍事用語で、将来の予測が難しくなっている状況を表す。

14 これには、ケイパビリティやコンピタンシー―など多様な面が含まれる。ギフトやタレントといった天賦や特別の能力のみを意味するものではない。

営していない」と宣言するようなもので、経営者として恥ずかしいことだからです。

不確実性の高い環境下ではさまざまな認知バイアス[*15]との戦いになりますが、こうした姿勢からも、ワールドクラスの経営者のアカウンタビリティ（成果に対する執行責任とその説明責任）の意識の高さを感じます。

企業の「神経系」として機能するＣｘＯ

これまで見てきたような「強いコーポレート」をしっかりと機能させるためには、コーポレートにおける配役のデザインが重要になります。主役はＣｘＯです（**図表３－14**参照）。

ＣｘＯの「ｘ」に入る文字は、いまやＡからＺまであり、ＣｘＯ乱立の様相を呈していますが、大事なのは、企業経営を取り仕切るＣＥＯ（Chief Executive Officer）を筆頭に、カネとヒトという最も重要な経営資源をつかさどるファンクションであるファイナンスをリードするＣＦＯ（Chief Financial Officer）、ＨＲ（人事）をリードするＣＨＲＯ（Chief Human Resource Officer）、そして、グローバルでのリスクマネジメントに対する大きな貢献が期待されるリーガルファンクションを率いるＧＣ（General Counsel）です。ＧＣはほかのＣｘＯ同様にＣＬＯ（Chief Legal Officer）とも呼ばれています。

ＣＥＯを中心としたこれら４つのポジションが、コーポレートをデザインするうえでの「コア」

15 経済を構成する政府、企業、個人といった主体が、理論上の前提ほど合理的には動いていない、むしろ心理的な落とし穴に無防備に近い体質があり、これを判断と選択という情報処理プロセスから整理したのが「認知バイアス」である。ノーベル経済学賞を受賞した行動経済学の権威ダニエル・カーネマンと心理学者のエイモス・トバスキーは「プロスペクト理論」において、不確実性に遭遇した人々が選択する行動は経済合理的なモデルでは説明できず、「すべての人間は、合理性ではなく価値観と先入観に基づいて行動する」と述べている。

図表3-14｜CxOは企業の「神経系」

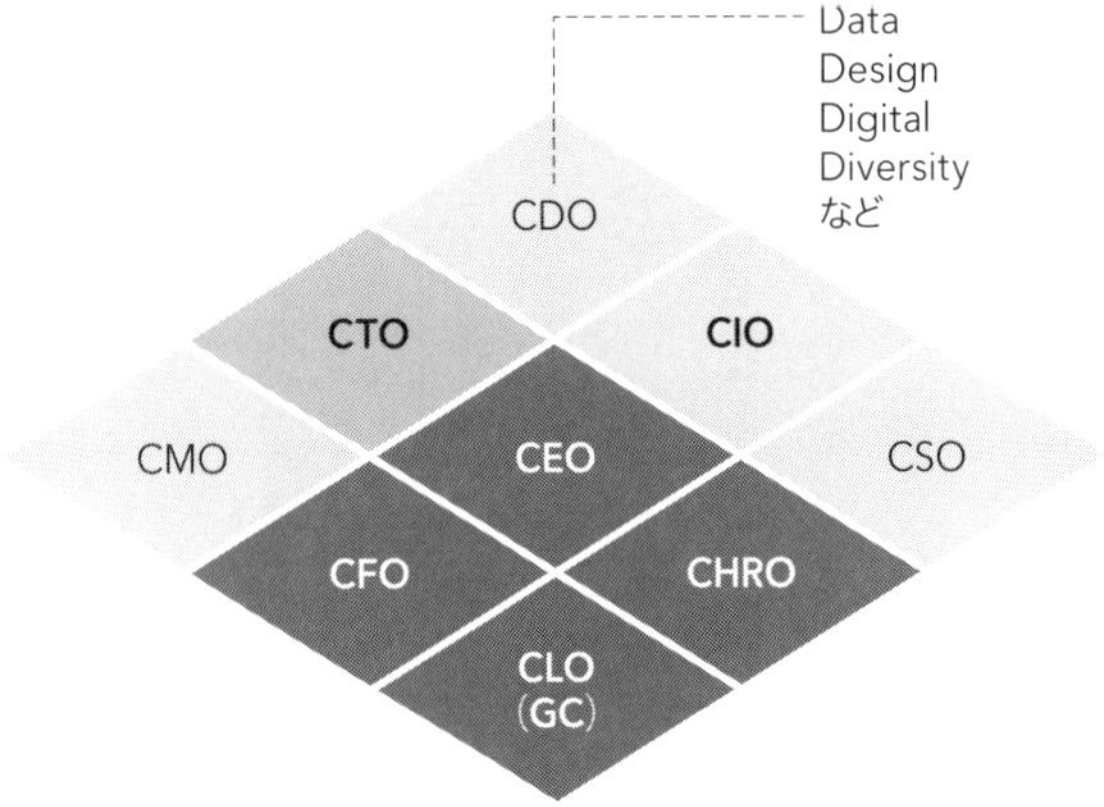

リードする経営ポジションのデザインが重要

となります。

これにもう一つ加えるならば、自社の技術的な強みの源泉を把握するCTO（Chief Technology Officer）が、企業価値（Enterprise Value）と事業価値（Business Value）を高めるうえで重要な役割を担います。

ほかにも、市場分析やブランディングなど顧客接点に重点を置くB2C企業であれば、CMO（Chief Marketing Officer）が存在します。また、CIO（Chief Information Officer）、CPO（Chief Procurement Officer）なども見られますが、前出のCFOやCHRO、GCなどの主要な機能《コア・ファンクション》と同列とするか、あるいは、内部統制や外部支出に関係することからCFO配下のポジションにするかは企業の成熟度次第です。筆者らが知る限り、成熟した企業ほどコア・ポジションは少ない傾向にあります。

近頃は、CDO（Chief Digital Officer）やCSO（Chief Sustainability Officer）の任命も増えています。これが恒久的なポジションになるのか一時的なものなのかは、企業の取り組み次第で変わります。

ちなみに、多くの日本企業には経営企画担当という役員のポジションがあり、CSO（Chief Strategy Officer）と称している企業もあります。ワールドクラスには、そのようなポジションはあまり存在しません。そもそも経営企画「部門」という組織の構えを取っていないので、それを統括するオフィサーもいないのです。M&Aなど特定の戦略テーマに専従するエグゼクティブがディレクターのほかCSOと呼ばれることはあります。また、日本企業の経営企画の主たる活動として見られる社長のサポートについては「CEOオフィス」などの形で、少人数のチーム（兼務体制含む）を置いています。

コーポレート・ストラテジーであれば、CEOを中心にコーポレート・エグゼクティブが、ビジネス・ストラテジーは当然、各事業に責任を持つビジネスエグゼクティブが考え、実行します。それをカネ、ヒト、法・リスクの観点からサポートするためにコーポレート・エグゼクティブ配下のスタッフが配置されるので、機能は充足しています。

CxOの構成は企業によりさまざまなので、どのようなポジションが設けられているかは重要ではありません。大事なのは、①各CxOの役割、権限、責任がきちんと定義されていること、②CxO間の連携が取れていること、③各ファンクションの人材要件が明確に整理されていること、の

3つです。これらが欠けていては、企業経営のデザインをなす術がありません。

「強いコーポレート」によってマネジメントの質を高めるための要点は、企業の「神経系」ともいえるCxOのデザインにあります。

そのようなCxOたちで構成されたマネジメント・チームが、リーダーシップを発揮し、時にしつこいほどミッション、バリューを繰り返し語り、また、口先だけでなく、だれよりもコア・バリューに即した行動を率先垂範で実践することで、組織に一貫性と一体感をもたらすことができます。このような一連の行動が取れなければ、グローバルに多様な人材を動かすことはできません。

下位層のスタッフは、上に立つ者の言動をよく見ています。言行不一致はすぐに知られるところとなり、組織を強力な勢いでシラケさせます。ワールドクラスでは、統一されたコミュニケーションの内容に、自身の経験談や思いを「マイストーリー」として織り込むことが求められており、繰り返されるメッセージに一味加える工夫もされています。

当然、CxOに任命される人材も重要です。個別機能の利害や正当性を主張するのではなく、コーポレート・エグゼクティブとして常に全体の最適を優先して考えられる人材がこのファンクション・リーダーのポジションに就任します。そのような精鋭たちから成るリーダーシップチームこそが「コーポレート」なのです。

そして、CxO率いる各ファンクションが、明確に定義されたミッションの下で、コーポレート・ストラテジーやビジネス・ストラテジーへの貢献、グローバル・リスクマネジメント、グローバル・

オペレーションの実行などの任務に当たり、企業の隅々まで「神経系」を機能させていきます。

◉――本当にChief（最高位）でOfficer（執行者）なのか

ワールドクラスにおける各ファンクションの詳細に移る前に、日本企業においてコーポレートを議論する際の2つの大きな論点について触れておきたいと思います。

1つ目は、そもそも、巷にあふれるCxOが本当に最高位（Chief）にある執行者（Officer）なのかどうか。ここでいう最高位とは、グローバル全体のリーダーであることです。また、執行者であるかどうかは、取締役（Director）と兼務ではないことを意味しています。これらについて、ワールドクラスで議論されることはまずありません。

余談ですが、リーダーとは、「頂《いただき》」ではなく「先頭」です。メディアでも「何万人の頂点に立つ」とか「トップに上り詰めた」などと取り上げるので、その影響があるのでしょうが、企業経営に限らず、リーダーにまつわるこうした誤った表現は改めるべきでしょう。同様に、現場は顧客や技術の変化に対する感度の高いビジネスの「最前線」であることを付け加えておきます。そして、「先頭」と「最前線」が近いほど、転換点における変化対応力は高くなります。

話を戻します。たとえば、ワールドクラスのファイナンスであれば、事業部門をサポートするために、世界各地の拠点に人材を配置します。世界各地の各拠点に常駐する彼らは、目の前でサポートする事業責任者や担当者、場合によっては法人の長などにもレポート（ドッテッド・ライン）しますが、主たるレポート・ライン（ソリッド・ライン）はCFOです（**図表3－15**参照）。

なかには、ソリッド・ラインが事業責任者で、CFOがドッテッド・ラインというケースや、ファンクションと事業が同等というケースもありますが、いずれにしろその人材の「本籍」はファイナンス・ファンクションにあります。事業部門やローカル拠点など配置先はあくまで「現住所」ですので、最終的な人事権やキャリアに対する責任も本籍であるファンクション側が持ちます。

第2章で説明したように、世界各地の法人《リーガル・エンティティ》は、各国の法制度への対応やタックス・プランニングなどを考慮して設立されています。経営はそのようなリーガル・エンティティではなく、マネジメント・エンティティをベースに行われます。各法人に置かれているファンクションは、その法人のために仕事をするというよりも、全体視点で設計されているコーポレート・ファンクションの一部が、その役割を果たすために最適なロケーションに、いわば出先機関として配されています。地域統括会社などはその最たるものです。

そして、コーポレートのCxOや事業責任者が立てた戦略や計画に基づき、同じく各法人に配置されている事業部隊が目標を達成できるようサポートし、また、マネジメントに関する方針（ポリシー）やルールをローカルに浸透させ、それらに準拠してオペレーションを実行します。もしそれらに見合わない判断や行動がなされた場合には、ファンクションの上長、最終的にはCxOに速やかに報告され、是正が促されます。

図表3-15 レポート・ラインの構造（イメージ）

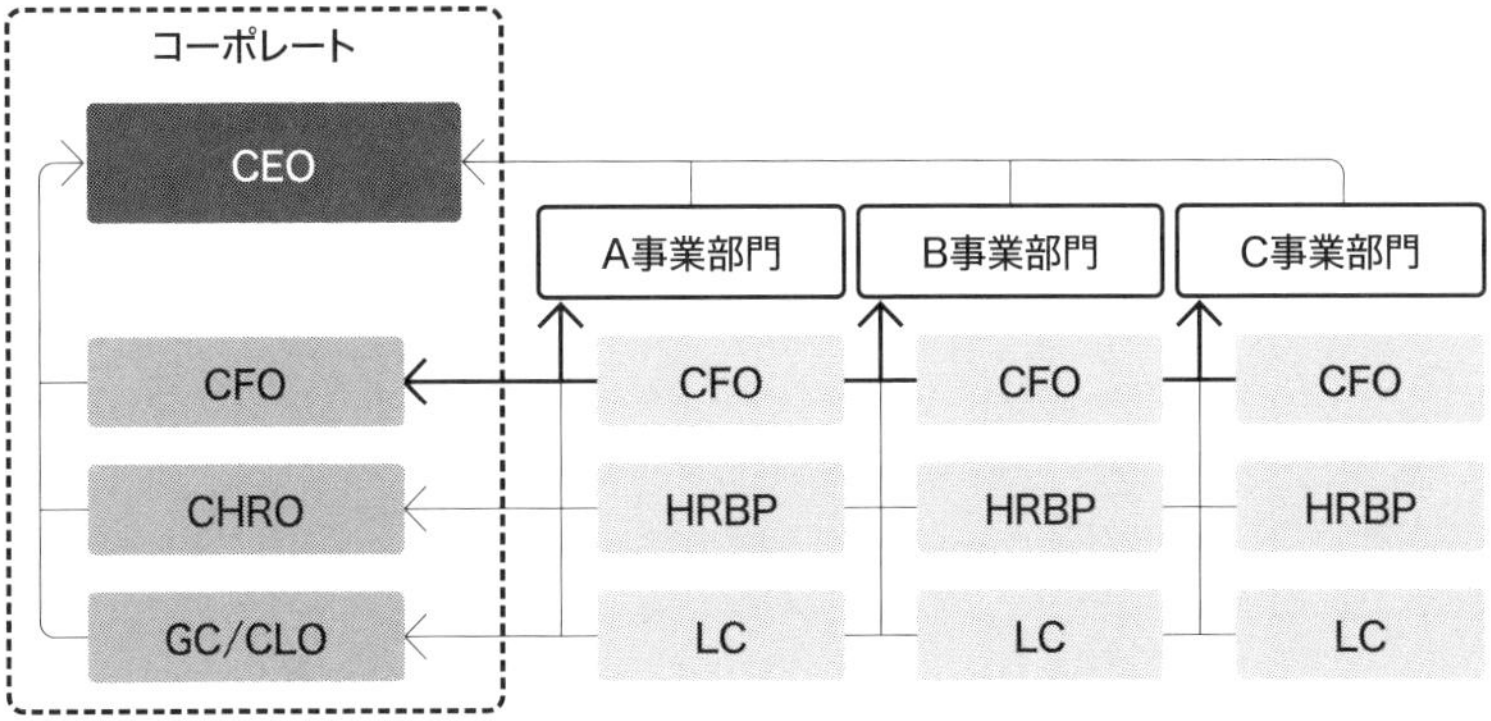

※LC：リーガル・カウンセル
※コーポレートのCEO-CFO-CHRO-GCというマネジメント・チーム体制が、
事業階層においても同様に組まれている。

世界中に拠点が設立され、企業体としてどれだけ大きく、複雑になっても、このようにして神経系を行き渡たらせることで、ワールドクラスはＯｎｅ Ｃｏｍｐａｎｙ（１つの企業）としての思考や行動を担保しようとしています。

そうは言っても、実際には事業部門やローカル拠点の「目の前のボス」への配慮がありますし、ビジネスの実行を支援することがコーポレートの重要な任務なので、密に連携することは言うまでもありません。

はたして、日本企業のなかに、ファンクションの責任者としてこのような仕組みをつくり込み、運営するＣｘＯがどれほどいるでしょうか。全体像を示さず、対象も期待も不明確なままで、だれかに「任せている」という状態になっていないでしょうか。どれほど優秀でも個人の力量の寄せ集めには限度があります。組織として有効に機能するよう仕組みで担保しなければなりません。

マイクロ・マネジメントだと思われるかもしれませんが、ワールドクラスのみならず、グローバルのマネジメントはハンズオンです。みずから考える、現場に出る、自分の手でやる、現場を深く理解する、ということを徹底します。「部下に任せているから、部下に聞かなければわからない」と発言するようなら、自分のポジションは不要だと言っているようなものです。

執行者かどうかについては、日本ではまだＣｘＯ体制が未成熟なため、致し方ない面がありますが、「監督と執行の兼務」は論理的に通りません。実際のところ、本社の管掌取締役にＣｘＯの名称をつけただけというケースも散見され、指名を受けた当人もどう振る舞えばよいのか、悩んでいるのではないでしょうか。

一部には、グローバルの現実を見たことで、監督と執行を明確に分ける経営体制を築きつつある企業もあります。ただし、この問題が解消されるのは、「サラリーマンのゴールは自社の取締役」という昔ながらの出世モデルとは異なる考え方を持つ世代が、実際に経営を担うようになるまで待たなければならないかもしれません。

社外の独立取締役が大部分を占める取締役会を運営している米系企業も、昔から監督と執行の分担が明確だったわけではなく、失敗に学び、変化しながら現在に至っているのですから。

「小さい」だけでよいのか

「最高位で執行者なのか」に続くもう一つの論点は、「小さな本社」です。

日本企業はなぜかこのテーマがとても好きなようで、「大きい」か「小さい」かという規模を一義に置いた議論がすでに20年以上も続いています。一方で、「強いか」「弱いか」という質的な側面からの議論がまったくされていないこともないのですが、「強い＝統制を利かせる」というイメージだけを想起させてしまったり、また、求心力の源泉がなくなっているにもかかわらず、求心力と遠心力の話を（その覚悟も準備もないのに）集権と分権に置き換えたりなど、論点がまるで定まっていません。

究極的な疑問は、本社（建屋としての本社という意味ではなく、先述したように企業体を束ね、導くためのコーポレート・ファンクションという意味）には、いわゆるスタッフ部門のみならず経営層も含まれているということを忘れているかのような議論がなされていることです。「間接部門」のスタッフは減らすのに、役員の椅子は多い。しかも、コーポレート・ガバナンスの未成熟さというわが国の現実を映すかのように、取締役も社内の役員ポストとして当たり前に存在している。生産性向上が求められる世の中ですから、「間接部門」縮小の検討もすべきですが、取り組みの方向性があまりに短絡的と言わざるをえません。

たしかに企業が成長する過程で本社部門が膨張する例はしばしば見られますし、その弊害は無視できるものではありません。よかれと思っても自然に肥大化しがちであり、〝歯止め〟の仕組みは重要です。

しかしながら、問われているのは、「大小」ではなく、本章で見てきた役割を果たすために必要な機能そして能力を有する「強い」コーポレートであるかどうかです（**図表3-16**参照）。

そうした本質的な議論をしないまま、純粋持株会社などの〝ハコ〟を用意しても、問題は何も解決しません。聖域なき事業ポートフォリオや優先順位を明確にした投資など、全体最適目線からのリソース・アロケーションを担うことができないのであれば、〝ハコ〟はなくしたほうが、よほど安上がりです。第2章で述べたように、リーガル・エンティティとはコストです。

本社を小さくすれば無駄が省かれ、意思決定のスピードが速まり、企業が活性化するというのは

図表3-16｜理想は小さくて強い本社

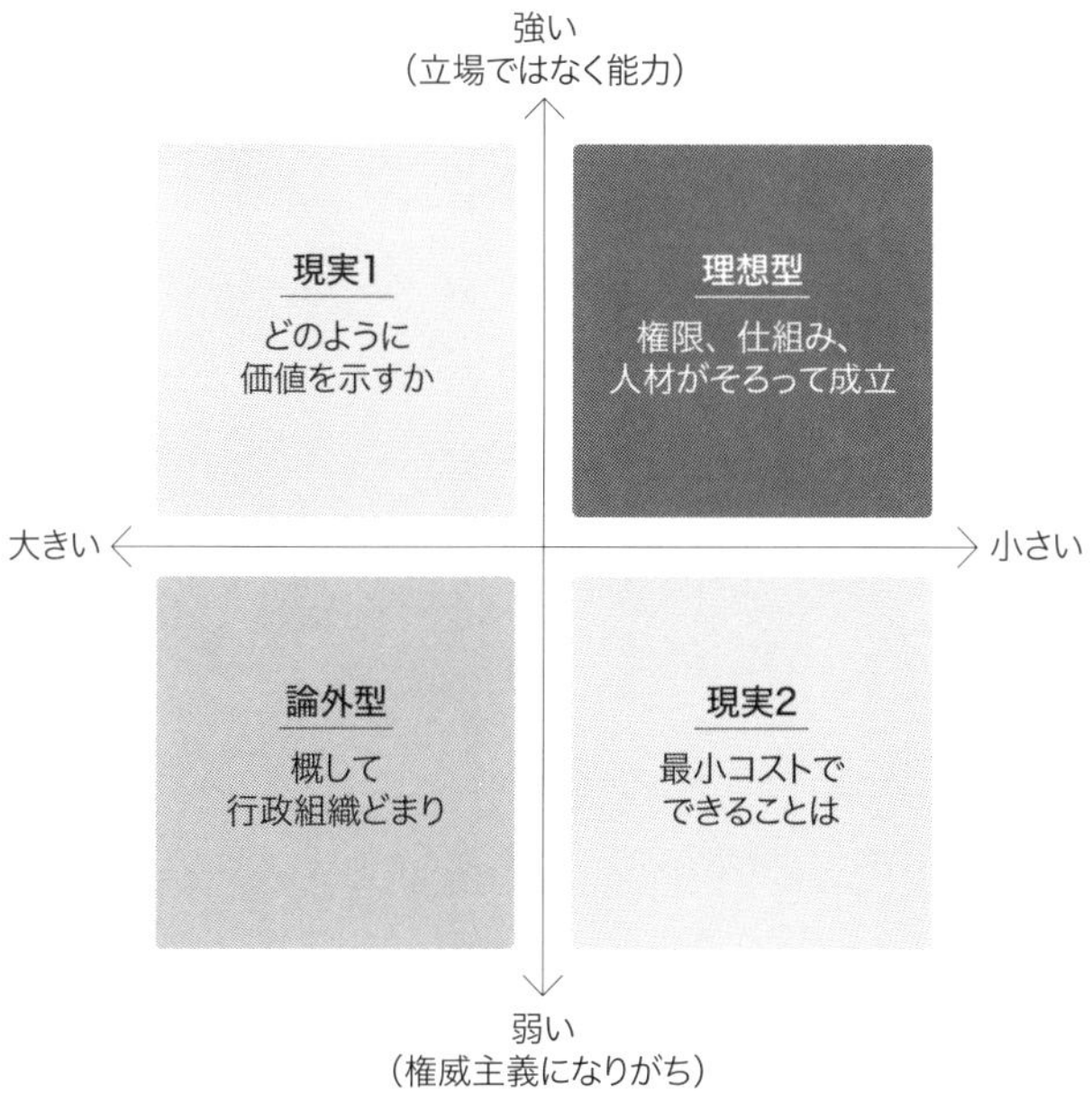

幻想にすぎないということに気づいているはずです。繰り返しになりますが、問われているのは、「大か小か」ではなく「強か弱か」。きつい言い方をするなら「犀利か愚鈍か」です。そして、その対象には役員も含まれます。

column

全体を整合させるCEO

コーポレート・エグゼクティブの中心にはCEOの存在があります。企業のリーダーであるCEOに求められる要件については、さまざまな学者・著作家によるリーダーシップ論や、CEO経験者本人や周囲が著した伝記などで述べられています。前者についてはピーター・F・ドラッカー、ウォレン・ベニス、ラム・チャラン、ジョン・コッターなど、後者はハロルド・ジェニーン、リー・アイアコッカ、ジャック・ウェルチ、アンドリュー・グローブ、松下幸之助などのものがあります。リーダーシップ論そのものについては彼らに委ねるとして、第4章で各コーポレートのファンクションを見る前に、筆者らが実務のなかで認識しているCEOに不可欠な3つの要素について述べておきます。

●信用と信頼の土台「インテグリティ」

日本語で「誠実性」と表現されることが多いこの言葉。その訳が間違っているとは言いませんが、あまりに短絡的でこの語が持つ本当の意味を説明していません。インテグリティは、ラテン語のintegerが語源で、傷のついていない完璧な状態を指す言葉です。

もしあなたが「インテグリティの人」なら、モラルに基づいて行動し、どんなに困難な状況にあっても変わらない、だれかが見ていようが見ていまいが言動が一致している、という意味です。

そして、これこそが、CEOはもちろん、他の経営陣にも必須の条件として求められるものです。いかに優れた業績を上げようとも、この点において疑義があるようならば、リーダーとして指名されることはありません。むしろ、疑義が生じた時点で、すぐに退場させられるでしょう。

ワールドクラスではインテグリティがその根底にあります。残念ながら日本企業ではまだそこまでの位置づけにはなっていません。誓約書に署名して終わりではなく、日頃からリーダーが有言実行で範を示すことで、組織のルーチンとしなければなりません。やるべきことは、コア・バリューを行動に落とし込んでいくことと同じです。そしてその行動が経営者に対する信頼・信用の土台となります。これがなければ、CEOとしてビジョンを語っても説得力はありません。

●勘所と嗅覚「ファイナンス・リテラシー」

ビジネススクールの出身者である必要はありませんが、経営者の素養としてファイナンス・リテラシーは欠かせません。言うまでもなく、企業経営では、ファイナンスに基づく実践的な方針設定や意思決定が求められます。

株主至上主義云々の前に、ファイナンス・リテラシーなくして、ビジネスの勘所を嗅ぎ分け、儲かる仕組みをつくることはできません。正しく儲け、キャッシュを生み出し続けなければ、社会への貢献を続けることができなくなります。ワールドクラスの経営層であれば、会社から支援を受けるまでもなくみずからMBAなどの機会を活用してファイナンス・リテラシーを会得しています。エンジニア出身者などは、ダブル（デュアル）・デグリーが当たり前です。

そのうえに実践を重ね、執行としての経営会議はもちろん、取締役会においてもキャッシュベースで会話をし、経営判断を下します。日本企業のマネジメントも売上高や営業利益までは把握しているし、昨今のコーポレート・ガバナンス改革の流れでROEなど投下資本に対する意識も高まりました。ただ、それ以上となると「財務担当役員」に任せがちです。

しかし、本当に大事なのはこの先で、「キャッシュ」のセンスをどれだけ身につけられるかです。売上げが上がってもキャッシュが入らなければ事業は行き詰まります。反対に、利益が低水準で推移してもキャッシュフローが潤沢であれば、今後の成長可能性に賭けることができます。

そして、企業の方向性として、どの分野の事業をどう成長させ、既存事業のどの部分を維持しながら一部は切り離していくかなどの判断においても、キャッシュ・ベースの判断が重要な要素の一つとして考慮されます。これを意識することなく事業を執行し、企業を経営するならば、大海を漂う木の葉のごとくになるでしょう。

日本でもこのキャッシュ感覚を持つ経営者は過去にいましたし、いまも存在します。それは「創業者」です。現金の大切さを肌身に感じながら事業を立ち上げ、企業を大きくする。並大抵の判断力の持ち主ではできません。彼らに比べれば恵まれた環境で経営を担ってきた「サラリーマン経営者」であっても、この感覚を身につけるべきです。エンジニアなど理系出身の経営者も増えていますし、学習のための素養は十二分にあるでしょう。

ちなみに、ファイナンスの教育では、「損益（P／L）→資産（B／S）→キャッシュ（CF）」の順ではなく、「キャッシュ→資産→損益」という企業活動の本来の流れに沿って、体系的な学びの機会を提供すべきです。会計（期間損益）も大事ですが、より重視すべきはコーポレート・ファイナンス（継続価値）です。繰り返しになりますが、CEOをはじめ経営層がキャッシュの視点を持って、企業や事業はもちろんビジネスモデルの価値を考えられないのであれば、年度予算や中期経営計画の〝呪縛〟にかかることでしょう。

●人を見る目「チーム・ビルディング」

どれだけ優秀なCEOであっても、一人でできることは限られます。グローバル・マネジメントを担ううえで、第4章で述べるコーポレートのコアであるファイナンス、HR、リーガルはもちろん、ほかのコーポレート・エグゼクティブ、そしてビジネス側のエグゼクティブにだれを任命するのか、人材への目利き力が求められます。

経営者として自身は何にフォーカスし、何を人に任せるかについて、ワールドクラスのCEOは重要性を十分に理解しているので、人材への妥協はなく、できるならば自分よりも優秀な人間を求めます。ケミストリー（相性）は当然重視しますが、御しやすさは考慮しません。それはCEO自身の力量の問題です。

それゆえ、自身が任命した各ファンクションを担うC×Oとコミュニケーションを心がけ、また、各ファンクションが期待される役割を果たすために必要になる変革をサポートするなど、マネジメント・チームをどう構築、維持、進化させていくかに意識的に取り組んでいます。

歴代のCEOがこれを続け、積み重ねていくことで、強いコーポレートがつくられ、そして強いスタッフが育ちます。もちろん、強さとは行政的な権威ではなく、コーポレート・ストラテジーとビジネス・ストラテジーの推進をさまざまな局面で支える能力・行動力を意味します。

第2章で述べましたが、日本企業ではコーポレートのバックオフィスを下に見て、「コスト」ととらえる傾向が見られ、スペシャリストとして「尊敬」することは少ないようです。専門性のみならず事業に対する理解度やジェネラルレベルを高めるなど、スタッフ側の進化が前提になります。グローバルに神経系を張り巡らせ、CxOチームで複雑系の組織・環境をマネジメントしていく体制を整備し、それを経営の前提とすべきなのは確かで、そのためのチーム・ビルディングの能力は、CEOにとって欠かせない要素となります。

ここに挙げたインテグリティ、ファイナンス・リテラシー、チーム・ビルディングは、いずれもCEOの要件として不可欠なものですが、CEOになってからではなく、CEOへの階段を進む過程、それもできるだけ若いときから意識と行動に染み込ませていくものです。年齢を重ねてからの鍛錬を否定するわけではありませんが、吸収度が違います。

第4章

*

ワールドクラスの経営行動
——コーポレートのコア・ファンクション

第3章で、他社に先んじるための「強いコーポレート」は、CEOを中心にファイナンス（財務）、HR（人事）、リーガル（法務）などの組織《ファンクション》をリードするマネジメントによって構成されていること、そして、彼らが率いる各ファンクションと、ビジネスを実行する事業部門ががっちりと両輪駆動することで強い経営になることを説明しました。続く本章では、コーポレートの主な機能について、特徴的な点を中心に見ていきます。

取り上げるのは、私たちが企業経営の骨格を成す「コア」と考えている①ファイナンス、②HR、③リーガルの3本柱と、企業の強みの源泉である技術を束ねる④テクノロジーです。

ワールドクラスといえども、「企業」であることに変わりはありません。ですから、日本企業にまったく馴染みのない、目新しいファンクションが存在しているわけではありません。ただし、グローバルに最適な経営資源の配分《リソース・アロケーション》と適切なリスクマネジメントを実践していくための力点の置き所は大きく異なります。

また、ワールドクラスといえども、最初から現在のような形があったわけではありません。彼らは進化し続けるべく、いまも努力し続けている。そのような行動から学べることは多いはずです。

ファイナンス

ファイナンス組織のミッション

ワールドクラスのファイナンスはとても大きな責任を担っています。この組織《ファンクション》をリードするCFOは、CEOの右腕として、CEOが思い描いている方向性を理解して、その実行を確実なものとするために、企業戦略《コーポレート・ストラテジー》をともに考え、事業戦略《ビジネス・ストラテジー》に反映させ、事業行動への落とし込みに目を配ります。

ファイナンスのミッションを端的に言うならば、事業価値（Business Value）と、その総体としての企業価値（Enterprise Value）の最大化に貢献することです。そして、個別の事業価値を単純に積み上げた総計以上に、企業価値を高められるかどうかが、コーポレート・ファンクションとして問われます。そこには、「事業機会を増やしながらも、ビジネス・リスクを減らす」、あるいは、「新たなものを足し、注力しないものからは引く」というような二項対立を調整または融合するアプローチが求められます。

このようなミッションを果たすため、ファイナンス組織には、コーポレート・ストラテジーなら

図表4-1｜ファイナンス(財務)の役目と機能構成

びにビジネス・ストラテジーの立案、それを実行するための計画立案《プランニング》と分析《アナリシス》を担うビジネス・ファイナンス・グローバルで最適なキャッシュ・マネジメントを実現するトレジャリー[*1](財務管理)、同じくグローバルレベルで税負担を最適化するタックス(税務)、制度会計対応のみならず計数管理に必要な財務数値を提供する会計業務《アカウンティング・オペレーション》の機能があります。

ほかにも、投資家との対話を担うIR(Investor Relations)やグローバル・リスクマネジメントの重要な一翼を担う内部監査(インターナル・オーディット)などの機能を含めてファイナンス組織を構成しています(**図表4-1**参照)。以降、ビジネス・ファイナンス、トレジャリー&タックス、内部監査の3つを取り上げます。

1 資金管理、為替管理、税務管理の最適化により資金の効率性を最大化する業務。

価値創造に貢献するビジネス・ファイナンス

ビジネス・ファイナンスは、企業価値と事業価値の向上に貢献するBP（Business Partner）としての役割を果たしていくファイナンスの中核機能《コア》です。これは、ワールドクラスと日本企業とで乖離が最も大きい機能かもしれません。

日本企業に当てはめるなら、経営管理や業績管理、管理会計などの名称がつく部門となりますが、ワールドクラスではそれにプラスして、経営企画や事業企画が担っている機能も併せ持ちます。計数に絡むタスクであれば、中長期も短期も関係なく、ファイナンスが担当します。

制度対応や会計オペレーションを軽んじるわけではありません。財務報告の正確性や資産の保全など、会社に法令を遵守させることも大事なミッションです。しかし、財務会計数値の集計や報告といった業務は、いずれロボットやＡＩなど機械に置き換えられることはほぼ間違いありません。会計監査の領域でも、その活用が進みつつあります。正確かつスピーディに手順をこなすという点において、人間に勝ち目はありません。

すでに、売上予測に機械学習を取り入れる企業もあります。人間がある動機（バイアス）を持って予測するよりも正確な数値が、従来の数分の一の時間で得られることから、適切なリソース・アロケーションのためのインプットの一つになっています。

では、ファイナンスの主たる仕事は何か。それは、企業戦略や事業戦略を理解したうえで、経営陣や事業部門のヘッドが必要とする情報（単なる集計データではなく、インサイト）を提供し、ファイナンスの専門知識を活かした提言を行うなど、意思決定に参画することです。そこでは過去の数字を扱うのではなく、未来の価値創造にいかに寄与することができるかが焦点となります。

ビジネス・ファイナンスの定義は、「事業部門とファンクションに所属し、両者のリーダーシップ・チームの一員で、事業やファンクションの深い理解、職域を超えた共同作業のスキル、ならびに幅広いファイナンス知識を備えた専門家グループ」です。情報ニーズの特定、ビジネス情報へのアクセス、ビジネス・アナリシス、トレンドとリスクの見極め、複雑な情報の明確な伝達、意思決定支援に精通し、戦略方向性の設定や事業活動の遂行に貢献します。また、専門的な財務関連知識を必要とする問題を認識し、タックスやインターナル・オーディットなどの専門家と連携して、問題の解決に当たります。

ビジネス・ファイナンスを実践し、直接的に事業価値の最大化に力を発揮するチームは、FP&A[*2]（Financial Planning & Analysis）やコントローラーとも呼ばれます。ある企業のFP&Aは、マクロ経済から産業、規制などの情報を収集し、それを自社のビジネス・ストラテジーとの関係から読み解き、経営判断に資するインテリジェンスやインサイトとしてビジネス・リーダーや経営層に提供することを主な役割としています。また、消費財企業のFP&Aは、ブランド（商品）を軸に、市場や顧客に関する分析を行い、事業部や各拠点の数値目標の設定に関与し、選択可能な戦略

2 業務管理および財務計画の立案、財務データの分析を行う職種。

やオプションを提案します。

ワールドクラスのなかでもいち早く、事業計画や予算統制を導入し、ビジネス・ファイナンスが活躍している企業が、デュポンです。1900年代初頭にはROE（Return On Equity：自己資本利益率）に代表される「デュポン・フォーミュラ」による経営管理手法を導入し、それがたゆまざる事業の新陳代謝の基礎となりました（**図表4－2**参照）。ほかの多くのワールドクラスでもCFOとCFOが率いるファイナンス組織は、CEOが掲げたビジョンを実現させ、財務目標を達成するための設計図を、数値を使って描きます。そこに〝経理屋〟や〝会計屋〟の面影はありません。

具体的な活動例としては、S&OP（Sales & Operation Planning）があります。製造と販売の立場の違いなどから生じがちな「客観的に見て販売予測が楽観すぎないか」「逆に目標達成のために低く抑えすぎではないか」「製造コスト低減のために生産数量を多く見積もった結果、在庫が過大にならないか」といった課題について、S&OPが健全になるよう検証します。

また、製品別・顧客別の収益分析やABC分析による価格政策（支払い条件を含む）、適正在庫の削減を検討します。ほかにも、コーポレートとの戦略会議では、業績見通しとともに事業部内でのポートフォリオ最適化のための新規ビジネスの可能性、M&A候補のショッピングリストと事業売却候補が検討されるため、ビジネス・ファイナンスはこれにも大きく関与します。

インテルではCFOが月次でコントローラー会議を開催し、コーチングも含め、戦略討議を実施していました。これによりファイナンスがビジネス・パートナーとして全社最適に向けた戦略形成

図表**4-2**｜デュポン・フォーミュラ

① ROE(自己資本利益率)＝**売上高利益率**×**総資産回転率**×**財務レバレッジ**

$$= \frac{\text{当期純利益}}{\text{売上高}} \times \frac{\text{売上高}}{\text{総資産}} \times \frac{\text{総資産}}{\text{自己資本}}$$

② ROI(投資収益率)分解

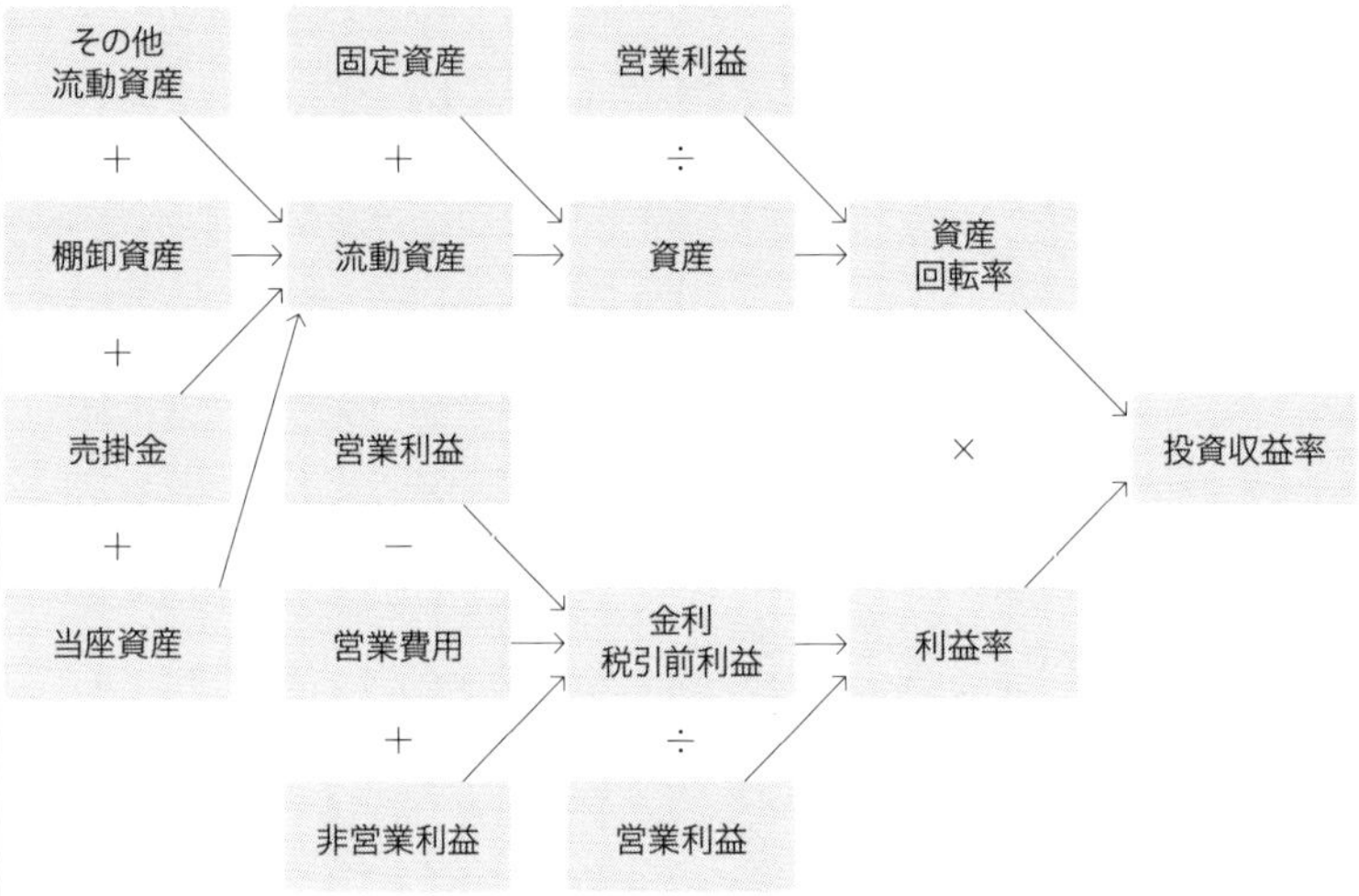

と実行をするための素地をつくったうえで、毎年策定する中期事業計画（製品ライン事業計画）や年度予算、３カ月ごとに策定する６カ月の実行予算などの取り決めに貢献します。特に、技術の企業として重要な研究開発に関する資源配分においては、ゼロベース予算（ＺＢＢ：Zero Based Budgeting）を使用し、売上予測などの財務情報、顧客獲得や品質などの非財務情報を材料として、重要度の高いプロジェクトに対して人員を中心とした経営資源を優先的に配分、優先度の低いプロジェクトについては事業部門のエンジニアとともに中止の判断をしていました。[*3]

ビジネス・リーダーにとってビジネス・ファイナンスは、みずからの右腕となる「ビジネスＣＦＯ」とも呼べる存在です。事業の中長期戦略と財務目標の設計をともに行い、予算を策定する。コーポレートが求める資本コストに基づく目標値と、事業の市場環境や組織能力から割り出すボトムアップの予測値との間にギャップがあれば、これを埋めるための追加的な対応策を検討し、その実行を支援します。

当然、市場の成長率や市場における相対的ポジションの違いにより、事業ごとに注力する戦略は異なります。単純な例ですが、市場成長率がＧＤＰ成長率並みでそれ以上の成長が期待できない事業であれば、市場シェアを拡大する戦略や、コストを下げ高収益を目指す戦略が必要になります。逆に市場の期待値が高成長かつ高収益という事業であれば、その流れに乗り遅れないような供給力の強化策などが重点戦略となります。ビジネス・ファイナンスには、客観的で鳥瞰的な視点を忘れずに、事業の長期の方向性、中期・短期の戦略、四半期決算の見通しや日々の業務上の課題に取り

3 インテルのファイナンスについては、昆政彦、大矢俊樹、石橋善一郎『CFO最先端を行く経営管理』（中央経済社、2020年）参照。

組むことが期待されています。

その際の目線は、常に先を見据えていなければなりません。後手に回れば、取りうる選択肢が限られるからです。年度予算のサイクルにおいて、数字を取りまとめて報告する、あるいは、過去の数字についてあれこれ分析するというだけでは、企業価値の向上にはつながりません。ワールドクラスでは数字に関しては、スタンダード・レポート（標準報告書）を定義し、ITを活用して会議の開催前に参加者が内容を確認できるよう、情報共有の仕組みをつくり込んでいます。これにより、逃れられないファクトを突きつけるとともに、単なる予実管理に投じる時間を最小限に留め、予算と予測値との「予予」分析やそのギャップの解消に向けたアクション・プランの立案と実行に、より多くの時間を使います。

日本では業績予想に対する感度がまだまだ低く、業績予想を外すことが経営手腕やマネジメント・システムに対する資本市場からの評価を著しく下げるということがあまり認識されていません。これは、経営者に対する市場の評価が欧米ほど厳しくないことが災いしています。正確な予測は次年度の予算の精度につながり、また経営者が先を読む能力《ケイパビリティ》を鍛えるうえでもうってつけのアイテムです。

ビジネス・ファイナンスはただ推進をサポートしているだけではありません。ビジネス・リーダーが事業機会に対し許容を超えるリスクのプロジェクトを進めようとしていたり、コンプライアンス上の問題があると考えられたりする場合は、職を賭してでもそれらを止める覚悟が求められます。

こうした点から、ビジネス・ファイナンスはリスクマネジメントの機能も備えているといえます。

近頃では、日本でも資本効率の向上が取り上げられていますが、ビジネス・ファイナンスの機能なくして資本コストを意識した経営を実践するのは難しいでしょう。ワールドクラスのビジネス・リーダーの大半がコーポレート・ファイナンスを理解しているのに比べ、日本企業の多くはそうではありません。これからのリーダー人材には必須のケイパビリティですが、この認識を浸透させるには、ビジネス・ファイナンスやコントローラーを配備し、啓蒙していくしかありません。

啓蒙により、熱意や精神論ばかりではなく、数字で議論できる素地をつくり上げていきます。そうして、資本コストが浸透したあかつきには、内容の異なるさまざまなプロジェクトを、ＮＰＶ(Net Present Value)、ＩＲＲ（Internal Rate of Return）、Payback period（投資回収期間）を共通尺度として比較することで、限られたリソースをいかに最適に配分するかの検討や、収益予想やキャッシュフローへの影響についての議論も可能になるでしょう。

また、ビジネスモデルの変化について、20年ほど前は「ハードからソフト」「モノからコト」、最近では「売り切りからリカーリング」「パイプラインからプラットフォーム」などといわれているビジネスモデルの変化への対応でも、ビジネス・ファイナンスは収益・費用の認識やキャッシュフローに与える影響を理解し、プライシングなどの対応策の検討でも貢献が期待されています。

ここまで、ビジネスとの関係性を中心に述べてきましたが、ビジネス・ファイナンス機能が果たしているＢＰとしての役割は、コーポレートにおける経営資源の配分《リソース・アロケーション》にも大いに関係しています。

企業としての目標の達成に資するように各事業が適切に遂行されているか、ファイナンスの観点から評価して、時にはビジネス・ストラテジーや資源配分の見直しを主導します。

もちろん、このときの目線も「先」にあります。事後対応がないわけではないですが、先述したようにそれでは取れるアクションの選択肢が限定されます。そうならないよう、たとえば売却や撤退などにおいては、経営がプロアクティブな判断ができるようサポートします。また、事業部内でもコーポレートにおけるリソース・アロケーションの小型版が実行され、コーポレートから各事業部門に配分されたリソースを、戦略的な判断をもって振り分けます。

このような動きができるのは、各ビジネスの業績に関して、アクチュアル（実績）やフォーキャストの把握が早いことに加え、自社目線のみならず、マーケット視点からも各ビジネスの成長性や競争力をモニタリングしているからこそです。

ビジネス・ファイナンスはコーポレートや事業部門のみならず、R＆D（研究開発）などの重要な機能部門あるいは拠点にも配置されています。個別の価値の最大化に貢献すると同時に、コーポレートとして全体最適を実現しようとする意図が見て取れます（図表4－3参照）。

真のスペシャリストとしてのトレジャリー＆タックス

次はスペシャリストとしての役割で、トレジャリー[*4]やタックスがこれに該当します。

4 欧米では、キャッシュフローマネジメント、資金調達、財務マネジメント、リスクマネジメント、業務システムとプロセスの統制などの広範な対象を扱うトレジャリー・マネジメントが一般的である。

図表**4-3**｜ファイナンスの機能配置

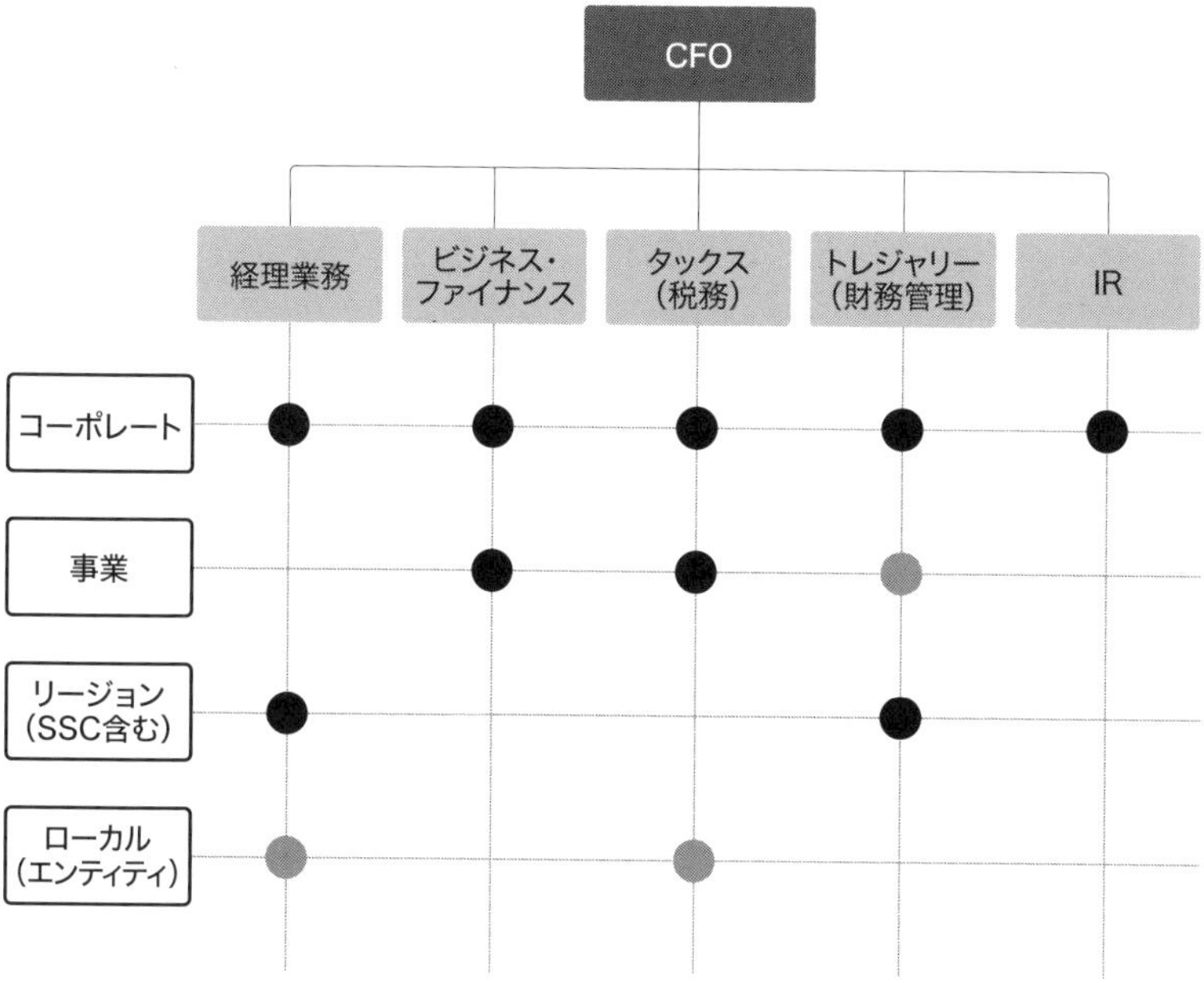

コーポレート…コーポレート・ストラテジーへの貢献。財務・税務戦略や各種ポリシーの策定。
事業…………ビジネス・ストラテジーへの貢献。
ビジネス・パートナーとして事業部門の戦略実行をサポート。
リージョン……ファイナンス・オペレーションの中核。
ビジネス・ファイナンスやタックスとも連携して事業部門もサポート。
ローカル………エンティティの維持運営に必要な最小限のオペレーション。

トレジャリーは、日本企業では「財務」と呼ばれている機能です。資金決済や為替決済などの定型業務に加えて、資金調達や運用、市場取引などを担っていますが、ワールドクラスでは“Cash belong to Corporate”（資金はコーポレートのものである）というコンセプトの下、これらをグローバルで統合的に管理しています。これにより、株主からの預かりものである資金《キャッシュ》の効率性が向上し、また、財務や不正などのリスクを適切にマネジメントすることが可能となります。

本書の冒頭で、海外子会社も含む企業全体のキャッシュ・ポジションをリアルタイムで（現実的にはデイリーですが）、把握できているかどうかと問いかけましたが、ワールドクラスならば当然、クリアしている要件です。キャッシュを無駄なく、最適に活かすうえで、資金の可視化は欠かせません。「どこに」「どの通貨で」「いくら」キャッシュがあるかを正確に把握していれば、余剰資金を眠らせることはありませんし、バランスシートの圧縮や金利コストの低減にもつながります。

また、プーリング[*5]やネッティング[*6]、為替取引やヘッジなどのオペレーションに当たっては、トレジャリー・センターを世界に数拠点設け、“Follow the Sun”のコンセプト（24時間体制の管理）の下で、共通のポリシーやルール、標準のプロセス、統合化されたシステムが、地球上のタイムゾーンを365日、休むことなくカバーしています。さまざまなインシデントによって金融市場が不透明になり、流動性の確保が急務な際には、コミットメントライン（融資枠）の拡大や借入金の前倒しでの調達など、金融機関との俊敏な連携も期待されます。

さらには、トレジャリーが事業部門とともに顧客融資《カスタマー・ファイナンシング》で金融機関に影響力を持つことに

5 一定のルールに基づき、複数の口座間で自動的に資金移動を行うアクチュアル・プーリング、複数口座の合計残高に対する利息計算を行うノーショナル・プーリングがある。

6 債権と債務の相殺により差額を決済して債権・債務関係を消滅させること。2者間での相殺をバイラテラル・ネッティング、3者以上での相殺をマルチラテラル・ネッティングという。

より、顧客が現行の取引条件より有利な為替レートや低い金利、また借入限度額の拡大によって資金調達ができるように働きかけたり、サプライヤーに対して支払日数の延長を要求するなど、サプライヤーの資金調達《サプライヤー・ファイナンシング》を実行します。

日本企業の場合、国内の邦銀CMS（Cash Management Service）や海外の外銀CMS、見える化のツールにより、可視化についてはある程度進んでいますが、依然として各拠点から地域統括、そして本社へと月次で資金状況を報告させているケースが少なくありません。その結果、コーポレートが確認する情報は「1カ月遅れ」というのが現状です。しかも表計算ソフトを使って手作業で集計しているため、必然的にミスが増えます。その他のトレジャリー業務についても、まだまだシステム化の余地は大きいので、生産性の向上はもちろんのこと、リスクマネジメントの観点からも整備を進めるべきでしょう。

システム導入に当たっては、かつてワールドクラスが苦闘してきたコストの合理性にくわえて、海外子会社などからの〝抵抗〟というハードルが待ち構えています。コストについては、金利や銀行手数料の削減という目に見える効果が、抵抗勢力に対して説得の材料となります。それでもなお、他者に財布のなかを覗かれるのはだれにとっても気分のいいものではありませんが、実はここに、グローバル経営を実践していくうえでトレジャリー・マネジメントがもたらす本質的な効果があります。

日本企業では海外現法のみならず、事業部門においても「自分が稼いだカネは自分のものである」

という意識が強いようですが、そのような考え方はワールドクラスではまったく通用しません。

ワールドクラスは、キャッシュ・マネジメントによって、事業部や子会社から資金を切り離し、全体で最適化し、コーポレートが事業や投資の優先順に基づき、メリハリのある配分を行います。表現は悪いかもしれませんが、いかにお金を取り上げ、個別最適から全体最適の資金配分を実現できるかは、グローバル経営に欠かせない要件です。そのためには、グローバルで共通のポリシーを策定し、事業部門や子会社に任せるのではなく、キャッシュの全体最適を徹底するトレジャリーの存在がカギとなります。

このようなコーポレート目線からのキャッシュの最適化やリスクマネジメントの役割に加え、トレジャリーは事業部門のサポートもします。各事業の展開やビジネスモデルの転換に合わせた資金調達スキームを検討したり、M&Aに際してはトレジャリー視点でデューデリジェンス[*7]や統合プロセス（PMI：Post Merger Integration）を実行するなど、ビジネス・ファイナンスやタックスとの連携も図りながらBPとしての役割を果たします。

タックス・マネジメントは経理が片手間にできるもの、と考えている日本企業がいまだ多いようですが、そのような認識は、世界標準から大きく外れています。

確定決算主義の下で、経理が会計と税務の両方を担っている企業が多くありますが、税務を経理の一部に位置づけてしまうと、税務戦略という任務がわきに置かれ、正確な税務申告を主戦場ととらえてしまいます。もちろん、正しく申告することは大事です。しかしながら、企業が稼いだ利益

7 企業の資産価値（収益性やリスクなど）を詳細に調査して査定すること。

の何割かを持っていかれる税金は、企業にとって最大のコストであり、これをグローバルで最適化して税引後利益を最大化することはワールドクラスでは当たり前の企業行動です。たとえば、コーポレート・タックスの役割として、グローバルでの移転価格（グループ内取引の価格）管理は不可欠な仕組みであり、各国での納税が適正になるように工夫しています。

また、投資に対する税金の免除や優遇、補助金などのインセンティブは、国によっては交渉で決まるケースが多々あります。そのため、タックス・チームはBPとして事業部門の事業展開を支援しています。

ほかにも、先ほど説明したトレジャリー・チームと協働して、税負担を最適化しながらグローバルでキャッシュを最適運用する方策を検討します。国際税務戦略においては、資金のプールや動かし方、拠点ごとの法人格の形態が重要であり、トレジャリーとタックスが密接に連携する必要があります。

近年、国際税務を取り巻く環境は急激に変化してきました。OECD（経済協力開発機構）によるBEPS（Base Erosion and Profit Shifting：税源浸食と利益移転）はその最たるものです。一部の企業による「脱税ではないが行きすぎた節税」への対抗策として新たに打ち出された国際課税ルールにより、租税回避行為と見なされたり、二重課税のコストを負担したりするリスクが高まっています。

こうしたリスクを低減し、税務コストを最適化するためには、グローバルを俯瞰するタックス・

マネジメントを強化することが不可欠であり、ワールドクラスではスペシャリストで構成される専門チームがこれに当たっています。

トレジャリーとタックスには、高度な専門知識や経験が求められます。それが、筆者らが「真の」スペシャリストと呼ぶゆえんです。そのためワールドクラスでは、人材を育成する一方で、優秀なスペシャリスト人材の獲得に常に注力しています。

トレジャリー分野であれば、金融業界と事業会社のトレジャリー部門の間で人材が流動化しており、金融市場や銀行のオペレーションに詳しいスペシャリストが育成される素地があります。一方、タックスについては、税理士法人での勤務経験がある有資格者を採用して機能の強化を図っています。アメリカのＵＳＣＰＡ（米国公認会計士）資格は、日本の公認会計士試験ほど難関ではないため、この会計の知識の上に大学や大学院教育で税務課程を修学して税務スペシャリストとしてのキャリアを歩むパスもあります。

ちなみに、アメリカではファイナンス組織のなかでもタックス分野の人材の報酬が高水準です。このことからも、ワールドクラスがいかにタックス・マネジメントを重視しているかを窺い知ることができるでしょう。

◉――リスクマネジメントの一翼を担う内部監査

ワールドクラスには、完全に独立した組織としてグローバル全体を管掌する内部監査チームがあります。グローバル経営において内部監査は非常に重要な機能です。これをCFO配下のファイナンス組織の一機能といってしまうと、コーポレート・ガバナンスのありようから問題となるので、ここでは広義の〝ファイナンス・ファミリー〟ととらえることにします。

内部監査の主な役割は、COSO（Committee of Sponsoring Organizations of the Treadway Commission）のフレームワークに基づく内部統制のレポーティング、業務・ITプロセス監査、リスクアセスメント、サイバー・セキュリティ監査、企業倫理違反の調査、事業部門への助言です。各事業部門長やファイナンス関連の幹部から潜在的リスクのヒアリングなども行い、企業全体でリスク評価を行い、その結果に基づいて監査計画を策定して、事業部門による介入から独立した形で監査を実施します。

その結果は最終的に監査委員会《オーディット・コミッティ》に報告されるため、社内でも大きな影響力を持ちます。同時に、問題や脆弱性を指摘された事業部門に対して改善のための助言を行います。ほかにも、買収事業の内部統制状況について、自社の求めるスタンダードに達しているか、達していなければそれをどう満たしていくのかなどの助言や評価、モニタリングなども実施します。

内部監査部門はグローバルに組織されており、各地域にマネジャーを置いて、コーポレートの監査部門長に直接レポートする形を採っています。事業部門から独立した組織のため、各拠点の組織のトップ（Country Manager）へのダイレクトのレポート・ラインはありません。

グローバル経営において、内部監査は非常に重要な役割を担っていることから、組織内で尊敬の対象として見られるケースが少なくありません。監査を受ける側は、「厄介者が来た」と受け止めることはなく、「適正かつ効率的に業務が遂行できている」と診断してもらえる機会と前向きにとらえています。受ける側が監査で何も指摘されないように取り繕う「後ろ向き」なとらえ方をすれば、内部監査が意味のない活動になりかねないため、こうした姿勢は重要です。

もちろん、こうした内部監査体制は一つの理想型であり、すべてのワールドクラスが実現しているわけではありません。しかし少なくとも、リスクを低減し、より効率的に事業を成長させるうえで、内部監査がもたらす価値は軽視されるべきでないことは理解されています。

さらには内部統制システムをきちんと整備していなければ、投資家からの信頼が得られないことをワールドクラスの経営層はしっかりと認識しています。この点、日本企業との温度差は大きいといえるでしょう。

ワールドクラスにおいて、内部監査が重んじられている背景には、内部監査チームの姿勢も大きく作用しています。不正を暴いたり、誤謬を見つけ出したりしようとする「警察的」なスタンスではなく、業務監査に重きを置き、規程通りに業務が遂行されていることを確認し、正すべき点を指摘するとともに改善案を示して、事業部門が安心して事業に専念できるようにする。こうしたアドバイザー、あるいは社内コンサルタント的な姿勢が、内部監査には求められます。

ワールドクラスの内部監査部門は、内部監査を専門とするプロフェッショナルから構成されますが、ローテーション人事で配属される人材もいます。たとえば、会計士の有資格者で会計事務所勤務を経て事業会社に転身した人材が、内部監査をエントリー・ポジションとして自身の興味や適性を確認し、将来のキャリアや直近の任務の選択をします。

重要なのは、内部監査が将来のリーダー育成のためのポジションと位置づけられていることです。若いハイポテンシャル（ハイポ）人材や、コーポレートや事業部門などのリーダー格で実績を持つ有望な人材を内部監査部門に抜擢し、監査という立場を通じて、さまざまな事業やプロセス、また企業全体がどう動いているのか、そこにどのようなリスクが内在しているのかなどを理解、体感させます。監査を受ける側にとっても、若く能力のある人材からの素朴な質問は、新たな気づきを与えてくれる機会になります。

このように、内部監査という機能をリーダー育成に活用している代表例としては、ＧＥのＣＡＳ（Corporate Audit Staff）があります。ＣＡＳは次世代の幹部を育成するためのプログラムで、グローバルのさまざまなビジネスの現場を監査して回ることで、事業に対する理解を短期間で深めることが可能になるとされます。

日本企業ではシニアクラスの専門職的なポジションとしての位置づけがまだ多く見受けられます

が、グローバル経営における監査部門の重要性をもっと積極的に考え、人材育成の場の一つとしても活用すべきでしょう。

オペレーションはどうしている?

人的リソースが限られるなかで、ワールドクラスのファイナンス組織は先述のような役割を期待され、それに応えています。では、「やらなければならない」仕事である制度会計にはどのように取り組んでいるのでしょうか。ワールドクラスはグローバルレベルで会計ルールを「統一」し、業務プロセスを「標準化」、データの属性を定義するマスタやITシステムは「統合」を基本として、可能な限り効率的な会計オペレーションを追求しています。

そして、このような「オペレーションの基本」が整備されていることによって向上する効率性は日々の業務に留まりません。たとえば、事業を機動的に再編していく際にも効果を発揮します。

事業再編に際しては、事業売却や分割のためのカーブアウト・ステートメント[*8]（Carve-Outs Statement）が要求され、ある製品グループや事業が過去数年に遡って独立事業であった場合の財務諸表を作成しなければなりません。再編後に上場するケースや規模の大きい案件では、監査法人からお墨付きをもらえるレベルの精度が求められます。ただし、これを作成するためには、製品コードレベルの財務情報が、売上高や売上原価はもちろん、損益計算書の項目ごと、さらには貸借対

8 事業部門の独立、事業譲渡や会社分割によって、財務諸表から対象事業の財務諸表を切り出すこと。事業のみならず特許などの知的財産や特殊技術も含まれる。

照表の項目ごとに計算できるだけのデータベースが構築されていることが必要となります。ポートフォリオ・マネジメントにおいても、このようなインフラの整備は大前提となっているのです。

ルールの統一や業務プロセスの標準化に対する抵抗があるのはワールドクラスも同じですが、ＣｘＯをはじめとするリーダーが牽引し、相応の時間とコストをかけながら整備しています。オペレーションというとどうしてもほかの役割より低く見られがちですが、商取引をキャッシュの流れで表現するアカウンティングはとても大事です。企業の成長に合わせたグローバルワイドでの仕組みづくりは、忍耐力のみならず、創造力や調整力が求められる仕事です。

標準化や統一化を図る際は、推進プロジェクト・チームを設置したり、また推進プロジェクトの終了後も標準を維持するための委員会などをＩＴや他の業務部門と連携して組成する場合もあります。標準化や統一化の本当の難しさは、いったん整備しても、時間の経過とともにルールの変更や業務の追加などでばらつき始めるのをいかに抑え込むかということです。

標準化、統一化が進むことで、ＳＳＣ[*9]（Shared Service Center）やＢＰＯ[*10]（Business Process Outsourcing）の高度な活用が可能となり、高効率オペレーションの素地ができます。たとえば、顧客との間の受注から債権回収までのプロセス（ＯＴＣ[*11]：Order to Cash）や関係会社間の内部取引については、自社のＳＳＣ数拠点でグローバルワイドに管理します。他方、購買から支払いまでのプロセス（ＰＴＰ：Procurement to Pay）についても、自社ルールに基づいたつくり込みがしやすいため、ＢＰＯベンダーとともにプロセスを構築し、そのオペレーションを彼らに委託します。

9 自社またはグループ内に間接業務を担うために設立される組織。

10 企業の組織機能の一部を外部に委託して運営するサービス。

11「受注－出荷－納品－請求－回収」の一連の販売管理プロセス。

決算や申告などのオペレーションもＳＳＣやＢＰＯが担います。制度会計については連結を主とし、各ローカルへの対応については、現地の会計事務所から支援を受け、適時に決算、申告を行うといったオペレーションのデザインが可能になります。先ほど述べたトレジャリー・センターとの連携も選択肢となるでしょう。

また、たえずベンチマークにより生産性が計測されているので、売上高に対するコスト（人員、ＩＴ、外注など）比率の目標達成のために、自動化やＳＳＣ、ＢＰＯへの業務移管は常に検討されています。

ちなみに、日本企業ではＢＰＯに対する評価が低いようです。ベンダー側にも問題はあるでしょうが、多くは業務委託する側の準備不足ではないでしょうか。読んで字のごとく、ビジネス・プロセスをアウトソースするという意味合いをよく考えてみる必要があるでしょう。単にここからここまでの業務処理はお任せ、というスタンスではうまくいくはずはありません。

オペレーションの生産性は、ＨＲなどほかのファンクションにも同様に求められます。つまり、このような共通基盤を整備していくことは、ワールドクラスにとっては「当たり前の日常」なのです。もちろん、効率化された仕組みには、それまでのように多くの人が介在するスペースはないという厳しい現実があります。

さらに、少し視野を広げると、今後のＩＣＴ（Information and Communication Technology：情報通信技術）の発展のなかで、オペレーションの分野は、外部とのコネクタビィリティ（連携）

がますます進みます。ＯＴＣのプロセスでは、顧客の購買、自社の営業や倉庫、物流会社、顧客と自社のトレジャリーや金融機関などがシステム連携され、一貫してデータでやり取りされます。これらすべての取引は何らかの形で会計処理を伴いますが自動化されることで、プロセスコストは下がり、生産性の向上につながります。会計オペレーションは、このような動向までを見据えて生産性向上に努める必要があります。

アカウンティングについて一つ補足します。オペレーションと一線を画す機能として、会計原則《アカウンティング・ポリシー》に即した判断業務があります。特にバランスシート上に認識すべき債務やオフ・バランスシートにおける偶発債務のように直接・間接的に格付けに影響するもの、または、減損の引き金となりうるものについては、いち早く警告することが求められます。とりわけ減損は、会計上の損失と影響度が大きいものです。ほかにも、Ｍ＆Ａではデューデリジェンスへの参画や事後の財務諸表の精査などで、トレジャリーやタックスと同じくスペシャリストとしての働きが期待されます。

ファイナンス・リソースを経営判断に活かす

以上のような統一的で、高効率な低コストのオペレーションを構築することは、ファイナンス・リソースをより付加価値の高い役割に割り当てるために不可欠です。これが整備されていないと、コーポレート機能として本来貢献すべき企業価値や事業価値の向上のために十分な時間を費やすことができません。

　ワールドクラスではERP（Enterprise Resources Planning：基幹系情報システム）で自動化されている領域を、日本企業では、オペレーションに多くのリソースを割り当て、人海戦術でこなしています。これでは、本来はビジネス・ファイナンスなどBPに割かなくてはならない優秀な人材をオペレーションに縛りつけることになります。その結果、将来有望な人材を疲弊させてしまうという実に残念な状況をも招いています。できるだけ早急にこのような状況を解消しなければ、効率性を阻むのみならず、ファイナンス分野の人材の成長を止めてしまいかねません。くわえて、ERPは、BPに必須の業績モニタリングや内部監査チームが実施するリスクマネジメントなどにおいても、その役割を正しく遂行するための土台として欠かせません。

　アカウンティング・オペレーションやトレジャリー、関係会社間取引などに統一ポリシーやルールが導入されることによって、世界中で展開する事業への牽制となり、また子会社が適切に運営されるための基盤が整います。その効果は、たとえば内部取引価格が部門間や拠点間の力関係に左右されなくなる、社内交渉や個別修正に時間がかからなくなる、事業や法人《エンティティ》間の業績が比較しやすくなるなどです。また、マスタ・データを統一することで、製品別・顧客別の収益性や顧客ごとの与信額を連結ベースで把握できるようになります。

　以上により、経営層や事業責任者の意思決定に必要な情報が、より早く、より正確に提供されるようになります。ワールドクラスでは、月次の情報は素早く集計され、売上高は翌日、損益や在庫状況も翌月月初には提供されます。

日本では、四半期決算には時間も人手もかかるため、半期報告でもよいのではないかという意見がありますが、本末転倒と言わざるをえません。そもそも、四半期決算に時間と人手がかかる原因は何か。それは、ワールドクラスにおける「当たり前」の経営基盤がないことです。この点を踏まえれば、「半期報告で済ませる」という論調が見当違いなことは明らかです。

四半期決算は、投資家向けのＩＲのためだけにあるのではありません。経営者にとっても、自社の事業が競合の業績や投資家の期待値に対してどのような結果になっているかを確認するために重要なものですし、将来の戦略のためのリソース・アロケーションを考えるうえでも不可欠な情報となるはずです。流通や季節変動による影響を受けやすい業種では、四半期どころか日次や週次など、いち早く結果を知りたいと考えるのが経営者であり、そのための仕組みを整えるのは経営者としての真の習性ではないでしょうか。

HR

HR組織のミッション

HRは、ファイナンスと双璧を成すコーポレートのコア・ファンクションです。

ヒトという複雑な感情を持つ生物に向き合うHRは、数字やキャッシュを扱うファイナンスとは異なり、いろいろな意味で割り切りの難しい機能ですが、ワールドクラスのHRは、企業と事業を強くし、競争優位をつくるために存在します。

人事制度を構築し、確実に運営していくことはたしかに重要ですが、それらが主たる役割ではありません。HR組織そのものが強力な人事権を持っているわけではありませんが、価値観《コア・バリュー》の体現と、コーポレート・ストラテジーおよびビジネス・ストラテジーの実行を人材面から支援することが期待されています。また、事業部門サイドは「HRからのサポートを価値あるものにして事業の成長に結びつける」という視点でHRと向き合うので、両者間には生産的な関係が構築されます。

ワールドクラスのHRの機能については、ミシガン大学で教鞭を執り、GEが官僚主義を打破するために導入したワークアウト・プログラムの開発に携わったことで知られるデイビッド・ウルリ

図表**4-4**｜HR（人事）の役目と機能構成

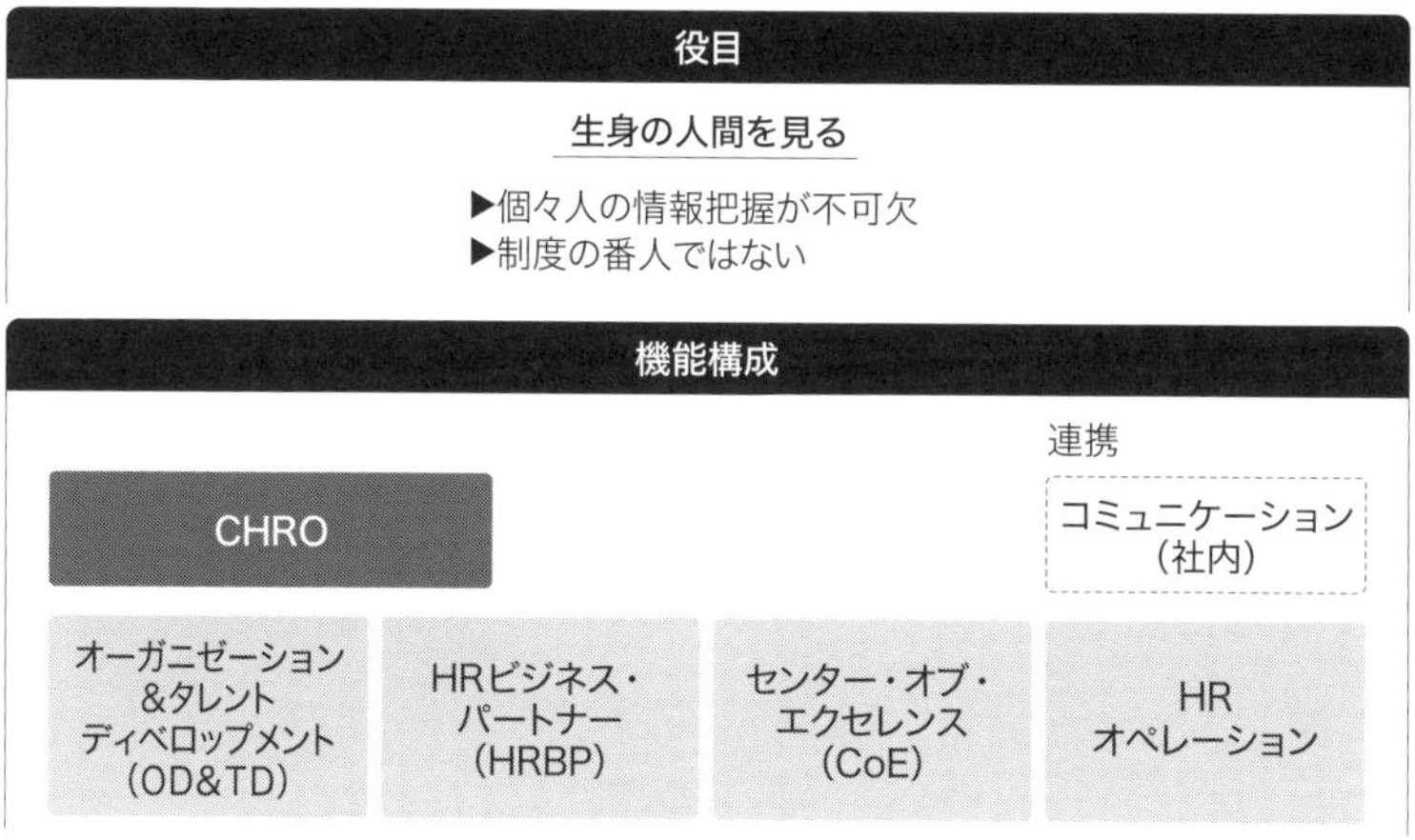

ッチ[12]が、次の４つに分類しています。

①コーポレート・ストラテジーとビジネス・ストラテジーの実現に貢献する「戦略パートナー」

②人事管理業務を効率的に実行する「管理のエキスパート」

③従業員の声を聞き、力を引き出す「従業員のチャンピオン」

④企業理念やコア・バリューを浸透し、組織変革を推進する「変革エージェント」

これを筆者らの経験からより実務に即して整理すると、次のようになります（**図表４－４**参照）。

・コア・バリューの浸透や幹部候補者の育成

12 ミシガン大学スティーブン・M・ロス・スクール・オブ・ビジネス教授。人事、リーダーシップ、組織論の分野で数多くの研究成果を発表しており、著書に、*GE Workout*（邦訳『GE式ワークアウト』日経BP）、*Human Resource Champions*（邦訳『MBAの人材戦略』日本能率協会マネジメントセンター）、*HR Value Proposition*（邦訳『人事が生み出す会社の価値』日経BP）、*HR Transformation*（邦訳『人事大変革』生産性出版）、*Why the Bottom Line ISN'T!*（邦訳『インタンジブル経営』ランダムハウス講談社）、*The Why of Work: How Great Leaders Build Abundant Organizations That Win*（邦訳『個人と組織を充実させるリーダーシップ』生産性出版）など多数。

といった、組織開発とタレント開発を主導するOD&TD（Organization Development & Talent Development）

- ビジネス・ストラテジーの実行を人材面から支えて、事業の成長に貢献するHRBP（HR Business Partner）
- 採用、処遇制度、能力開発などの個別課題に特化したソリューション集団としてのCoE（Center of Excellence）
- 給与計算や支払い、入退社管理などのオペレーション業務を担当するHRオペレーション（シェアード・サービスやBPOの活用が進んでいる）

このうち、企業と事業の成長に直接的に貢献する機能であるOD&TDとHRBPについて見ていきます。

◉価値観を体現する組織とリーダーをつくるOD&TD

OD&TDの役割は、コア・バリューや行動規範を、全社の隅々にまで浸透させて、それを高い次元で具現化する人材を次世代のリーダーとして選抜し、育成することです。専門の組織として構えないケースもありますが、機能としてはHRのなかで最も経営に近いところに位置しています。

ところで、なぜ組織開発とタレント開発を、ＯＤ＆ＴＤとして一つの機能にまとめているのか。それは、企業文化《カルチャー》と人材育成が密接に関係しているからにほかなりません。実は、ワールドクラスのＣＥＯやＣＦＯ、そしてＣＨＲＯには、内部昇進者が少なくありません。それはデュポンならデュポンの、３Ｍなら３Ｍの企業文化をだれよりも深く理解し、具現化している人材こそが、自社を牽引するのにふさわしいと考えられていることの表れです。

企業としての価値観や理念を示し、その実現に向けどのようにアクションしていくのかというコーポレート・ストラテジーを定めたうえで、それを実行するために最適な行動様式を導き出したものが企業文化です。企業文化は、組織に深く根づいた「目に見えない」もので、じっくり時間をかけて自然に形成される、というのは大いなる誤解で、意図的につくるものです。タスク型だろうが、デモグラフィー型だろうが、ダイバーシティ（多様性）の増す世界ならばなおさら「意図的」な仕掛けが必要です。この点についてワールドクラスは非常に戦略的です。

そして、企業文化は不変でもありません。ＣＥＯが交代したり、外部環境の劇的な変化に対応したり、あるいは業績悪化を受けたりなどしてコーポレート・ストラテジーが変われば、それに伴いカルチャー・チェンジが必要になります。その際、変えるものと変えないものを切り分け、変えるべきはより早く、より深く、新しい企業文化として根づかせ、それを体現する人材を育てるのがＯＤ＆ＴＤの仕事です。

環境の変化が大きく、必要な人材の育成が間に合わない場合は、外部から人材を獲得して、既存人材と〝ブレンド〟することも選択肢になります。ワールドクラスのなかには、生え抜き人材による〝純血主義〟で組織が硬直しないよう、意図的にシニアレベルのリーダーを外部から招聘する企業もあります。時代の変化に適応するには、時に「新しい目」で自社を見ることが必要です。カルチャーのよさを維持しながらも、新しい目から見た「変化すべき点」を受け入れる姿勢も企業にとって重要になっています。

●コア・バリューは行動に反映してこそ意味がある

ジョン・コッターは企業文化を、「集団の行動規範や、それを維持し続ける土台となる共通のコア・バリュー」と定義し[*13]、共通の価値観に基づいた強固な文化を持つ企業は、弱い文化しか持たない企業に比べて高い業績を上げていることを示しています。つまり、強い企業となるためには強い企業文化が不可欠で、その根底となるのが共通のコア・バリューであるという考え方です。

日本でも、ミッション、ビジョン、バリュー、最近ではパーパスを明示する企業が増えていますが、わざわざカタカナ英語にしなくても、企業理念や社是は昔からあります。ただし、それらが本書でいうコア・バリューと同じなのか別なのかは、組織や個々の社員が何かを考えるときや判断・行動に迷ったときの明確な「軸」として機能しているか否かによります。

企業理念や社是にどれだけ立派なことが書かれていたとしても実際の行動と一致しなければ、それは建前にすぎません。こうした理想と現実にギャップのある理念や社是は、ハイコンテクストな

13 John P. Kotter, *Leading Change*, Harvard Business Review Press, 1996.（邦訳『企業変革力』日経BP、2002年）

日本ではともかく、グローバルでの企業経営や事業展開においてはいっさい通用しません（最近は日本でも通用しなくなってきましたが）。

ワールドクラスのコア・バリューは、文化も人種も国籍も多様な人々が足並みをそろえて迅速に判断して行動するために存在します。それゆえコッターが指摘するように、企業業績への寄与度が高いのです。裏を返せば、業績に貢献しないような理念や社是は飾り物にすぎないということです。

日本企業が理念や社是を浸透させるときは、社員のハートにまで染み込ませようとして、自社の〝色〟に染まることを期待しているようです。そのため、積極的なM&Aで急に海外子会社が増えた際に、トップが「海外社員はなかなか難しい」と頭を悩ませることが少なくありません。ハートが変わってくれないことを嘆いているのではないでしょうか。

しかし、少し考えてみれば、企業が従業員のハートを変えることなど不可能ですし、許されないのは明らかでしょう。どこで、だれと仕事をしようと、人はみずからの信条を変える必要はありません。ただし、組織に所属して仕事をする以上、その判断や行動は「組織のルール」に従う必要があります。そのルールを示すのがコア・バリューです。

ワールドクラスのHRは、コア・バリューを浸透させるときに、ハートではなく、まずはアタマで理解させるようにします。みずからを「カルト」と呼ぶほどに心にまで染み込ませている企業もワールドクラスのなかにはありますが、多くは、心とタスクを切り離すことで、速く深く浸透させていきます。

コーポレート・ストラテジーとともに、企業文化が見直されることはありますが、その土台となるコア・バリューは頻繁に見直すようなものではありません。たとえば、デュポンのコア・バリューは、実に200年以上も変更されていません。

デュポンのコア・バリュー

- 安全と健康
- 人の尊重
- 最高の倫理行動
- 地球環境の保護

シンプルで明確なこのコア・バリューは、どれも妥協の余地のない、絶対に成し遂げなければならないものばかりです。

状況変化に応じて優先事項が変わることはあります。しかし、100年後、200年後でも、安全がおろそかにされることはあってはならないし、法律を守らずにビジネスが続けられるわけはありません。コア・バリューとは本来、こうした「不変の価値」を示すものです。したがって、今後も、デュポンという企業が存続する限り、このコア・バリューは残り続けることでしょう。ちなみに、日本企業が掲げがちな「品質」については、大事にしなければならないことではありますが、デュポンでは、コア・バリューではなく「スペック」という位置づけになります。

ワールドクラスのHRは、こうしたコア・バリューを隅々にまで浸透させるための仕掛けづくりを、経営陣やコーポレート・コミュニケーション、マーケティングなどとともに担っています。

たとえば、ジョンソン・エンド・ジョンソンでは、有名な「クレド」(わが信条)が、どの程度実践されているかをはかる「クレドサーベイ」を、全世界の社員を対象に定期的に実施しています。どの部門、どの拠点がクレドをどの程度遵守・実践しているかが点数化され、その結果を受けて組織改善活動が実行されています。組織のマネジメント・システムに、コア・バリュー浸透の仕掛けがしっかりと組み込まれているのです。

デュポンでは新年の社長挨拶もコア・バリューの振り返りから始まります。また、どんなミーティングでも冒頭で必ずバリューを議題にします。業務に限らず、通勤途中で見た風景や社会の出来事などにつき、バリューの観点から見てどう評価すべきかを参加者全員で話し合う。時間にすれば5分あまりのことですが、こうしてほぼ毎日向き合い、「当たり前のルーチン」にすることで、仕事上で何かに迷ったときも、すぐにコア・バリューに立ち返って判断し、行動できるようになります。

ちなみに、デュポンのリーダーは、人材育成の機会やふだんのコミュニケーションで、「マイストーリー」をよく引用します。コア・バリューの文言や統一的な教材、コミュニケーションの内容を自分の知識や経験に重ね合わせ、自分の言葉として表現することで、よりよく理解してもらえるからです。

人事評価においてもコア・バリューが重要な基準となっています。いくらパフォーマンスが優れていても、コア・バリューへの適合性が高くないと判断されれば、評価されることはありません。コア・バリューの評価が0点であれば、ほかの業績評価がどんなに高くても、掛け算すれば0点になってしまうという考え方です。

評価面談では、業績達成の可否の前に、まずコア・バリューの実践ができたかどうかを話し合います。したがって、ワールドクラスで重要な経営ポジションに就いているのは、コア・バリューを高い水準で行動に示し、具現化している人材です。そのような人材が経営層を占めるのですから、彼らは事あるごとにメッセージを発してその重要性を訴えかけ、また、組織の評価や事業の意思決定に反映していくなど、コア・バリューの浸透に熱心に取り組みます。こうした人材を選抜し、リーダーとして育てていくことがHRの大切な役割です。

コア・バリューを浸透させる取り組みは、実はダイバーシティの土台づくりに直結しています。企業としてのダイバーシティの方針や目標設定をリードして、全社的に展開させる推進役としてもHRはとても重要です。HRは、処遇や採用などの制度整備や全社員の理解度のボトムアップ、目標に対する進捗管理などで、ダイバーシティを推進しますが、コア・バリューや企業文化の基盤がしっかりしていれば、ダイバーシティは特別なことではないのです。

逆にコア・バリューや企業文化ができあがっていない状態でダイバーシティだけを先行させると、

基礎のない地面に家屋を建てるようなことになりかねません。ダイバーシティとは単なる状態であって、コア・バリューや企業文化によるインクルージョン[14]があって初めて意味ある常態となります。

●全体最適を実現する人材を選び、育てる

OD&TDのもう一つの柱が、人材選抜と育成です。特徴的なのは、リーダー候補とその他の社員を明確に分けていることです。優秀な人材を発掘し、早いタイミングで将来のリーダー候補として選抜、配置、育成、評価などのタレント・マネジメントを効果的に実施します。

HRが関与するのはこのリーダー候補、ハイポテンシャル(ハイポ)人材の選抜と育成です。HRはどの事業部、どの国・地域、どのポジションにハイポ人材がいて、彼らがさらに上のポジションを目指すためには、どのような経験やスキルが不足しているのかといった課題を把握し、効果的な成長機会を与えます。

こうした活動の前提には、グローバルで統一された評価基準があり、経験させるべきポジションが明確であることに加え、世界中の人材を一元管理するデータベースの存在があります。データベースには各人のこれまでのキャリアや経験、専門性やスキル、そしてパフォーマンスなどの情報が登録されており、グローバルでの人材の流動化を可能にしています。

GEは、選抜型リーダー育成プログラムをいち早く導入しており、その歴史は1960年代にまで遡ります。同社のプログラムの特徴は、人事評価におけるパフォーマンス評価とは別に、ハイポ

14 従業員一人ひとりの違いを認め、組織として、個々の能力やスキル、強みを評価して最大限に活かす環境を提供すること。

人材の発掘プロセスを設けていることです。そのなかで、現在のポジションやパフォーマンス評価とは別に、将来しかるべき階層（役員レベル、本部長レベル、部長レベル）へ昇格する基本的資質を備えている人材を選抜します。実績とリーダーとしての可能性は、必ずしも比例しないという考え方が根づいているからです。

タレント・マネジメントの具体的な内容は企業によって特色がありますが、挑戦的な課題を与えることと、ジョブ・ローテーションによりさまざまな経験をさせることは共通しています。ジュニア、ミドル、シニアなどの階層に応じて、新事業の立ち上げや不採算事業の再建、出身国以外の海外現地法人の経営といった、難度の高い仕事を経験させることで、変化への対応力などリーダーとしての資質を見極め、その資質を伸ばすのです。その際には、権限委譲をして、意思決定の経験を積ませることは言うまでもありません。

こうしたハイポ人材の育成の場の一つに、前述のファイナンス編で説明した内部監査の仕事があります。日本では社内事情に精通するシニアが配属され、問題の摘発が主業務というイメージが強いですが、GEやデュポンなど、内部監査をリーダー養成コースと位置づけているワールドクラスは少なくありません。ラインとは別の立場の目線から、いろいろな事業や国・地域の拠点の業務を見ることで、企業全体についての理解を深める絶好の機会となります。

時には、事業部門のリーダーからアドバイスを求められることもあり、どうすればリスクを軽減しながら、より効率的にビジネスを展開できるかについて、事業部門のリーダーとともに考えることは得がたい経験であり、ジュニアのハイポ人材を鍛えるには絶好の場といえるでしょう。このような任務を若い人材に課す背景には、若いときでないと変化対応力やリーダーシップの土台は身につかないという考えがあります。

こうした経験を積ませる一方で、計画的に教育プログラムを受講させます。GEやIBM、ネスレなどは、企業内大学と呼ばれる専門の教育研修施設を運営するなど、教育に多額の投資をしています。実戦との融合によって、また、新たな知との結合によってさらなる学習の起点とします。日本企業ではやや軽視される傾向にありますが、ファイナンスやマーケティングなどのMBAで学ぶようなビジネスの知識は重要です。特に、経営者がしっかりとしたファイナンスやキャッシュの感覚を身につけることは、柔軟かつ適切な経営判断に欠かせません。

さらに多くの時間を割くのが、リーダーシップ能力、クロスファンクショナルでの活動、企業文化の理解とコミュニケーションなどのスキルです。こちらは社内のリーダーが直接教えます。

なかでも世界初の企業内ビジネス・スクールとして知られるGEのクロントビルでは、大学から招聘した教授陣のみならず、ジャック・ウェルチ[*15]やジェフリー・イメルト[*16]といった歴代のCEO、経営幹部が講師として登壇してきました。彼らの執務時間のおよそ3分の1が人材育成に充てられていると聞けば、リーダーシップ開発に投じる時間とコストが莫大なものであることは容易に想像できるでしょう。

また、リーダー候補向けのプログラムは、座学による知識やスキルの取得を目的とした2〜3日

15 1981年に会長兼CEOに就任、GEを約20年率いて最強の企業に育て「20世紀最高の経営者」と称された。“Jack on Jack,” *Harvard Business Review*, Feb. 2002.（邦訳「ジャック・ウェルチ：ピープル・マネジメントこそすべて」『DIAMONDハーバード・ビジネス・レビュー』2002年5月号）

16 ジャック・ウェルチの後継者として2001年から2017年までGEのCEOを務めた。“Growth as a Process,” *Harvard Business Review*, Jun. 2006.（邦訳「GE：内部成長のリーダーシップ」『DIAMONDハーバード・ビジネス・レビュー』2006年9月号）

程度の集合研修ではなく、実際の経営課題を題材にした現経営陣との議論やアクション・ラーニングによる学びの機会になっています。上級層向けのプログラムほど時間をかけ、たとえば、コーポレート・オフィサーやその1つ下のシニア・エグゼクティブ・バンド層が対象となるGEのEDC（Executive Development Course）は3週間にわたり実施されます。そのうちの1週間、参加者は世界中を飛び回り、与えられた課題の解決に必要となる情報収集に費やします。

ワールドクラスでは、リーダー人材育成が最も重要な経営課題であるというのが、全経営陣の共通認識です。だからこそ、CEOを筆頭に、多忙を極めるエグゼクティブが時間を割き、本気で教育に当たりますし、また各国の拠点に足を運び、現場で次世代のリーダー候補に接する時間を積極的に持つようにしています。

CEOが20代から30代のハイポ人材数人と車座になってミーティングしたり、1対1で面談したりすることも珍しくありません。こうした機会はCEO自身にとっても、実に多くの気づきをもたらします。現経営陣の熱意と行動が、経験と教育を柱とするタレント・マネジメントの前提となっているのです。

事業部門の責任者にとっても、リーダー人材の育成は最も大切な仕事の一つとなっています。そこには、その事業を回す人材のみならず、将来的に企業の経営を担える人材を育てることも当然含まれています。たとえば優秀な人材をみずからの部門に囲い込もうとすれば、どんなに業績がよくても厳しい評価が下されます。スキルを高めるうえでジョブ・ローテーションは不可欠と考えられているため、人材の囲い込みは許されないのです。全体最適目線でのリソース・アロケーションは、人材についても徹底しています。

もちろん、事業責任者をはじめビジネスリーダーが、みずからの判断のみで後継者を選ぶこともできません。事業部門の主要なポジションは人材育成において貴重な機会を提供するため、これを取りしきるのはCHROであり、コーポレートのHRであると、ワールドクラスでは一般に理解されています。

話が拡散しましたがこうした共通認識の下、HRが中心となって、コア・バリューや戦略を実現するために重要なポジションを特定し、求められるスキルや能力を明確に定義します。将来を見据えて必要とされる人物像や要件をくっきりと描き出したうえでのタレント・マネジメントやサクセッションプラン（後継者育成計画）でなければ、何の意味もなしません。

ちなみに、ワールドクラスでも、人事に「ポリティクス」はあります。綺麗事だけではありません。ただし、想像するようなジメッとしたものではなく、しっかりとしたタレント・マネジメントがあったうえでのことです。

これまで見てきたように、ワールドクラスでは、事業をどれだけうまく回せたとしても、それだけで経営幹部に登用されることはありません。この点、目立った業績を上げた事業責任者が、企業経営に必要な知識やスキルを持たないまま企業経営者になっていく傾向が強い日本企業とは大きく異なります。事業責任者から企業経営者になるには、当然ながら事業を運営することとはまた別の経験、知識、スキルが必要になります。それは第3章で述べたコーポレートの役割そのものに連なるものです。これを育んでいくこともHRに期待されている重要な機能です。

column

リスクコンシャスな人材の育成

ワールドクラスに特徴的な点として、リスクコンシャスな人材の育成に力を入れていることも挙げられます。リスクにどれだけ意識的であるかということで、必ずしもリスクを排除または低減することだけを指しません。あらゆるビジネスはリスクを取ることで成り立つものだからです。ただし、取るべきリスクの種類や大きさは企業によって、また同じ企業であってもその時々で異なります。特に、先行きが不透明な状況下では、リスクを取れるか取れないかにより、市場における自社のポジションを大きく変える可能性があります。

したがって、重要なのは組織のなかでリスク感度を合わせておくことです。経営層からコーポレート、ビジネス・リーダー、そして現場までが、何をリスクと認識して、どこまで受容するかについて、共通の物差しを持っていることが欠かせません。もちろん立場によって見るべきリスクの範囲や判断可能なリスクの総量は異なりますが、ベクトルさえ合っていれば、自社の存続を脅かすような重大なリスクを経営層が見逃す確率を下げることができます。

リスクの洗い出しやリスクマネジメント体制の構築などは、外部のコンサルタントを活用してもできますが、自社の物差しに合うリスクコンシャスな人材は、企業自身でコツコツと時間をかけて内部で育成するしかありません。ワールドクラスがコア・バリューを徹底的に体に染み込ませるのもそのためで、ハイポ人材の要件にはリスクコンシャスであることも含まれます。

リスクコンシャスであることが求められる背景には、ワールドクラスが置かれる社会およびビジネス環境があります。契約で成り立つ社会では、最悪のケースも想定したさまざまな事態への対応策をたえず考えなければなりません。のちのちの協議で解決するから行き当たりばったりでよいとはならないのです。日本企業も、この「契約で成り立つ社会」でビジネスをしようとするからには、同じだけの感度を持って対策しなければ、足をすくわれることにもなりかねません。

リスクマネジメントに取り組む日本企業は増えてはいますが、リスクコミッティの運営がいまひとつ形式的になっている、グローバルワイドでのリスクマネジメントの仕組みや体制が中途半端になっているといった現実があります。それを変えていくには、リスクマネジメントがグローバル経営の必然であるとの感覚を持つ、リスクコンシャスな人材によるマネジメント・チームの構築が不可欠でしょう。

そして、その根底には、ワールドクラスのリーダーシップにおいて「いの一番」の要件であるインテグリティへの理解が求められます。

コーポレート・スタッフとしての存在価値を示す

ワールドクラスのHRは、BPとしての機能も果たします。CHROがマネジメント・チームの一員としてCEOとともにコーポレート・ストラテジーの実行に取り組むのと同様に、事業部門に配置されたHRBPは、事業責任者が立てたビジネス・ストラテジーを実現するために、最適な人材戦略を立案し、配置、採用、育成などを担い、人と組織の両面からサポートします。こうしたHRBPの役割は、ファイナンス組織のビジネス・ファイナンスなどのBP機能と同様に、事業を成功させて、企業を持続的に成長させることがコーポレートの使命であることを端的に表しています。

日本企業にも事業部人事はありますが、その多くは事業部内の人事労務担当という位置づけで、もっぱらオペレーショナルな仕事に当たっているのではないでしょうか。効率よく労務管理を行うことに力点が置かれ、HRBPとしてビジネス・リーダーと協働し、事業競争力の強化や事業価値向上に十分な時間が投下できているとはいえません。

もちろんワールドクラスといえども、こうしたHR体制を昔から取れていたわけではありません。人事の制度面は、法律や慣行などそれぞれの国の事情の影響を受けますので、グローバルで全体最適を追求することは彼らにとっても簡単ではないのです。

しかしながら、経営のグローバル化がいっそう進み、また、事業の変化も速くなるなか、最も重要な経営資源であるヒトのマネジメントを地域や国で分断させるのではなく、事業や機能の軸でとらえてグローバル全体で確保し、活用する意識がこれまで以上に高まっています。事業のみならず人材獲得も、グローバル競争の対象になり、人材こそがビジネスの勝ち負けを決定する最重要の因子になっている昨今、HRBPには事業と人材の両方の観点を同時に、競合優位とするための思考と行動が期待されています。

では、ワールドクラスのHRBPは、どのようにビジネス・ストラテジーの実行に貢献しているのでしょう。単に直近の要員計画の策定やいま現在の欠員補充に留まりません。たとえば、①これからの事業展開の方向性を見据えて、その事業に必要となるケイパビリティを整理し、タレントプールの将来像を描く、②その実現に向け、育成の時間軸や採用の可能性などを考慮したアクション・プランを策定する、③実現可能性《フィージビリティ》の確認のため、積極的に外部に出向き情報を収集する、などがあります。また、事業や製品のポートフォリオの転換が常態化するなか、リソース・アクション（レイオフなど）への対応も求められています。ただし、これに関しては、各事業部門のHRBPが単独で対応するのではなく、コーポレートHRとしてポリシーや手続きを明確にしたうえで、場合によってはリーガルとも連携して実施する役割です。リソース・アクションは訴訟リスクを伴うからです。

ビジネスモデルの変化に対応するための要件についてはファイナンス編でも触れましたが、それを満たす人材を確保することは簡単ではありません。「社会の課題を解決するために新しい発想でビジネスを創造する」という企業が多くありますが、そのような人材は人材市場に多くいませんし、他社も同じような人材を求めています。

仮に獲得できたとして、彼らは従来の諸制度に居心地の悪さを感じるかもしれません。また、それを補正しようとすれば、従来型人材からネガティブな反応を受けかねません。とても難しい状況のなかで、既存と新規、全体と個別などの視点からホリスティックに考え、事業として本当に獲得したい要件は何か、企業としてどのような状態になることを望んでいるのかをていねいに解き明かしながら、迅速に行動することが期待されています。

これらの幅広い期待に応え続けていくためには、ＨＲＢＰからの積極的な関わりに加え、事業部においても、組織の健全性と人材の充足状況の確認プロセスを年間のマネジメントサイクルに組み込むことも有効です。

このような役割を果たすうえで必要なのは、事業に関する見識や戦略への理解、そしてコミュニケーション力です。事業責任者からアドバイスを求められた際に、その発言を重く受け止めてもらうためには、ＨＲＢＰ自身の力量が問われます。

こうしたHRBP人材をHRだけで育成するのは限界があり、ビジネスの経験を積んだ人材を充てるケースもあります。人事の専門知識が不要なわけではありませんが、この点についてはCoEやHRオペレーションの力を借りることができます。それよりも高い次元で求められるのはビジネスマンとしてのコモンセンス（常識・良識）です。これについては、HRのみならず、モノをつくることも売ることもせず、頭と行動でしか企業に貢献できないコーポレート・スタッフに共通の要件といえます。

効率化が先に立つと、「制度の番人」のような動きになりがちで、コーポレートとしての機能を発揮することができなくなります。人事戦略や方針設定、制度設計などはCHROの下のコーポレートのHRが担当し、経営幹部やリーダー人材についても、採用から選抜、育成、報酬まで一つの体系下で統一する。ダイバーシティ・マネジメントなどについては地域の裁量を比較的大きく残してその単位でCoEを組成、各ビジネスで必要とする人材の採用・育成についてはHRBPを主体に対応し、HRオペレーションはできる限り低コストで実施するなど、ワールドクラスのHRは限られたリソース（時間、人、コスト）を最大限活かせるよう全体機能をデザインしています。

外資系企業は人に対してドライと思われがちなので意外かもしれませんが、ワールドクラスのHRはこのようにして、HRの本分である「人を見る」という点に注力しているのです。

リーガル

リーガル組織のミッション

グローバル・マネジメントとはグローバル「リスク」マネジメントである、と言い切ってもよいほど、ビジネスを取り巻く環境はリスクにあふれています。リスクを取らない唯一の方法はビジネスをしないことです。

リスクマネジメントは一般的に、事業活動に伴うリスクを評価、軽減することだととらえられていますが、それと同じくらい事業機会を最大化することに重きを置くべきです。リスクとオポチュニティは表裏一体です。コーポレートのコア・ファンクションの一つとして取り上げるリーガル組織におけるミッションおよび機能の中核はまさしくその点にあり、コーポレート・ストラテジーならびにビジネス・ストラテジーの実行を、法的側面からサポートすることにあります。

元GEのGC（General Counsel）で、ハーバード大学ロースクールのベン・W・ハイネマン・ジュニア教授は、「企業の健全性は、世界規模で飛び交う、複雑で急速に変化する法律、規制、訴訟、公共政策、政治、メディア、圧力団体の要求をうまく捌くことによって保たれる」とし、「いまやG

Cは、取締役、CEO、ビジネス・リーダー、CFOに匹敵する重要性があると考えられている」と述べています。[*17]

実際、法令はビジネスのさまざまな局面で関わっています。M&Aや提携、取引上の重要契約、知的財産、製品開発、営業、マーケティングといった一見すると直接関係しないように思えるものも法令と無縁ではありません。企業は法令を守り、また最大限、効果的に活用して競争優位を確保しなければ、成功はおぼつかないでしょう。

◉——リーガル機能の「重さ」

ワールドクラスではGC（またはCLO：Chief Legal Officer）と呼ばれる、一つ以上の国の弁護士資格を持つ幹部役員が存在します。

企業の法務を統括するGCは、マネジメント・チームの一員として経営会議や取締役会などに出席し、経営の重要事項について議論して意思決定に参加します。したがってGCが関知しないところで会社の重要な問題が決定されることは、ありえません。

CEOをはじめほかの経営陣は、法律と経営の専門家としてのGCの知見を頼りにし、その意見に敬意を払います。GCも企業がどれだけのリスクであれば取るべきか、また、どの水準以上のリスクがあれば取るべきではないかなど、見解を明確に述べます。それにより経営陣は企業としての

17 Ben W. Heineman, Jr., *The Inside Counsel Revolution: Resolving the Partner-Guardian Tension*, American Bar Association, 2016.（邦訳『企業法務革命』商事法務、2018年）

「最悪の状況」をしっかりと想定することができます。

たとえば前出のベン・ハイネマンやIBMのローレンス・リシャルディは、それぞれジャック・ウェルチとルイス・ガースナーの参謀として、全社でリスクと機会の最適なバランスを取り、両社のビジネスの成長に貢献したことで知られています。GCは法令遵守の番人でありながら、成長の牽引役の一人でもあるのです。

昨今は日本企業でも、有資格者の役員をGCやCLOに任命していますが、その役割や社内における立ち位置などはまだまだ途上といえるでしょう。コンプライアンス問題一つ取っても、「不適切かもしれないが、違法ではないのだから……」と、会社にとっての重大な分岐点を違法かどうかで決める発想でアクションが遅れがちな日本企業は、まず「マインドセット」から変える必要があります。

ワールドクラスのGCが十分に力を発揮できる理由の一つが、グローバルの法務体制にあります。各国の拠点や、場合によっては事業部門に法務の専門家であるリーガル・カウンセルを配置しています。そしてそのすべてからGCへとレポート・ラインがつながっています。また、GCがいくら優秀でもすべての分野に精通することは不可能なので、独占禁止法、M&A、知的財産権、腐敗防止、ITなどの各分野で専門的知見を持つ弁護士が、SME（Subject Matter Expert）としてコーポレートに在籍しています（**図表4-5**参照）。

企業内で生じた法務案件は、GCに上げられます。また、対応策についても、テーマや各地域の

図表4-5｜リーガル（法務）の役目と機能構成

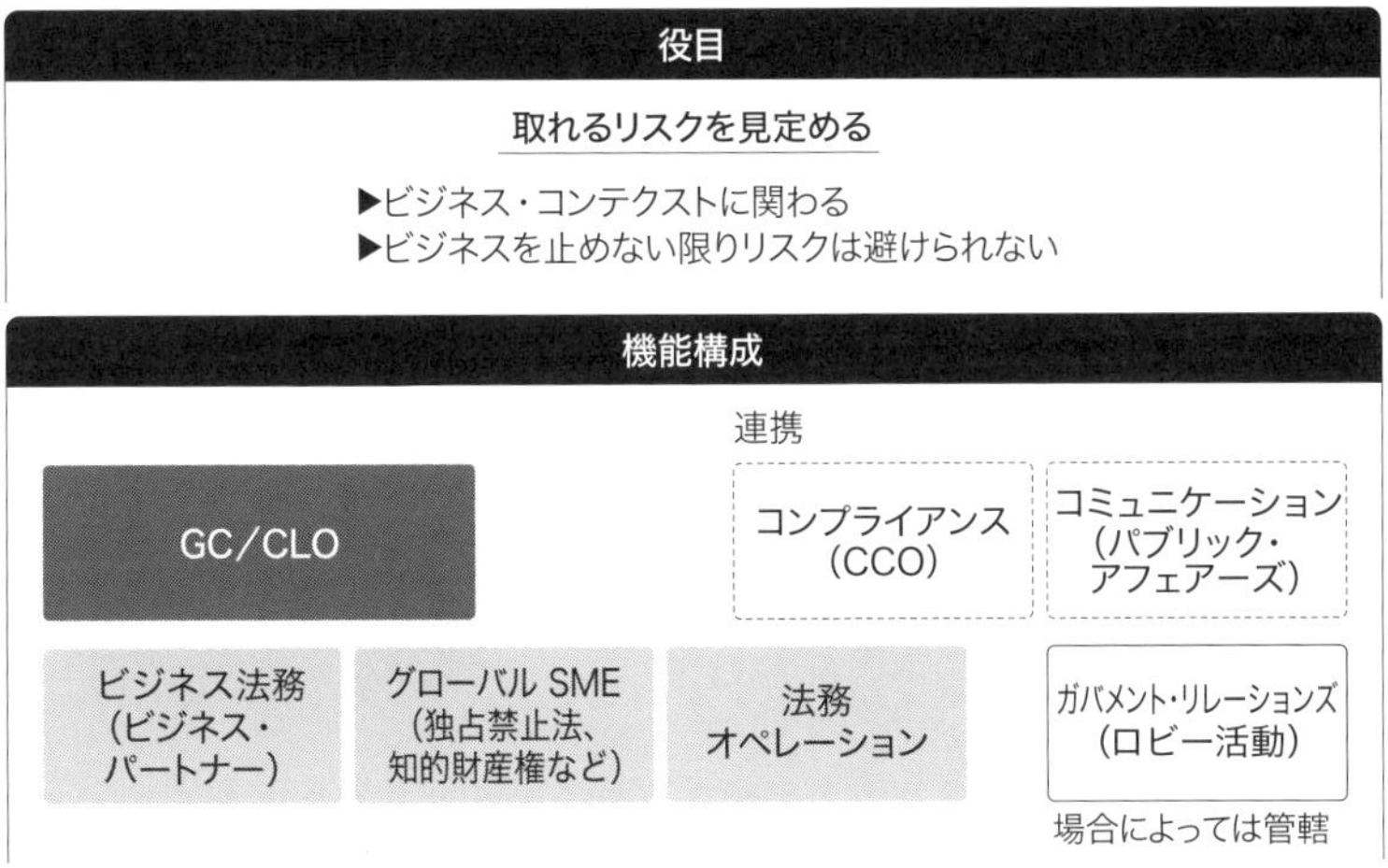

特殊性などに応じ権限委譲されていますが、最終的な判断はＧＣが下します。ちなみに、法務案件や対応スキーム、担当したローファームなどの情報を共有するためのデータベースを整備している企業もあります。

各拠点におけるリーガル人材の登用や評価について、拠点長にも一定の権限は与えられていますが、主体はＧＣ側にあります。これがどういう意味を持つかは、海外子会社の責任者が関与する不正や、拠点ぐるみの不祥事隠蔽に苦慮した経験がなくても、理解できるのではないでしょうか。

子会社のトップがリーガル人材にとっての唯一の上司である場合、客観的な不正調査を行い、ありのままの真実を解明し、本社に報告するということは難しくなります。一方、リーガル組織でしっかりとレポート・ラインが形成されていれば、コーポレートとしていち早く事実を把握し、損害を最小限に食いとめることができる可能性が高まります。

したがって、GCにとって、主要な拠点や事業部門に最適な人員を配置することは重要な仕事の一つです。リーガル・カウンセルは、国ごと、分野ごとに異なる複雑な法令に精通し、各拠点（リージョンやローカル）のリーガル組織をまとめます。GCはリーガル・カウンセルを通じて、世界全体で一つの会社として、最適で効率的なリーガル・マネジメントを実行していきます。

社内外の知見を集約して成長を牽引する

主要な拠点や事業部門にリーガル・カウンセルがいることで期待できるのは、コンプライアンス軽視や法令違反による紛争や危機の回避、損害の最小化だけではありません。法的ルールに基づき、またそれを駆使しながら、事業推進に有効な戦略、戦術を検討して事業を成功に導きます。こうしたBPとしての役割は、各国各地域の事情やビジネスの実際を深く理解しているからこそ発揮できるもので、事業部門と一緒にビジネスをつくり出すため、懸念される問題を回避する契約スキームを提案することもあります。

たとえば、新たに進出する国での事業展開や、まだだれも提供したことのないサービスにどのような問題が生じる可能性があるのか、どうすればその壁を越えられるのかといったことについて、事業部門とともに検討します。

フィンテックやメドテックはその象徴的なケースといえます。法も規制も整備されていないところにいち早く参入して、優位を確立するためには待ちの姿勢ではダメで、理論を構築したうえで行政機関に照会したり、政治家や官僚を対象にロビー活動を行ったりすることも必要となります。ここで大事な役割を果たします。

また、リーガル組織は事業ポートフォリオの見直しにおいても、それに伴う法人格の最適化について、税務部門と協働で取り組みます。グローバル規模の事業買収や売却に伴う税務コストを最少化するためには、タックスとリーガルが協力して、事業買収先や売却先と綿密な作業をすることが必要とされます。タックスとリーガルの双方がインハウスのリソースと外部の専門家の知見をグローバルレベルで駆使しつつ全体最適を図ることが、トータルなコスト削減には必要不可欠です。

組織再編に関する制度的な手当てができている国々では、日本の会社分割のように適格要件を満たすことで税務コストがかからないようにする方法もあります。とはいえ、資産売却では契約の移転や労働関係の諸問題が発生しますし、環境法その他の諸規制に伴うコストを計算に入れることが必要です。また、各国での独占禁止法絡みの届け出や審査への対応においてもリーガルの存在は欠かせません。

知的財産の取り扱いもリーガル組織の活躍の場となります。ＩＰ（Intellectual Property）リーガルには、知的財産の特許化や、ポートフォリオ見直し時の対応といった守りだけでなく、他社が自社の特許を侵害していないかどうかをモニタリングし、先んじて牽制していくという攻めの機能まで求められます。

さらには、各事業に直接の影響を与える目前の問題点に受動的に対応するだけではなく、パラダイムシフトを促す政策を形成し実行する積極的かつ長期的な活動もリーガル組織には求められます。たとえば、GEのリーガル組織は、病気の予防と早期発見を実現したり、低炭素の再生可能エネルギーへのパラダイムシフトを起こすために、優遇税制や規制緩和をはじめとする政府のサポートを求めるほか、グローバルレベルでの競争を促すために関税や非関税障壁の撤廃を求める活動を戦略的に行っています。

そのためにGEでは、リーガル組織におけるタックス、知的財産などの専門家を採用する際に、司法省や通商代表部などの政府機関での経験を有する人材、エネルギーなどの産業分野で政策形成のキャリアを持つ人材を多く採用し、そうした専門家集団がGC直属の部下になって戦略とその実行に携わっています。実際、欧米諸国の在日商工会議所には、そのような役割を担う企業内弁護士《インハウスロイヤー》が会員として多く参加し、積極的に活動しています。それに対し、日本の経済団体においてそのような活動をしているインハウスロイヤーの姿はあまり見られません。

もちろんGCをはじめとするインハウスロイヤーだけで、すべての問題に対応することは難しいため、事案や地域ごとに外部の専門家を活用することは、コスト面からも合理的といえます。どの問題について、どのタイミングで、どこの法律事務所を活用するか。そして、彼らの意見を企業としての意思決定にどう反映させるか。この点においてGC以下、リーガル組織主導で検討します。逆に言えば、社内にこのようなリーガル組織がなければ、適切な外部の使い方すらわからないということになります。

　こうした役割を果たす以上、GCはもちろんリーガル・カウンセルも、弁護士として豊富な経験と実績がなければ務まりません。アメリカでは大規模なリーガル組織を持つ企業も多く、その6割から7割が有資格者で構成されています。なかでもGEは、ウェルチがCEOの時代に「世界最高の法律事務所《ローファーム》を社内に持つ」という目標を掲げ、優秀な弁護士を多く採用し、全世界で数百人ほどのインハウスロイヤーを抱えた時期がありました。

　リーガル・カウンセルとしての仕事は、弁護士としての経験を積むうえでも有益なことから、大手法律事務所からの転職、またリーガル・カウンセルを務めた後に再び法律事務所に移るケースも少なくありません。このような人材の新陳代謝が繰り返されるので、組織のなかに最新の知見が蓄積されていきます。

　専門性の高い特殊な部門と見なされがちなリーガル組織ですが、国や地域を超えた競争が当たり前となり、技術の破壊的な進化によっていままでにないビジネスが次々と生まれるなか、法的課題に対する対応力がこれまで以上に問われています。既存の法令を自社に有利に活用するのはもちろん、新たなルールづくりの主導権を握ることが競争力に直結します。

　繰り返しますが、グローバル・マネジメント＝グローバル・リスクマネジメントです。リスクを取ることこそが経営である以上、リスクを受容可能な範囲に管理し、ビジネスを進めるうえで障害があればそれを取り除く手段を考えるのは当然のことです。コーポレート・ファンクションのなかでもリーガル組織に対しては、この点への期待がとても大きいといえます。

事業部門からの提案や問い合わせに「ダメ出し」をするのではなく、事業部門はもちろんほかのファンクションとも連携して現実的な代替案を提案し、時には、パブリック・アフェアーズやガバメント・リレーションズなどと呼ばれるロビー活動を担うチームと連携し、先に紹介したGEのようにルールさえも形成する。ノンマーケット・ストラテジー（市場戦略ではない戦略）の重要性がますます高まるなか、こうしたリーガル機能が、ワールドクラスの強さを支えていることは間違いありません。

最後に、リーガルマインドについて考えていただきたいことがあります。

企業活動がグローバルに広がるなかで市場を開拓していくために、先進国の企業が新興国・途上国の公務員に対して贈賄行為を行ったとしましょう。これは何を意味するか。その国の公務員が本来すべき、国民生活の改善に向けた仕事がなおざりになり、現地の貧困や公衆衛生などの社会問題の解決が進まなくなる可能性があるのです。企業経営に関わる者としてこのことを常に心にとめておかなければなりません。グローバル化した世界においては、企業市民としての「モラル」と「リーガルマインド」が問われます。

テクノロジー

テクノロジー組織のミッション

これまで見てきた、ファイナンス、HR、リーガルは、いわゆる「スタッフ」機能ですが、次に取り上げるテクノロジーは、事業に直結する機能です。自社の強みの源泉となり、企業・事業の付加価値を高めるために、全体最適視点からのマネジメントが不可欠です。

どの企業にも、ファイナンス、HR、リーガルの組織はあります。そして、ワールドクラスには、その機能や体制などに共通する傾向が見られます。これに対して、テクノロジーについては、業界特性や事業特性により、その役割や機能配置のあり方は異なります。しかしワールドクラスが大事にしているポイントは同じです。

ワールドクラスでは、企業として何を実現したいのか、顧客にどんな価値を提供するのかを、経営陣が常に社内に向けて発信します。何度も繰り返し伝えることで、共通の目的に向かって、多様なメンバーそれぞれが責任を果たせるようにベクトルの向きをそろえます。コア・バリューやミッション、ビジョンとコーポレート・ストラテジー、そして各事業とファンクションの戦略の整合性

図表4-6 テクノロジーの役目と機能構成

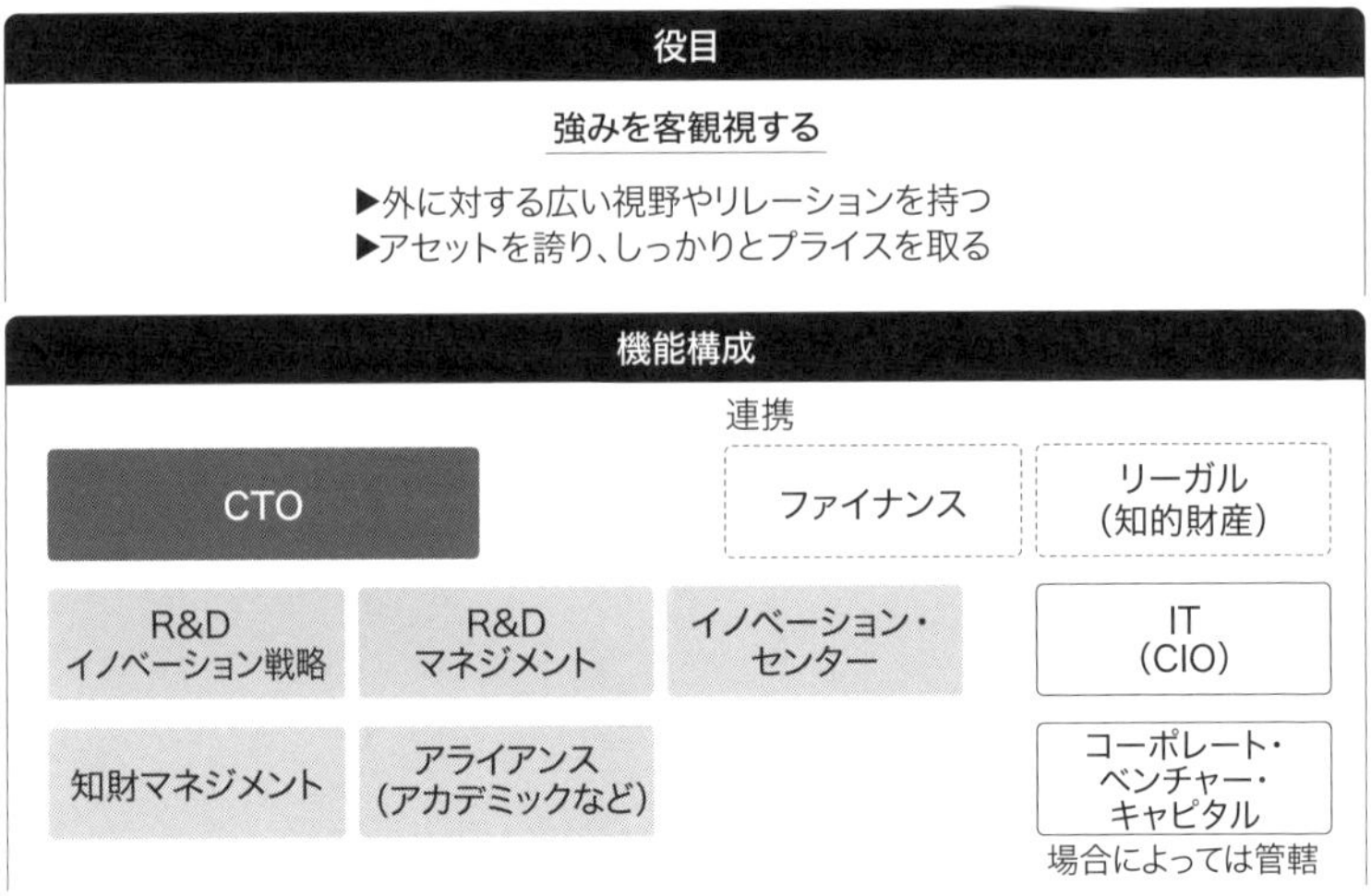

が取れていることが重要であり、むろんテクノロジーも例外ではありません。

ワールドクラスのテクノロジー組織において最も大切な役割は、コーポレート・ストラテジーに基づき、研究開発と技術投資に関する全体ビジョンを構想することです。くわえて、差別化要素を持つ競争力と顧客価値の高い製品・サービスを生み出すための仕掛けを整備し、イノベーションを特別なものではなくルーチンに落とし込む牽引役となることが強く求められます（図表4-6参照）。

◉テクノロジー組織を取り巻く環境の変遷

高い技術力や高機能な製品が必ずしも収益につながらない現実に苦慮しているのは、日本企業だけではありません。ワールドクラスにおいてもR&Dの投資効率の悪さが問題視されてきた歴史があります。

アメリカを中心に研究力、とりわけ優れた基礎研究力が収益に貢献すると期待された時代が長く続きました。1900年代には、GE、デュポン、コーニング、AT&Tなどが相次いで中央研究所を設立し、発電システム(GEの中央研究所)やレーザー、トランジスタ(AT&Tのベル研究所)といった重要技術がいくつも生み出されました。火薬メーカーだったデュポンが、ナイロンの発明によって総合化学メーカーに転じたのも中央研究所の功績によるところが大きかったのです。

その一方で、肥大化する研究開発費を問題視する声が次第に強くなっていきました。その象徴がドラッカーによる「R&Dは成果が不確実なものだからこそマネジメントが重要である」という主張です。たとえばゼロックスのパロアルト研究所は、マウスやグラフィカル・インターフェース、ブラウザーや電子メールといった、現在のパソコンとインターネットの基盤となる技術を世界で最初に開発しながら、大きな事業に育てることができませんでした。のちにそれらの革新的技術の多くは、アップルやマイクロソフトが新たな市場を創造するのに貢献することとなります。

また、RCAは中央研究所が主導したビデオディスク事業のつまずきをきっかけに経営が悪化し、GEに買収されてしまいます。こうした失敗事例が目につくようになったことで、中央研究所の存在意義が問われるようになります。

これに追い打ちをかけたのが、1990年代以降の欧米の各国政府による競争政策の強化です。独占禁止法による大企業分割などが行われた結果、かつては高いシェアを誇っていた企業群も、公共性の高い基礎研究を活発に行うための費用を十分に確保することが難しくなり、中央研究所を縮小する企業が増えていきました。

　トランジスタや通信衛星などのイノベーションを生み出し、多くのノーベル賞受賞者を輩出したベル研究所も例外ではありません。１９８０年代以降、親会社であるベル・システムが段階的に分割されたことでベル研究所も分割され、往時の輝きを失っていきます。

　並行して、事業部が負担する研究開発資金を増やして、ビジネスの観点から研究開発をコントロールしようとする動きも目立つようになります。ＧＥやベル研究所では研究開発資金の過半を事業部が負担するようになり、より直接的にビジネスに貢献することが求められるようになっていきました。インテルは研究開発に多額の資金を投じているものの、いわゆる中央研究所は持たずに、大学や他の研究所などの外部との連携に力を入れています。自社で行うのは直近の問題解決が中心で、研究開発費の多くを製品開発とプロセス改善に振り分けました。

　ワールドクラス特有の課題もありました。事業の範囲《スコープ》と同時に地域《ジオ》が広がり、経営が複雑化すると、技術やＲ＆Ｄのマネジメントにおける複雑性が増します。本国だけでなく、世界中の拠点が持つ多様な知識やアイデア、知見を組み合わせてイノベーションを断続的に生み出し、競争優位を確立し続けるためには、技術ナレッジは本国から他国へ一方的に移転されるだけでなく、海外から本国、海外から海外へと共有される必要があります。さらには、自社にはない社外のナレッジとの融合など、その先の仕掛けを考え、実践しなければなりません。

さらには、指数関数的な技術革新によって技術の進化のスピードが上がり、適応範囲が広がっていることも、技術戦略の見直しに拍車をかけています。技術やアイデアが持つ可能性を見極めて、競合に先んじて技術や製品・サービスを開発し、経済的価値に転換することが、多くの産業で生き残りのカギを握るようになっています。

こうした環境において、かつての中央研究所のような組織や、事業部ごとの研究組織だけでは、持続的成長につながるイノベーションを起こすことが難しいのは自明です。そこで、国境や組織の壁を越えてナレッジをマネジメントする機能がより求められるようになりました。そして、この機能をリードするのが、CTO（Chief Technology Officer）が率いるテクノロジー組織です。

テクノロジー組織は、R&Dに関する諸活動をマネジメントし、技術を新製品・サービス、新規事業、新たなビジネスモデル、そしてその先にある収益・キャッシュに効率的、効果的に結びつけるという、いわば価値創出の源泉をつかさどるきわめて重要な役割を担っています。コーポレート・ストラテジーそのものといっても過言ではありません。

ただし、技術力を競争力の源泉とする企業のなかでも、IT・デジタル系の企業とそれ以外では、求められるスピードや機能は異なります。

IT・デジタル系の企業であれば、技術の潮流を読み切ったうえで成長の青写真を描く必要があり、テクノロジー組織やそれを統括するCTOの力が競争力に直結します。2014年、オラクルの共同創業者であるラリー・エリソンがCEOを退任してCTOに就任したのは、それを象徴する出来事といえるのかもしれません。みずから起業して育て上げた同社の成長を持続するためには、CTOとしてイノベーションを牽引するのが最善の策だと判断したのでしょうか。

一方、進化のスピードがIT・デジタル系の企業ほどではない産業に属する企業は、蓄積してきた技術の本質を見極め、それをもとに儲かる事業をつくり出すことが求められます。デュポンや3Mのような化学・サイエンス企業や、シーメンスやGEといった重電・電機はこれに相当するでしょう。

ただし、GEがデジタル化を進めた際、外部からチーフオフィサーを招き、その後カリフォルニア州サンラモンに「GE Digital」の拠点を構えたように、変化に対応していくためには、従前とは性質の異なる機能を組み合わせていく必要があります。これが簡単な仕事ではないことは容易に想像できるのではないでしょうか。日本でもデジタルを冠する子会社の設立が多く見られますが、かつてのIT子会社のような顛末にならないか気掛かりです。

テクノロジー組織の機能

ワールドクラスのテクノロジーがどのような機能を担っているのか、掘り下げていくことにしましょう。

1つ目は、コーポレート・ストラテジーに則した技術戦略を策定することです。技術戦略とコーポレート・ストラテジーは表裏一体です。事業部門の技術者は既存の技術をどうやって進化させるか、あるいはどんな商品の開発につなげることができるかを考えるのが主たる役割ですが、コーポレートのテクノロジーには、逆の思考アプローチが必要になります。つまり、世の中が直面している課題や必要としていることからの発想です。

たとえば20年後、地球上のすべての人が飲料水や生活水に不自由しない世の中を実現するためにはどのような技術やシステムが必要なのか。それが社会実装されていくなかで、どの部分に自社の技術的な強みを発揮し、競合よりも貢献できるのかを考えます。当然、技術の未来だけを見ていてもそのような発想は生まれません。社会のメガトレンドを読み、そこに生まれる新たな機会と課題に常に目配りしなければなりません。

2つ目が、上記の技術戦略を実行するために、全社のR&Dリソースをマネジメントすることです。だれが、いつ、画期的な発明をするかを予測することはできませんが、組織としての創造性をマネジメントすることは不可能ではありません。具体的には、R&Dテーマの管理、ポートフォリオの策定、それらに基づいたリソース配分などです。

また、新規事業開発のための組織デザインにも関与します。経営学者のロバート・A・バーゲルマンが「戦略上の重要度」と「業務の関連度」のマトリックスで示したように[*18]、非常に重要で関連度が高ければ「中核事業に取り込み」、非常に重要だが関連度が低ければ「特別な事業単位にする」など、新規を生み出すにふさわしい組織のあり方を検討します。

18 Robert A.Burgelman, "Design for Corporate Entrepreneurship in Established Firms," *California Management Review*, Spring, 1984.

３つ目は、そうして生まれたアイデアや技術の種《シード》をR&Dの段階ごとに評価・管理し、収益性と実現性の高いものに絞り込んでいくことです。

世に知られているステージゲート法[*19]はそのための手段で、一般的にはアイデア、探索、研究、開発、事業化、産業化のステージごとに門《ゲート》を置き、R&Dテーマの選択と集中を図ります。さらに、ビジネスモデルの設計などを通じて、事業化、産業化にまで関与するケースも少なくありません。反対に、生み出した技術を事業部などに引き渡して、役割を終えるケースもあります。

ステージゲートの考え方を応用した例としては、IBMのEBO（Emerging Business Opportunities：アイデア創出と事業検証の2つのプロセスから成る新規事業創出プロセス）と、IPD（Integrated Product Development：新製品・サービス創出における上市までの期間と売上ピーク到達時間を短縮するために、マーケットプランニング、商品開発、要素技術開発の3つのプロセスを並行・連携して実施する統合プロセス）があります。両方のプロセスにDCP（Decision Check Point）が埋め込まれており、投資継続や撤退などの意思決定がなされます。

3Mにも新テクノロジー導入（New Technology Introduction）と新製品開発・導入（New Product Introduction）の2つのプロセスから成るパイプラインならびにゲート管理の仕組みがあり、顧客からの声とテクノロジー・プラットフォームをインプットに新製品の開発に取り組んでいます。

IBMのDCP、3Mのゲートレビューともに、事業責任者やエンジニアのみならず、マーケティングやファイナンスなどからも参加し、技術的に可能か、市場はつくれるのか、どれくらい儲か

19 多くの製品や技術開発テーマを早い段階で効率的に絞り込むための方法論。前工程が完了するまで次工程に進まない（手戻りを最小限にする）、各工程の間にゲートを設け、ゲートの評価項目をクリアしたテーマだけを次工程に進めるという方法。1986年にカナダのマックマスター大学のロバート・G・クーパー教授が開発した。

るのかなど、開発プロジェクトの進捗に応じたレビューポイントを討議します。初期の段階で新しいアイデアの芽を潰しすぎないようにするなど、各ゲートはよく考えて設計されています。

技術者の創造性を最大限に引き出すことと、ステージゲート法に代表される厳正なプロセス管理は必ずしも矛盾しません。初期のステージでは、「その技術でどのような市場がつくれるのか」にフォーカスするなど、比較的緩やかに運用し、研究や開発などの段階に入っていくほどにビジネスモデルとしての実現性やコスト構造などから収益性を追求していくことで、自由な発想を活かしながら、過大な投資やコストが発生しないように、資源配分を管理します。技術者にとっても、狭き門をくぐり抜けて実現に向けたリソースを勝ち取るために、よりイノベーティブな仕事をする動機づけができるように配慮したプロセスが設計されています。

さらに踏み込んだ取り組みとしては、3Mの「15%カルチャー」がよく知られています。これは、執務時間の15%を通常の業務ではなく自由な課題に費やすことを認めるものです。その際、上司は部下に対して、「どのような研究をしているのか」と質問することを禁じています。昔の日本企業でも非公式に研究開発を行う「ヤミ研」が見られましたが、それと似ています。現業に引っ張られ、知の進化だけに時間が取られすぎないようにしつつ、知の探索をする「アソビ」を与え、イノベーションを生み出しやすくするための環境を「意図的に」つくっているのです。

4つ目は、オープン・イノベーションをはじめとする外部連携の枠組みを構築することです。世界中にネットワークを張り巡らせて新技術を発掘、開発するために、研究機関や大学、民間企業などの提携先を発掘したり、時にはスタートアップを対象としたＣＶＣ（Corporate Venture Capital）投資、あるいは大手も含めた企業買収などを通じて、外部のナレッジを取り込みます。ただし、オープン・イノベーションを推進しようにも、他社を引き寄せる技術的強みや開発力といった「魅力」がなければ話になりません。

その魅力を明確に示せるよう、準備が必要です。権利問題への対応も必要ですが、自社が保有するアセットを開放して、他者が新しいビジネスを創出するためにそれを活用してもらうのも一つです。また、先ほど説明した新規事業の創出プロセスのゲートレビューにベンチャー・キャピタリストなどの社外メンバーを迎え入れるのも、オープン・イノベーションといえるかもしれません。

ここに挙げた４つの機能を実践していくうえで注意しなければならないのは、Ｒ＆Ｄマネジメントの時間軸をどうとらえるかです。たしかに、量産化の成功から50年以上も経ってから、航空機の主材料に採用されて需要が急増した東レの炭素繊維のように、根気強い取り組みが大きな成果につながるケースがあります。また、早い段階で技術開発に注力したものの、ビジネスチャンスをものにできず手放した後に他社が花を咲かせるケースもあります。

先の見立てを外すことが多いのは問題ですが、とはいえ、リソース・アロケーションや技術ポートフォリオに１００点満点はありません。他社のスタンスは気になるところですが、自社の技術資産の強みや事業開発の特徴・癖を見極めて、自信を持って判断を下すための基準を持つしかない。これこそが「経営の妙」となるはずです。

そこまで積み上げるためには、成功のみならず失敗からの学びも大事なインプットになるはずです。恐れたり、避けたりして、まったく起こらないようにするのではなく、どれくらいまでの失敗であれば許容できるのかという観点からのマネジメントも求められます。

そしてその土台には、「研究開発はお金を知識に変えること」「イノベーションは知識をお金に変えること」と3Mが掲げているような、R&Dやイノベーションに対する明確な思想、あるいは意味づけが必要です。

人間主体のマネジメント

CTOは日本語では最高技術責任者と訳しますが、これは実態を正しく表しているとはいえません。技術に関する最高責任者であることは確かですが、技術や製品開発に精通しているだけでなく、コーポレート・ストラテジーに基づき、あるいは、それに影響を与えるような大局的な視点から、技術開発や技術投資、技術マネジメントに関するビジョンを構想し、イノベーションの牽引役となることが、CTOには求められます。

CTOが率いるテクノロジー組織のあり方は多様です。究極的にこれという型はありません。

たとえば、シーメンスにはCT（Corporate Technology）という組織があります。イノベーションの中心的な役割を果たすこの組織は、現在、CD（Corporate Development）の下部組織として活動しています。CDには、CTを含むR&Dのほか、IoTやサステナビリティなどさまざまな機能があります。CTの役割は、ビジネスユニットの戦略パートナーとしてR&Dサービスの提供、知財の保護やサイバー・セキュリティへの取り組み、リサーチポリシーの制定など多岐にわたり、2500人超（2019年度時点）の専門家によるグローバルネットワーク体制が敷かれています。R&D全体では44カ国に約4万5000人のメンバーが所属し、年間予算は57億ユーロです。CTが中心となって取りまとめた「ピクチャー・オブ・ザ・フューチャー」は、今後、社会課題を解決するうえで重要となる技術は何か、自社の事業に大きな影響を及ぼすトレンドは何かを、社内のエキスパートと外部の専門家が議論したもので、「Vision2020」「Vision2020＋」というシーメンスの戦略策定や事業再構築に活かされています。

デュポンでは、第3章で触れたメガトレンド分析に専従する組織があるわけではなく、CEOとCFO、そしてCTOが中心になって有機的なチームが編成されます。これはメガトレンドに限らず、M&Aや事業売却などに際しても同じで、CTOは技術と事業に関する知見と洞察に基づいて、それらの意思決定に関わっています。さらに、イノベーション・センターを世界各地に配備しており、自社の技術を統合して、顧客企業と共有することで新たなビジネスチャンスの創出に取り組んでいます。

デュポンにおけるこの統合的な取り組みは、日本から発案されました。顧客を大切にする日本人の姿勢から生み出され、顧客との協業によるアプリケーション開発の拠り所となっています。それゆえ、日本企業でも同様の取り組みは十分可能であると筆者らは考えています。それを妨げているのは、能力の差ではなく、「ちょっとしたこと」なのでしょう。

言うまでもなく、一人のＣＴＯがあらゆる技術に精通することはできません。３Ｍのようにテクノロジー・プラットフォームをグローバルで共有している企業もありますが、簡単に真似できることではありません。したがって、ワールドクラスは、グローバルレベルで、あるいは事業部門内に散らばる技術者のなかから、課題に関する知見を備えた適材をチームに招集します。言い換えれば、そうした人材のデータベースが「ＣＴＯの頭のなか」にもあるということです。３Ｍのように技術ライブラリをグローバルで共有しているケースは稀ですし、そもそも「この問題ならあの人」というピンポイントの情報は、ＩＴだけでは扱えません。

そういう意味でワールドクラスのＣＴＯは、まさしく、社会心理学者のダニエル・ウェグナーが唱えた「トランザクティブ・メモリー」を実践しているといえます。すなわち、組織内の情報共有で大切なのは、組織の全員が同じことを知っていることではなく、「組織のだれが何を知っているか（Who knows what）を組織の全員がよく知っていること」なのです。

たとえば、Ｍ＆Ａであれば、対象となる企業・事業が持つ技術レベルは実際にどの程度のものなのか、競合との力関係はどうなっているのか、自社に組み込んだ場合のシナジーはどの程度期待できるのかといったことを技術面から検討します。限られた時間のなかで、非公開情報まで収集したうえで最適な判断を下すには、知識の深さや広がりはもちろん、社内外から情報を集められる人脈がものをいいます。しかし、このように複雑な情報をシステムで管理するのには限界があります。そこでCTOは頭のなかのデータベースを使い、必要な人材を集めてタスク・チームを編成するのです。

当然ながら、ここでアサインされた人材の意思や業務上の都合は考慮されますが、コーポレート・ストラテジーに沿ってビジネスを実行していくためにCTOが必要だと言えば、彼らの所属部門長に選択の余地はなく、自部門に必要な人材であっても提供せざるをえません。レポート・ラインで結ばれているコア・ファンクションと形は異なりますが、これも組織に神経系が通っている証しです。本社や研究所など自身の所在する組織から一歩外に出ると、まるで権限が及ばないにもかかわらず、CTOという名を冠している方からすれば（日本企業には少なくないようです）、とてもうらやましいのではないでしょうか。

テクノロジー組織のマネジメントは人間主体《ヒューマンセントリック》です。そのリーダーに求められる資質としては、優秀であることはもちろん、この人のためなら協力しようという人格と実行力のある「一目置かれる人物」であることが重要です。

クレイトン・M・クリステンセンら[20]が『イノベーションへの解』のなかで述べているように、イノベーションのための組織に正解はなく、それぞれの企業がみずからの課題に向き合い、最適な組織体制を構築し、磨き上げていくしかありません。自社に適したあり方を模索しながらもワールドクラスのテクノロジー組織が日常的活動としている実務《プラクティス》には、学ぶべき多くの示唆があります。

20 1997年刊の世界的ベストセラー『イノベーションのジレンマ』（翔泳社、2000年）の著者で、数々の学術賞を受賞した。ブリガムヤング大学経済学部を首席で卒業後、オックスフォード大学で経済学修士、ハーバード・ビジネス・スクール（HBS）で経営学修士（MBA）、経営学博士号（DBA）を取得。HBS教授陣に加わる前には、ボストン コンサルティング グループでコンサルタントとして活躍。またホワイトハウス・フェローとしてエリザベス・ドール運輸長官（レーガン政権）を補佐した経験も持つ。

column

企業の体幹を支えるIT

企業の〝神経系〟であるコーポレートを機能させるには、ITを組織の隅々まで張り巡らせて、データや情報を生成、伝達、共有する仕組みを整備することが、グローバル経営における必須条件となっています。

IoT（Internet of Things：モノのインターネット）の流れのなかで、多くの企業が顧客や取引先など外部との情報ネットワークのつながりを増やそうとしていますが、ひるがえって自社内はどうでしょうか。ERP（Enterprise Resource Plann-ing：統合基幹業務システム）を基盤とし、グローバルに情報ネットワークを張り巡らせることができているでしょうか。

社内の情報連携すらできていないのに、どのように外との連携を進めるのか。もちろん、どこまでやってもITのみで全知全能になるわけではありませんが、人事は尽くすべきです。

ワールドクラスのITがどのようなものであるかについては、おそらくコンサルティング会社やソリューション・ベンダーなどが足しげく訪れ、「ベストプラクティス」を教えてくれているはずです。それゆえ担当部門はもとより経営層も、グローバル経営に欠かせないＩＴの全体像は理解し、「あるべき姿」とかけ離れた自社の実態についてもある程度は認識していることでしょう。しかし、本質的な彼我の差を正しく理解しているかといえば、疑問が残ります。

ワールドクラスにおけるＩＴの特徴をシンプルに形容するなら、「統合」です。

ＥＲＰが広く使われるようになって、すでに30年近く経ちます。ところがいまだに多くの日本企業から、導入しようとしても社内で大きな抵抗に遭って頓挫したり、前提となる業務改革が中途半端なため効率化にもコスト削減にもつながらなかったり、という話を聞きます。

そもそも、どの部門、どの拠点に、どのようなＩＴシステムが存在しているのか、つまり自社の全体像を把握していない日本企業が少なくありません。これは驚愕すべき事実で、どういう経緯でシステムを導入し、運用されてきたかを会社として関知していないということを意味しているので、新たなシステム導入の効果を測るどころの話ではありません。内部統制のリスクも心配です。

なぜ、日本企業で本格的なＩＴの実装が進まないのか。一口で言えば、経営者がその必然性を感じていないからです。すなわちそれは、グローバル経営の何たるかを理解できていないということです。

実際、「なぜ多額のコストをかけてＩＴを統合しなければならないのか」という声を、いまだに聞くことが少なくありません。もちろん、無尽蔵にコストをかけるわけにはいきませんが、経営基盤の整備に対して投資対効果を問いすぎることに違和感があります。一貫したスタンスならまだしも、事業の評価については甘いところがあるのでなおさらです。

このようなトップの考え方の背景には、日本企業とワールドクラスのIT導入に対する姿勢の違いが見て取れます。米系企業のトップは、業務の効率化のみならず、事業進捗のモニタリングや予測、リスクマネジメントなど、グローバル経営に必要な情報基盤を「獲得する」という意識が高いのです。そのため、「絞るコスト」というよりは「かけるべき投資」ととらえています。

貴重な経営資源を無駄にせず、リスクを適切にマネジメントしながら世界中に展開する拠点を「一つの会社として（ワン・カンパニーで）」経営していくうえで、データとプロセスの可視化、システムの統合は基本中の基本です。なぜグローバルの経営を担う立場として、多くの日本企業のトップはばらばらで平気なのでしょうか。

人間は変化を嫌いますから、システムに合わせて従来の仕事のやり方を変えようとすれば、さまざまな抵抗があるのは当たり前です。導入後しばらくは効率が落ちることも想定されますし、もともとユーザーフレンドリーなシステムが入っていたようなケースでは、ある部分についてはアップグレード以前のほうが効率的だったと感じるかもしれません。それでもワールドクラスは、全体最適を追求するために個々の業務の変革を厭わずグローバリューITを実現するという意思を貫徹しているのです。

世界の全拠点で統一ルールに則ってデータが入力される。コーポレートや各拠点のビジネス・リーダーは、そのデータから生み出される現状分析や将来予測などの情報を材料に、経営や事業の判断をします。こうした経営インフラを持つのと持たないのとでは、スピードや効率性が違ってきます。

また、システムを統合することで、内部統制環境は簡潔に整備されます。これによってコントロールする項目が絞られ、内部監査の質を高め、リスクマネジメントの強化につながると同時に、コストの抑止効果も得られます。ほかにも法令に関する対応策（係争内容と結果、弁護士事務所、担当弁護士、単価など）の共有や、自社の強みの源泉である技術要素の整理・蓄積なども、ワールドクラスの効果的なITの使い方です。

つまり、本章でこれまで述べてきたコーポレートの各ファンクションの機能は、グローバルITがあってこそ十分に果たすことができるのです。その意味で、ITは組織の体幹と頭を支える脊柱（背骨）といえるでしょう。もしこれが損傷しているようであれば、企業経営に与えるダメージは計り知れません。

さて、ERPが導入しきれない日本企業ですが、RPA（Robotic Process Automation：ロボットによる業務プロセスの自動化）には関心が高いようです。労働人口の減少や働き方改革が進むなか、定型的な業務をRPAやボット（bot）に担わせようというのは当然の判断ですし、局所的には生産性の改善にも貢献するでしょう。

しかし、実際にはERPを導入すれば済むことも多く、また、手軽に自動化できることが仇となり「やめるべき業務」を存続させてしまうといった弊害も発生しているようです。

アナリティクスについても同様です。どれだけ機械の能力が上がり、複雑な分析が可能になっても、インプットデータが「ゴミ」のような状態では、せっかくのアウトプット情報を手放しに信用することはできません。

最新の技術に飛びつきさえすれば、できていないことの穴を埋めたうえに、もれなく価値や生産性の向上につながると考えるのは虫がよすぎると言わざるをえません。新しいテクノロジーを取り入れることでよりよい成果を得て、競争力に結びつけることができるのは、一定水準の「前提」ができている場合です。

多くの日本企業は情報戦が不得手です。たとえば、

- 事業の収益性を確認するために多くの会議が行われ、事後的に各事業部門のパフォーマンスをチェックしているが、各事業が持つ先々の収益性は見えていない
- お客さまのためにといいながら、どの顧客とどのような取引があり、どの顧客の収益性が高いのか、また自社を評価してくれているのかなど、顧客ベースの全体像を知らない

- 人が大事といいながら、どこにどのような能力の人材がいるのか、その人材を活かすポジションがどこにあるのかわかっていない
- 技術の会社といいながら、何が本当に自社の強みや差別化の源泉となりうる技術資産なのかについて把握も共有もしていない

このように、自社内の情報ですらまともに収集、分析、共有できないようなら、社外のデータをうまく整理し、情報として活用できるわけはありません。第3章で取り上げた、他社に先んじる経営に必須であるメガトレンドやシナリオ分析といった企業としての世界観に「借り物」や「二番煎じ」を感じるのと同じく、システムのあり方そのものが情報戦の弱さの一端を表しているといえるでしょう。

グローバル経営の大きなイシューとして認識されているサイバー・セキュリティも同様です。自社内ですら「つながっていない」状態では仕方ないことなのかもしれませんが、データ資産の価値や情報漏洩のリスクに対して、「人の脆弱性」や「サプライチェーン・パートナーとの連携」を含めていまひとつ感度が低いようです。

2020年に発生した新型コロナウイルスのパンデミックにおいて、日本企業では人を介したオペレーションの脆弱性が浮き彫りになりました。これを機に、ERPなどをいっそう活用して、ワールドクラス並みのホワイトカラーの生産性向上を目指してほしいもの

です。ワールドクラスはこの難局にすら素早く対応し、さらに先に行くための新たな取り組みに挑んでいます。

繰り返しになりますが、ＩＴの進化は優秀な人材が価値を創造する分野に時間を使うための基盤となります。また、ＩｏＴやＥ２Ｅ（End-to-End）で外部との連携がいわれている一方で社内の神経系統がつながっていなければＩｏＴどころではありません。そして、ＥＲＰ導入においてはカスタマイズを最小限に抑え、グローバルでの全体最適を忘れないでください。ベンダーが用意しているテンプレートに合わせるのではなく、グローバルで通用しているプロセスを採用するという姿勢が大切です。自社の特殊性やオリジナリティを主張するのはここではないはずです。

真にグローバルで戦う意思があるのであれば、このような状態から即刻脱するために真摯に問いかけなければなりません。「なぜ、統合しないのか」と。

そして、ＩＴ統合はＩＴ担当の仕事ではなく、ＣｘＯが主導するコーポレート全体の仕事として取り組み続けなければなりません。名ばかりのプロジェクト・オーナー、プロジェクト・リーダーは必要ありません。

column

内外に気脈を通すコミュニケーション

ワールドクラスのコーポレートの各ファンクションすべてに共通しているのが、コミュニケーションの大切さです。コミュニケーションの相手は、従業員、顧客、取引先、資本市場・投資家、政府・官公庁、NGO・NPO、地域社会などの多様なステークホルダーですので、企業としての「伝える力」の強化が欠かせません。

ファイナンスが主に担当するのは投資家向けのコミュニケーションです。企業としての方向性を発信するIRがわかりやすい例ですが、事業成長のためにどのような経営判断を行い、どう実行しているのかをコーポレート・ストーリー（ワン・ストーリー）として示します。

資本コストを下げることもIRの目的の一つです。株主コストを低減するために行うのが投資家向けのエクイティーIRであり、負債コスト低減のために行うのが債権者向けのデッドIRです。

エクイティーIRは自社株のセールス・パーソンとして企業の成長性や収益性をアピールし、より高く将来の株価が評価されるようにする。また、よい株主にできるだけ長く、安定的に保有してもらうこともミッションです。一方、デッドIRは、金融機関や社債投資家、あるいは信用格付機関（S&P、ムーディーズ、フィッチ・レーティングス、格付投資情報センター、日本格付研究所など）などに対して主に資金回収リスクの観点から企業の財務健全性や安定性をアピールし、より円滑で効率的で低コストの資金調達ができるようにします。ほかにも物言う株主《アクティビスト》への対応、M&Aや売却（Divestment）に際して前面に立ち、事案を円滑に進めることなどが、ファイナンスに期待されています。

　これらは似て非なるものであり、コミュニケーションのポイントが異なるため、CFOの下で、IRがエクイティアナリストと対話し、トレジャリーはデットアナリストに対応するなど分業体制を取っています。

　HRが担うのは、企業としての存在価値や価値観を浸透させるための密度の濃い社内コミュニケーション（筆者らはもう一つのIR＝Internal Relationsと呼んでいます）です。コーポレート・コミュニケーション組織が存在する場合は、連携して動きます。こうした連携なくして、単に方針や制度を人事評価に組み込むだけでは、多様な背景を持つ従業員が納得せず、人材を組織の活力とすることはかないません。

　リーガル組織においては、先述したように、ビジネス・ストラテジーの実行を支援する国際機関や各国政府・規制当局との継続的な対話や、彼らに対する働きかけ（ノンマーケット・ストラテジー）が重要な機能の一つとなっています。この任務に特化するパブリック・アフェアーズやガバメント・リレーションズといった専門部隊を持つワールドクラスは多いのではないでしょうか。

　先ほどＨＲが担う社内コミュニケーションについて少し触れましたが、フィールド・プレーヤーである事業部門のメンバーと、時にはコーチ、時には用具係、あるいはグラウンドキーパーとして彼らをサポートするコーポレート・スタッフの間のコミュニケーションはとても大事です。コーポレートとビジネスの距離感は企業によってさまざまですが、良質なコミュニケーションなくして、コーポレートとビジネスの両輪駆動にはなりえません。そのために、コーポレート・スタッフには、多様性に対する許容度、コンフリクトの間に入る覚悟、そして相手への尊敬の念などが求められます。

　そうはいっても、これは簡単なことではありません。そこに至るには、レベルが違うほどの専門性を確立し、それを自信の源にすることで、相手と勝ち負けの関係になるのではなく、ともに目標の実現に向けて挑むことができるようみずからを高め続けなければなりません。そして、専門性に基づいて、正しい疑問を持ち、精緻な質問をし、相手の言葉を自分の言葉に置き換えて発言をする。誠実にこれを続けていくことで相手との間に信頼が醸成されていきます。

　もちろん、スタッフと組織の間のコミュニケーションが円滑であることは言うまでもありません。

　コミュニケーションにおいてマーケティング組織は重要な役割を果たしています。特に

B2C企業におけるマーケティング組織は、さまざまな形で顧客接点を担います。その最たるものが、コーポレート・ブランディングです。

企業らしさや顧客への提供価値を定義し、事業部門のマーケティング組織などを通じて製品やサービスの開発に取り入れ、顧客はもちろん社会全体に伝えていきます。複数の事業や製品、サービスを世界中に展開するワールドクラスにおいて、一つに統合されたメッセージやイメージを発信できるのは、そのような機能を率いるCMO（Chief Marketing Officer）の存在によるところが大きいと考えられます。

なかには、CMOを任命していない企業もありますが、その場合も俯瞰的な視点からマーケティング活動の全社最適化を図るコーポレートとしての機能は欠かせません。それは、各事業部門のマーケティング組織のみでは、「自社は何者なのか」という根源的な問いに対して一貫性をもって答えることが難しいからです。

ワールドクラスは、顧客を筆頭に、全ステークホルダー（従業員、顧客、取引先、資本市場・投資家、政府・官公庁、NGO・NPO、地域社会など）に対して、企業としての自己同一性（CI：Corporate Identity）の維持を図っています。

日本では1980年代後半にCIブームが巻き起こり、ロゴやシンボルマークを刷新する企業が相次ぎましたが、それらは正しくはVI（Visual Identity）であり、CIの構成要素の一つにすぎません。企業としての理念と行動を統一し、外部とのあらゆる接点においても同じ印象を与えることがCIの本質であり、CMOやコーポレート・コミュニケーションの統括者は、こうした活動を通じて高い評価を得ることに責任を負っています。

　彼らはコミュニケーションを図る相手の立ち位置や価値観を踏まえて、彼らが自社をどう評価するかを理解し、そのうえで「これがわが社である」と主張します。顧客に対しても堂々と訴求して、みずからの価値にふさわしい経済的評価を得るようにします。このような姿勢はワールドクラスにおいて当然のことで、各ファンクションはそのための努力を惜しみません。やりすぎてしまうと品位を欠きますが、日本企業のような「阿吽の呼吸」などを期待しては、怠慢のそしりを免れません。

　だれに向けての発信であろうが、どのC×Oやファンクションが担当しようが、同じストーリーを語ることが大事です。これができているなら、その企業の「伝える力」はしっかりしているといえます。最近は、日本企業もコーポレート・コミュニケーションなどはコントロールしているので、さすがに外に向けての発言がばらつくようなことは起こらなくなっていますが、社内への配慮はいささか足りないようです。

　上が思っている以上に、下は上をよく見ています。「言っていることとやっていることが違う」、あるいは「それぞれ違うことを言っている」ということがあるようなら、これが最もモチベーションとロイヤルティを砕きます。デモグラフィー型とタスク型の両面から人材の多様化が進むなか、グローバル経営における社内コミュニケーションの重要性をより強く意識すべきです。危機や緊急時などには、コミュニケーション頻度を高めることで平時以上に一体感を醸成することにも取り組むべきでしょう。ワールドクラスは「ワン・カンパニー」で、「ワン・ストーリー」です。

ちなみに、このワン・ストーリーに乗りにくい事業領域があるとしたら、たとえ儲かっていたとしても、その事業は自社で担うべきではないというサインです。無理やりワン・ストーリーに乗せようとすると、今度はストーリーがぼやけてしまい、結果、「ワン・カンパニー」としてのメッセージが曖昧になってしまいます。追い込まれてからではなく、前向きに事業の新陳代謝を進めるうえでも、コミュニケーションのコンテンツであるコーポレート・ストーリーは大事な役割を果たしているのです。

第5章

＊

日本企業に向けた比較考察

ここまで、ワールドクラス企業の経営行動について、グローバル経営論や組織論、コーポレートの役割、コア・ファンクションのあり方を通して見てきました。複雑な経営環境下において、企業全体を効率よく、かつ効果的に動かしていくための、グローバルとローカル両面への向き合い方、ファンクションベースでの組織設計、コーポレートが果たすリソース・アロケーション機能、そして各ファンクションが果たしている具体的な役割を理解いただけたのではないでしょうか。

結局のところ、企業経営、組織、機能の話なので、日本企業と根本的に大きな違いがあるわけではありません。とはいえ、青臭さと泥臭さを、日々のルーチンに落とし込み、実践し続けているワールドクラスの現実に、「彼我の差」を感じられたかもしれません。

本章ではここまでの内容を振り返りつつ、ワールドクラスと日本企業を比較考察します。そのうえで、グローバルというフィールドでワールドクラスと戦っていくことを選択するのであれば、何をすべきかを考えてみたいと思います。

成功の功罪：日本企業が変われない理由

現在の私たちが生活している社会的な土台は、戦後から高度経済成長期にかけての日本の発展と日本企業の飛躍によって築かれました。1955年から1973年まで実質経済成長率は平均して10％を上回るほど、その経済発展は世界で類を見ない目覚ましいものでした。

この成長の大前提は、労働力人口の増加と労働生産性の上昇でした。一口で言うならば「人口ボーナス」です。

1945年に7215万人だった日本の人口は、1967年には1億人を突破しました。また、1960年に15歳から64歳までの生産年齢人口が総人口の7割を超え、国際競争において優位となる豊富な労働力を供給することができました。労働生産性の向上は、主に第一次産業から第二次産業への労働人口の移動によってもたらされ、給与所得者の増加と相まって個人消費を拡大します。当時の日本の経済成長は輸出偏向型と評価されていますが、旺盛な個人消費による内需の拡大も大きく寄与したのです。

そうした成長の参考モデルは、アメリカをはじめとする先進国にありました。彼らの技術やシステムを真似して、そこに改善・改良を加えて蓄積することで、単なるキャッチアップを超えた競争優位の源泉を築くことに日本企業は成功します。

ほかにも、有事発生による外需の増大、国際金融市場における固定相場という有利な条件やメインバンク制による安定的な資金供給、一部に否定的な意見もありますが、通商産業省（現経済産業省）を中心とした研究開発補助や税制上の優遇、国内市場の保護といった産業政策などの複合的な要因により日本は先進国へと発展していきました。

もちろん、企業家や経営者の存在なくして、奇跡の成長は実現しなかったでしょう。持たざる者の強みといいますか、国民生活をよりよいものにするため、変わること、進化することに対する貪欲さが当時の彼らにあったことは間違いありません。その貪欲さは、懸命に働く組織のあらゆる層の人たちにも、共通して見られたはずです。

いわゆる「日本的経営」も注目されました。主に、①終身雇用と年功賃金制などの企業内部組織、②内部昇進者とメインバンクを中心とする企業統治、③系列に代表される長期的な企業間取引の3つが日本企業の競争力の源泉であると、アメリカの経営学者ジェームズ・アベグレン[*1]やOECD報告などによって主唱されました。終身雇用、年功賃金、企業別労働組合は、日本的経営の「三種の神器」と呼ばれました。

振り返ると、かつての日本企業の成功の多くは、第二次世界大戦後、工業化が隆盛となった時代背景や、人口動態が国際金融・経済などの環境要因に非常にフィットしていたことでもたらされたのだと考えられます。とはいえ、戦後日本を牽引してくれた諸先輩方の努力と功績に対する尊敬と感謝の念が変わることはありません。

しかし、日本が先進国の仲間入りをし、諸環境が変化していくにつれ、経済成長は減速していきました。同時に、かつてジャパン・アズ・ナンバーワン[*2]といわれた「日本株式会社」に対する評価は一変しました。「長期的な視点を持つ、安定した」から、「変化に対応できない、硬直した」国（企業）と映るようになりました。プレーヤーが限られた世界におけるキャッチアップ型経済で通用した「模倣とコスト」による戦いは、限界を迎えたのです。

日本企業の良さとして語られる長期的経営も、冷静に観察すれば、短期的に厳しい意思決定をそ

1 1955年にフォード財団の海外研究員として来日して以来、日本の文化、経済、経営の研究を深め、1958年に出版した『日本の経営』（ダイヤモンド社）のなかで、日本的経営の特徴を欧米に紹介した。1965年にボストン コンサルティング グループ（BCG）の設立に参画し、翌年にはBCG日本支社の初代代表に就任。その後、日本国籍を取得し、上智大学教授やグロービス経営大学院大学の名誉学長などを歴任。日本的経営に関する研究の第一人者である。

2 アメリカの社会学者ヴォーゲルが日本特有の社会制度と経済発展の要因を分析した『ジャパン アズ ナンバーワン』（阪急コミュニケーションズ、1979年）は日本で70万部を超えるベストセラーになった。

れほどする必要がなかっただけといえるのかもしれません。つまり、全体の成長が個別の不経済・非効率を覆い隠してくれていたため、結果論として長期的になったのであり、意図的な長期視座をもって経営していた企業はそれほど多くなかった。そのように考えると、ものづくりなどのオペレーション面はともかく、少なくともマネジメント面においては、成功体験と呼ぶほどのものはなかったのかもしれません。

言わずもがな、当時といまではまるで環境が異なります。成長をもたらしたかつての「人口ボーナス」から「人口オーナス」の局面に入り、日本は世界に類を見ない超高齢化を迎え、また少子化も相まって人口減少に歯止めがかかりません。人口が減ること自体には良し悪しの両面ありますが、日本における人口減少の問題は、それが短期間に急激に起こることです。いまはジェット・コースターが最高到達点からゆっくりと下り始めたばかり。「どこそこの市が丸ごと消えたほどの減少」と言われても、まだまだ実感は薄いと思います。

人はもちろんのこと、社会システムも急な環境変化に適応することが苦手です。もっとも、人口減少が始まることや量的成長に限界が来ることは、1970年代後半には指摘され、わかっていたことです。しかし、奇跡の成長がもたらした慣性《イナーシャ》は強く、なまじ、大きな貯金があったせいで、問題を認識しながら長年放置し、日本の弱点といえる社会的セーフティネットなど、国として転換していくための準備を怠ってしまいました。そのツケは、申し訳ないことに若い世代の皆さんがこれから背負うことになります。

また、日本が得意としてきたいくつかの産業において、新興国企業が強力なライバルとなり、少なからぬ領域ですでに日本企業は抜き去られました。また、新興国の成長を取り込もうにも、現地企業が強力なライバルとして存在し、容易には市場を取らせてくれません。日本企業が新興国企業として「模倣とコスト」の戦いをしていた時代ははるか昔のことのはずですが、いまだ多くの企業が「新規性と価値」の戦いへの転換をし切れていません。

このような状況でも、日本の特殊性を言い訳にして、慣れ親しんできた経営システムや組織運営にしがみついている企業があります。経営者は長年にわたり、改革の必要性をこぞって口にしてきましたが、実際には大きな変化が見られません。

多くの企業において〝瞬間風速〟の収益率は多少改善したものの、その水準はワールドクラスどころか世界平均にも及ばず、むしろ、生産性や収益性が低いにもかかわらず生きながらえるゾンビ企業が少なくありません。間断なく事業の新陳代謝を続けて新たな収益の柱を育て上げることに成功した例はわずかです。たしかにとても難しいことなのでだれにでもできることではありませんが、せめて再編に積極的に着手するような動きがもっとあっていいはずです。

もしかすると、経営層の多くが本音では「このままでもどうにかなる」と考えているのかもしれません。あるいは、セーフティネットの不足もあり、再編に伴うリストラに対する批判や抵抗を恐れて手をこまねいているのでしょうか。

とはいえ、危機意識の低さを指摘したところで問題解決にはつながりません。なぜなら、これは日本全体の問題だからです。皆、口には出さずとも何となく危うさを認識している。それなのにまだ本気で変わろうとしない。これは年代や立場にかかわらず、そこそこ豊かで、快適な日々を過ごしている多くの日本人に共通した姿勢ではないでしょうか。浸かっている水が少しずつ熱くなっているのに気がつかず、茹でガエルになってしまったカエルのように、周囲の変化を見ずに失われた何十年を更新し続けるのであれば、間違いなくそのしわ寄せは未来にいきます。そのようなことは、だれも望んでいないでしょう。

母国の未来に想像力を働かせ、これまでの構造を打破し、これからの時代の成長のために皆でシフトしていく（**図表5-1**参照）。筆者らは10年来この話をしていますが、いよいよ行動を起こすにはギリギリのタイミングではないかと考えています。「本当に必要なこと」に気づくきっかけとなっている世の時勢が、これらのシフトをさらに急がせる可能性もあります。

このような時代に、日本で企業経営の任に当たるのは、だれにとっても難しいことです。時節の不運を嘆きたくなるかもしれません。しかし、忘れてはならないのは、どこの国、いつの時代にも個別の事情や特殊性はあるということです。

ワールドクラスも、大きな環境変化を経験し、それを乗り越えて、現在があります。そしてそこには、共通する経営の型が見られます。同じワールドクラスでも、かつては欧州系と米系では組織体制などに違いがありましたが、近年は近似しています。産業や企業ごとに特徴はあるものの、型のレベルでは共通しています。多様な知を取り入れて世界規模で事業を展開していく以上はこうな

図表5-1｜日本企業が抱える課題の深層潮流とシフトの方向性

物的な豊かさ追求への貢献

戦後、「モノが社会課題」の時代、安全・安心・安定の社会の実現に大いに貢献

日本型経営の深化

社会と一体になり、安定をベースとした「長期的」経営の型が定着

ジャパン・アズ・ナンバーワン

アナログ時代の製造を席巻、「三種の神器」を特徴とする日本型経営が世界から賞賛される

環境変化への不適合

グローバル化が進み、不確実性の高い経営環境のなかで、「安定」のよさは「固定化」の弊害へ

新たな姿を示せるか？

縮小均衡へ向かう国を支えながら、グローバルで戦える企業を生み出すため、意識・構造・行動を根本的に変える

環境「認識」のシフト

戦う場と型のシフトの前提として、不都合も直視する未来志向へと認識を改める

戦う「場」のシフト

流行りを追わず、特性を活かせる場を見極め、力を注ぐ

戦う「型」のシフト

慣性を打破し、変化に挑み続けられる経営体へと進化する

らざるをえないという、いわば必然の型です。

企業としてグローバルと対峙していくのであれば、まずは「ワールドクラスの経営の型」を理解する。そして、それをどのように自社に実装し、運営するかを考え、試行する。いま、すべきことです。

◉日本企業の〝気づき〟のきっかけ

変化への動きが緩慢な日本のなかにあっても、ワールドクラスの経営との差に気づき始めている企業があります。彼らの気づきにはいくつかのきっかけがありました。

①海外企業の買収

多くの日本企業が成長の一つの手段として海外企業のＭ＆Ａを実施しています。残念ながら、失敗例も多く、その大きな原因としては、Ｍ＆Ａ＝戦略となっていることが挙げられます。つまり、本来は戦略を実行するための手段であるはずのＭ＆Ａが目的化してしまっているのです。

さらに悪いことに、買収した日本企業の側に「これに合わせろ」という世界標準となる確固たる基準がないために、ＰＭＩ（買収後統合）ができないということがあります。

ＰＭＩには、価値観《コア・バリュー》、マネジメントや業務オペレーションに関するポリシーやプロセス、ＩＴシステムなど、ソフトからハードまで、さまざまなものが含まれます。マネジメントについては、被買収企業という「会社」単位で残すのではなく、買収企業の事業の一つ、または一部として、企業戦略や事業運営に取り込みます。

スタッフ機能についてはより厳格に、ファイナンスやＨＲ（人事）といった機能軸でレポート・ラインを通す形に組み替えられます。そして、業務オペレーションは、自社のプロセスとシステムを被買収企業に導入するのが一般的です。これがうまくいくかどうかで、Ｍ＆Ａの成否は大きく左右されます（**図表5－2**参照）。

このように統合するのがワールドクラスでは当たり前ですが、日本企業が海外企業を買収した場合、「統合しない」という奇妙なケースが少なからず見られます。「自主性を尊重する」などとそれらしく説明するものの、内実は違います。

買った側の会社よりも買われた（買わせた、と感じる事案もちらほらあります）側の会社のほうが、ポリシー、プロセス、システムなどでグローバル経営に適した土台を備えていることを目の当たりにし、「統合できない」。それにより、グローバル経営が世界水準から大きくずれている事実に否応なく気づかされるのです。

この期に及んでメンツにこだわるのは賢明ではありません。被買収企業のほうが優れているなら、それを活用するのが合理的です。グローバル・マネジメントのためのインフラや人材などの「経営資産」を取り込み、自社をアップグレードして新たな型へと昇華してしまうのです。筆者らは、こ

図表5-2｜日本企業は統合ができない

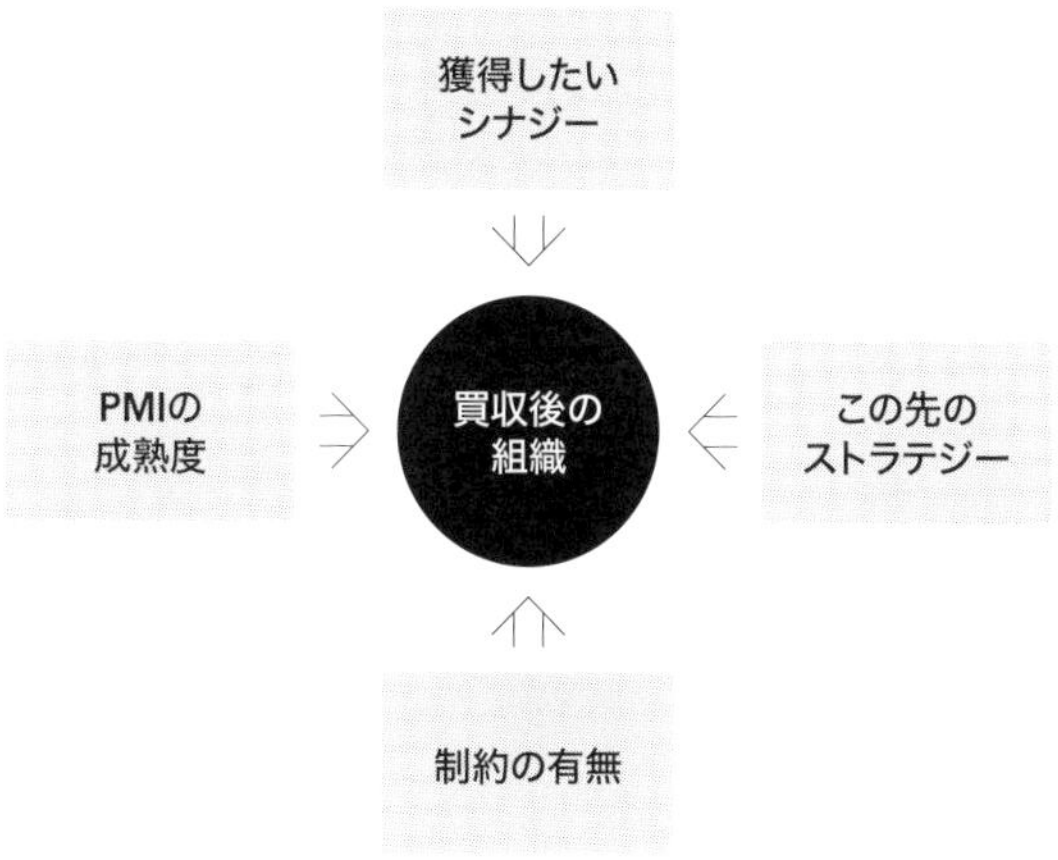

れを「ＰＭＩ」と呼んでいます。

海外企業の買収を機にグローバル・マネジメントを進化させたいくつかの日本企業は、この割り切りのおかげで世界水準のマネジメントを手に入れつつあります。

②ワールドクラス出身者の採用

２つ目は、ワールドクラスの経験者からの学びです。近年、ＣＥＯからＣｘＯ、事業部の責任者まで、経営層にワールドクラスの出身者が招聘され、日本企業の経営に携わるケースが増えています。必ずしも外国人人材というわけではなく、ワールドクラスで経験を積んだ日本人人材を迎えることが多いかもしれません。

そのようなキャリアの人材から見ると、日本企業の経営は、やはり世界標準からかけ離れたもののようです。「企業としての全体像がわかりにくい」「階層が多い」「やたらと事業部が強い」「コーポレート機能はないのか」「ここまでスタッフが弱いとは……」といった声を少なからず耳にします。また、ITによる情報の把握・共有もままならないため、経営判断をするにも材料がないといったこともあるようです。

彼らの指摘がグローバル経営の高度化に即効性をもって直結するかどうかはともかく、ワールドクラスの経営との乖離を知ることの意義は大きく、また、改革への一歩につながるはずです。特に、ワールドクラスの本質を知り、なおかつ「洋物かぶれ」していない日本人人材であれば、日本的、日本人的コンテクストを理解したうえで、「自社のよさ」も手掛かりにしながら、経営や組織上の問題解決に当たれることでしょう。

「これでは勝てない、それどころか生き残ることも危うい」と危機感を持って彼らの指摘を受け入れ、真なる変革へ舵を切る企業も出てきています。偏見を持たずに、彼らの経験や知識、経営技能を受け入れ、活かすための土壌づくりが肝要です。

③コーポレート・ガバナンス体制の洗練

2013年6月14日に閣議決定された「日本再興戦略」を端緒に、伊藤レポート、スチュワードシップコード、コーポレートガバナンス・コード、そして経済産業省などからの各種実務指針と連なる、日本企業のコーポレート・ガバナンスを洗練させる動きが続いています。2015年6月に適用開始され、その後2018年6月に改訂されたコーポレートガバナンス・コード[*3]では経営の監

3 日本取引所グループ「コーポレートガバナンス・コード」原則4-8。

督と執行の分離が大きなテーマの一つとされ、取締役会の機能発揮を求めています。上場企業については独立社外取締役を最低でも2名以上置くこと、また全取締役における独立社外取締役の望ましい割合として3分の1以上という水準を提示しています。

3500社以上ある上場企業[*4]のすべてに数値目標を設定することにはたして意味があるのか、そもそも「社外取締役」という名称をいつまで使うのか、自己決裁にならぬよう人数を限定すべきなのは「社内取締役」ではないかなど、実質面への疑問点は残りますが、ともかく、ワールドクラス同様の取締役会を擁する企業が出てきたことは事実です。

ワールドクラスで経営を実践し、監督と執行の分離をはじめコーポレート・ガバナンスの何たるかをよく知る人材を社外取締役として迎えると、シンプルだけれど経営の本質を突く問いが投げかけられます。それが、CxOとしての役割やコーポレートの機能を進化させなければならないことを認識する機会にもなり、世界水準の経営に目覚める契機となっています。

比較考察

本気でグローバルと向き合い、変革の強い意志を持っているならば、第3章、第4章と説明したワールドクラスの経営行動——複雑な世界規模の経営に必要な型をいかにして獲得し、またアップデートし続けているのかなど——について彼我の差を十分に認識されたのではないでしょうか。

4 日本取引所グループ「上場会社数」ではすべて合わせて3,712社（2020年6月30日時点）。

この点をより明確に理解するために、ワールドクラスと日本企業のマネジメントを比較してみます（**図表5-3**参照）。ここまで述べてきた内容と重複する部分もありますが、個々の事業や人材の潜在力がそれほど劣っているわけではない（と信じたい）のに、十分な付加価値を生み出すことのできない日本企業と、変化に対応しながら長期に価値を創出し続けているワールドクラスを5つの観点から考察していきます。

①未来への眼差しと意味づけ

現実をよく観察していないと、「欧米企業の経営は短期志向」と決めつけてしまいがちですが、それは間違いです。

たしかに多くの企業は、資本市場における短期筋のプレーヤーの動向に振り回されています。市場側もESG（Environment, Social, Governance）などを謳って長期視点を持ち込もうとしていますが、その根っこにあるのは「利益」です。このような環境で長年にわたり優れた経営を続けるワールドクラスは、「長期的な視点」と「短期的な結果」を両立すべく、ねばり強く価値創造に取り組んでいます。その姿からは長期と短期は相反するものではなく、企業の進む方向性として整合《アライン》すべきものであることがよくわかります。

ワールドクラスは、長期志向の経営を実践するために、世界のあり方を変えてしまうほどのインパクトを持つメガトレンド（潮流）をいち早くつかむための努力を怠りません。単に事象を整理し、

図表5-3 | ワールドクラスと日本企業の比較

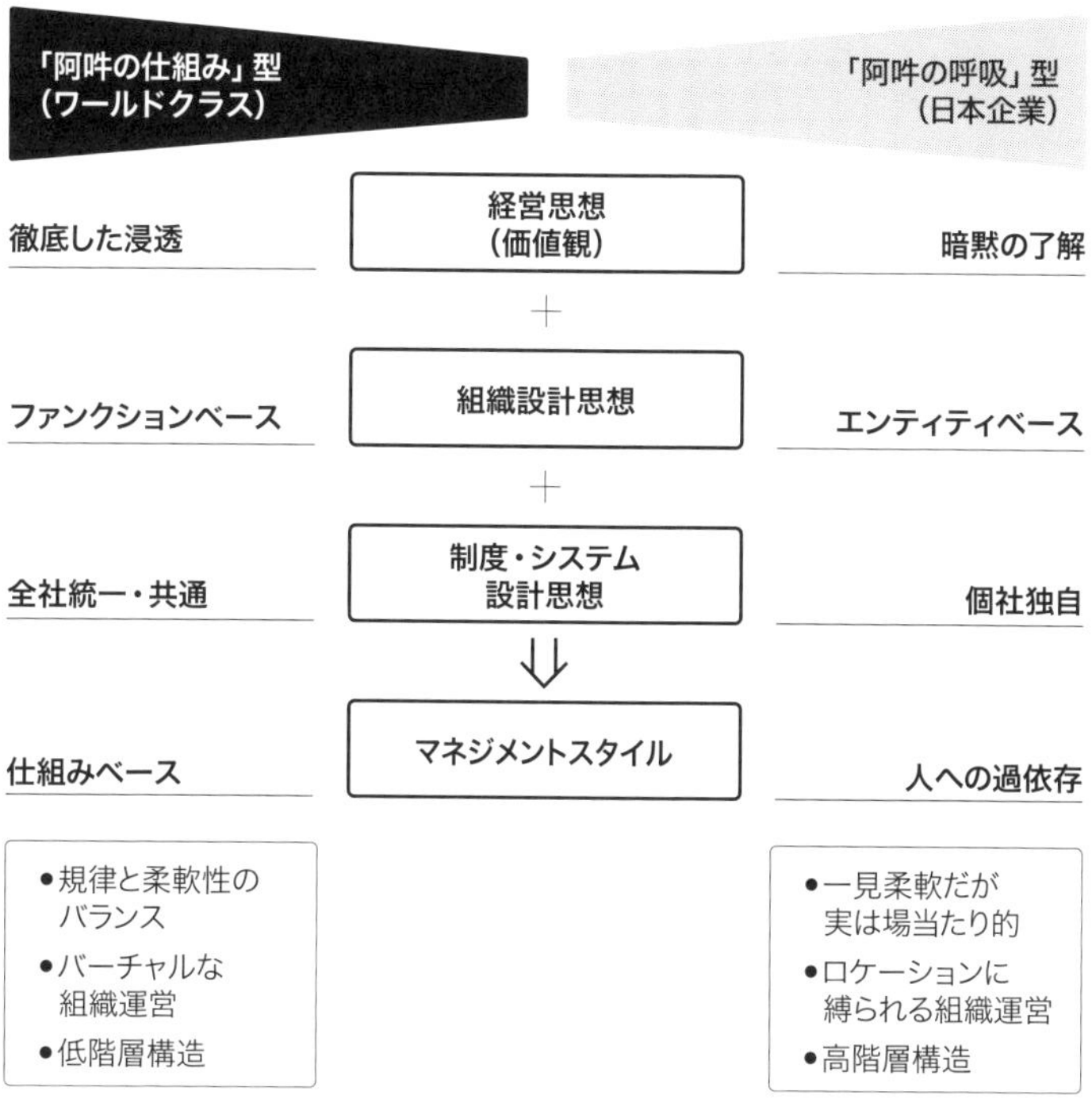

解釈したり予測したりするだけでは足りません。受け身でいると、世の中にあふれる情報に流されるだけだからです。

メガトレンドに対し、みずからの強み・弱みを照らし合わせて、自社にとっての意味づけをして、機会《オポチュニティ》とリスクを冷徹に見極める。そしてこの意味づけが、自社が取り組むべき意義のある事業は何かという視点からのポートフォリオの前提となります。これが、事象の整理と解釈だけで満足してしまう日本企業とは決定的に異なる点です。

同時に、短期的なターゲットに対する配慮も欠かせません。四半期ごとのEPS（一株当たり当期純利益）水準や年度末に向けたフォーキャストの精度などがその代表的アイテムです。

ほかにも、キャピタルゲインと配当から成るトータルの株主貢献であるTSR（Total Shareholder Return）があります。TSRでは、短期のみならず5年、10年という時間軸での価値創造の確認もします。

90年代後半にトリプル・ボトムライン[*5]の概念を打ち出した欧州に端を発し、ようやくその他の地域でも株主利益の追求だけではない長期投資に目を向ける投資家も増えてきています。そうであったとしても、上場株式会社としての長期志向の経営が本当の意味で説得力を持つには、長期と整合する短期の目標達成は不可欠です。

そのことを理解しているワールドクラスは、20年後、30年後のグローバル市場における自社の姿を見据えて大きな成長の図を描き、そこから逆算して現在すべきことを1年ごとの行動に落とし込

5 社会、環境、経済の3つの側面から企業を評価すること。

みます。長期と短期、いずれもおろそかにしません。

もちろん、未来を正確に読むことはできませんし、物事が計画通りに進むとは限りません。だからこそ、「毎年つくる中期経営計画《ミッドターム・プラン》」が重要になるのです。日頃から見ている長期的トレンド・イベントを、年に1回は総括し、今後2~3年でどう発現するかを再整理したうえで、次の1年の行動プランを策定します。つまり、結果を出し続けるために短期と長期をつなげているのです。

そうしなければ、長期的が単なる言い訳に聞こえかねません。その結果、「アクティブ」なプレーヤーのターゲットになり、さまざまな提案を提示される可能性が高まります。逆に言えば、長期と短期がしっかりアラインしていれば、彼らとの対話のベースになります。昔ながらのプレイスタイルのファンドもありますが、彼らも進化しています。自社や競合、業界に関してしっかりと分析し、フィナンシャル・プレーヤーの立ち位置からとても真っ当なアイデアを投げかけてきます。企業側としても、制約（多くの場合、気持ちの問題）を排除し、あらゆる可能性を否定せず、常から自社の考えやスタンスを整えておくべきです（**図表5-4**参照）。

実際、ワールドクラスもアクティビストからのアプローチを受け続けています。結果的に彼らからの提案を受け入れ、ポートフォリオを変更したり、企業の形そのものが変わったりするケースもありますが、優先すべきは行きすぎた短期的利益の最大化ではなく、あくまでも長期的な成長です。このことを、根拠をもって説明できる経営力の有無が問われているのです。

図表5-4｜投資家・アナリストの視点と向き合う

各事業の市場環境や競合環境を熟知している

- マクロ情報から各事業・製品の需給、技術動向まで研究し尽くしている
- 戦略的な意味合いの少ない事業を指摘してくる

市場や競合の情報に基づき、各社の財務状況のシミュレーションモデルを構築している

- 20社近いアナリストが四半期ごとにEPSを予想し、市場コンセンサスが形成される
- 会社のEPS予想も四半期ごとに精度が上がってくる

シミュレーションモデルから導き出される答えや会社予想と、実際の結果の乖離を指摘する

- 乖離は、上振れでも下振れでも厳しく説明を求められる
- 乖離が判明した時点で、いち早く修正を公表することが望まれている
- 即時の公表を怠った場合、早期に変化を把握できていないとされ、経営能力が疑われる

では、（通説では）長期志向とされてきた日本企業の経営はどうでしょうか。

コーポレート・ガバナンスは改新中であり、アクティビストからの圧力も欧米に比べればまだ弱く、企業が長期的な視点に立つ土壌はあるといえます。しかし、実際の企業行動は、短期志向がより強まっているように見えます。将来に向けたR＆Dなどの投資を抑制し、賃上げを渋る一方で、一発形勢逆転を狙うかのごとくの海外M＆A、あるいは自社株買いや配当による株主還元に、貴重な経営資源であるキャッシュを回すケースが珍しくありません。

なぜこのようになっているのでし

ょうか。

筆者らには、ある仮説があります。それは、経営の中心に中期経営計画（中計）を置いている企業が多いということです。日本企業は中計づくりに膨大なエネルギーを費やしますが、大抵の場合、つくること自体が目的化し、完成した時点で関心が薄くなる。またその中身は、客観的な環境分析をしようとしているものの、自社に都合のよい解釈をして、現状の延長線上に留まりがちです。

中計の期間は一般的に3年です。社長の任期と関係があるのかもしれませんが、この「短い期間」で抜本的な取り組みはできませんし、またこの「長い期間」にわたり経営前提を固定することは、変化の速いいまの時代が許してくれません。

中計を策定すること自体が悪いとか、不要だとは言いません。長期と短期の両方の視座を併せ持つことの重要性を説明してきましたが、いまのやり方では、3年先までしか考えられていない、3年先を固定してしまうなどの弊害も考えられます。

さらには、先を考えることよりも足元を取りまとめることに優秀な人材の時間を相当費やしていることも問題です。たとえば、事業部が主導で、実現できそうな数字やシナリオを出し、逆に、経営から根拠のない上乗せ目標が事業部に落とされ、経営・事業企画部門が定量・定性の両面の辻褄を合わせるように編纂する。

ある調査によれば3期先の計画達成率は、売上高、営業利益ともに2割を下回っています。さらに、成長機会が乏しく負債比率の高い企業ほど中計を開示する傾向があることも明らかになっています。開示・公表については資本市場側のスタンスも影響しますが、中計のあり方自体を中長期的なものに見直すべきでしょう。

②事業の足し引き

経営資源には限りがあります。新たな投資のために、何かを捨てなければならないこともあります。ワールドクラスは、将来の成長に不可欠だと判断すれば、いま稼いでいる事業を手放すことも厭いません。たとえば、外部資源の取り込みによる成長《インオーガニックグロース》を用いて新しい事業をつくり上げていくために必要となるリソースは、既存事業を整理してつくり出すというのがワールドクラスにおける事業の足し引きの基本です（**図表5-5**参照）。

日本企業は、事業の引き算がなかなかできません。そもそもリソースを集中的に注ぎたいほど強い事業がない、そのような事業を高回転で生み出せていない、という議論もあります。それゆえ、この先の利益成長が見込めなくても、現時点で売上げの大きい事業に優先的にリソースを割り当てる、さまざまな分野に中途半端に参入しては程なく撤退を繰り返す、というケースは枚挙にいとまがありません。

さらには、「リストラクチャリング」に対する日本社会の厳しい目も影響しています。リストラ=人員削減と認知する人がいまだに多く、メディアもネガティブなニュースとして報道しがちなため、経営者はこれを避ける心理が働きます。しかし、言うまでもなくリストラクチャリングとは文

図表5-5｜足し算と引き算が両方できてこその新陳代謝

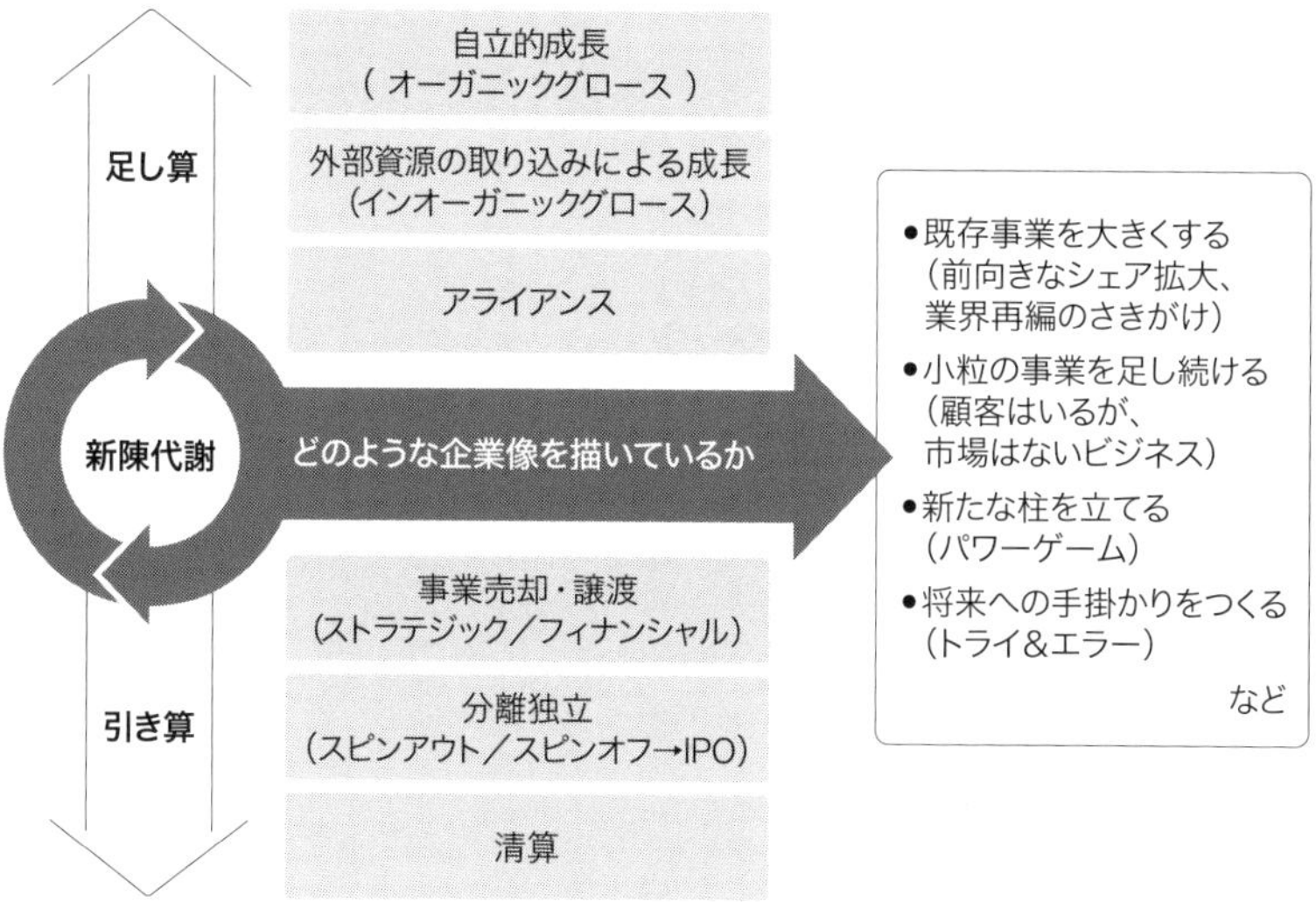

字通り事業の再構築を意味し、成長領域（＝勝負する領域）にリソースを集中させるための手法です。けっして手遅れになってからの敗戦処理のことではないのです。

企業には雇用維持という大事な役割もたしかにありますが、競争力に乏しく将来性の低い事業に人材をつなぎとめておくことは、本人の可能性を奪ってしまうことにもなりかねません。自社では傍流と目されている事業も、時宜を逃さず別会社の傘下に入れれば、ほかの事業や技術と組み合わさることで新たな価値を生み出すかもしれません。あるいはシェアを高めることで、安定的にキャッシュを生み出す主力事業として評価されることもあるでしょう。その事業に携わっている人たちは、いま以上に持てる力を発揮できるようになるはずです。

雇用維持を言い訳に事業の引き算を怠っている企業は、「人を大切にすることの意味」をもう一度突き詰めて考えるべきです。いつまでもこのままで行けるわけはないと、心密かに思っている人は少なくないわけですから。

追い込まれた後の選択肢は限られ、結末は厳しいものになりがちです。他社に先んじ、いくつかの選択肢があるうちに行動することで、企業としても新たな領域に注ぎ込むためのリソースを多く獲得できる可能性が高まります。このシンプルな教訓を心にとめておきたいものです。

足し算においても残念なM＆Aを目にします。事業成長に必要な「時間を買う」と言いながら、買い物の吟味が足りずPMIに手間取り、結果的に時間がかかりすぎてしまう。あるいは、不要な資産や思わぬリスクを抱え込んでしまい、減損の憂き目に遭うケースも少なくありません。

この点、ワールドクラスは長期的な戦略に基づき、自社の強みも弱みも踏まえながら念入りな事前準備をしています。売り手と買い手の情報の非対称性や、限られた時間でのデューデリジェンスの難しさなどの条件は日本企業と変わりません。それでも、彼らはリスクを最小限に抑えて投資効果を最大化するために情報収集やPMIの準備に向けた地道な努力を怠りません。

時々「外資は意思決定が速いが、やっぱりトップダウンだからなのか」という類いの質問を受けます。その際には、「人材の能力やプロセス上の工夫もあるが、常から情報を集め、他社よりも早く考え始めたうえで決断し、行動も先んじている。その結果を外から見れば意思決定が速いように

図表5-6 真の強みを把握し、小さくたくさん速く起こし、価値あるうちにたたむ

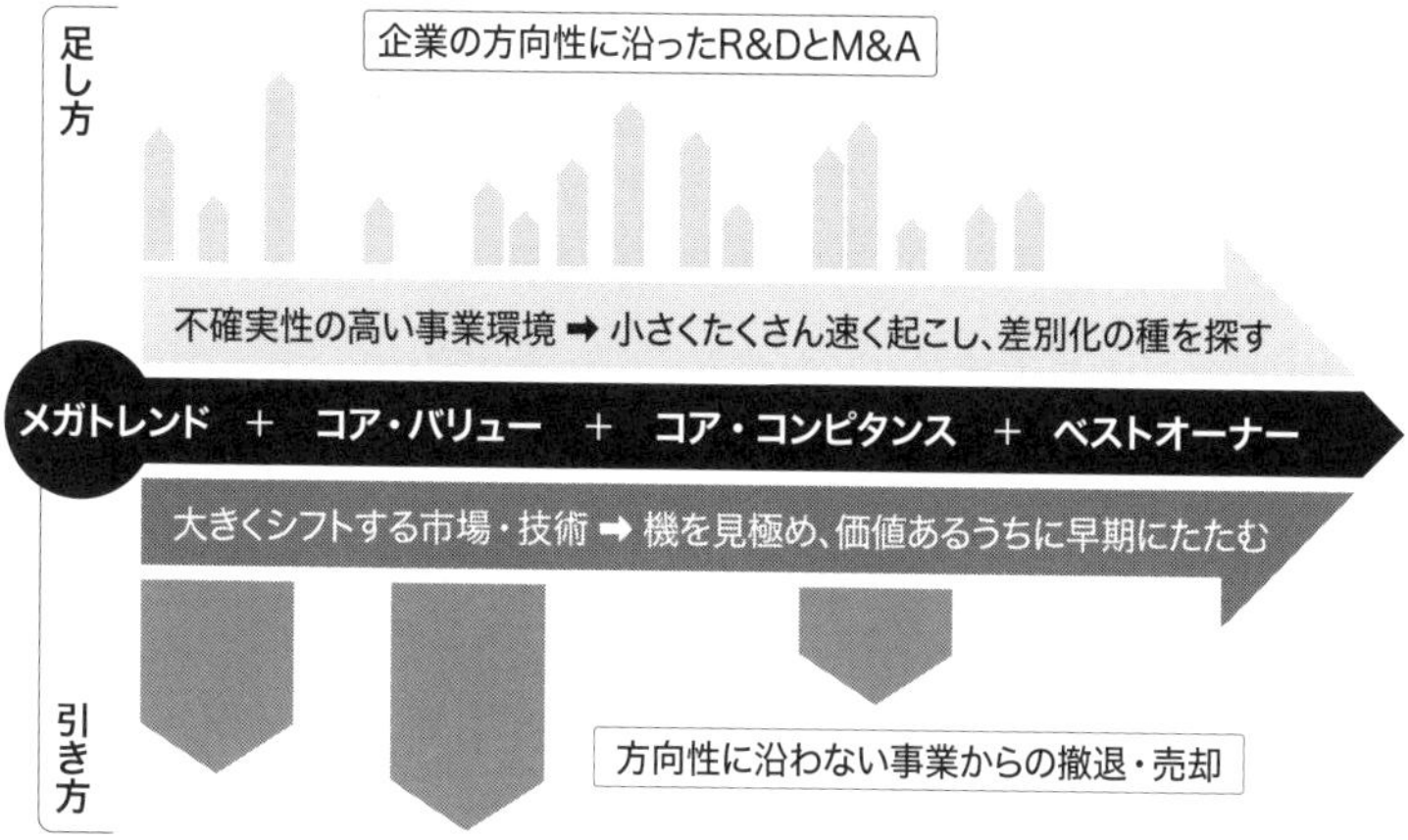

見えるが、それは表層的な見方にすぎない」と答えています。つまり、何か一つの要素でそうなっているわけではなく、他社に先んじるための経営システムの総合力の高さが意思決定の速さに表れているのです。

第3章でも述べたように、デュポンは1990年代末から2000年代前半にかけて、売上げの大きかった石油事業とナイロン繊維事業を売却、また世の中的には成長領域であったものの世界レベルの競合と戦うには力不足との判断から医薬事業を短期の間に売買し、そこで得たキャッシュを自社の優位性を活かすことができる食品や種子などの成長分野に振り向けました。ベスト・オーナー・マインドセット、すなわちその事業の担い手として自社は他社よりもふさわしいか、という判断軸で事業の足し引きを進めたのです。

売りが大胆なものであった半面、買いについて

は新たな事業を構築するのに不足している要素を見極めながら吟味し、タイミングも見計らってできるだけ妥当な金額で手に入れる。実に手間のかかる精緻な足し算といえるでしょう。経営・事業環境に関するメガトレンドに対して意味づけをし、自社の強みと弱み、そして競合関係を理解しているからこその判断といえます（**図表5－6**参照）。

③組織設計の基本思想

第2章で述べたように、組織デザインの面から見ると、ワールドクラスがグローバルで一つの会社と考えて、必要な機能を適所に配置する「ファンクションベース」であるのに対し、ほとんどの日本企業は個社を積み上げる「エンティティベース」となっています。法人という〝ハコ〟を置き、その「一国一城の主」に権限と責任を与える日本企業のスタイルは、一見わかりやすいのですが、事業の個別最適以上に「個社ごとの最適」を誘発することで非効率性の温床になりかねません。法律などの要請からリーガル・エンティティが必要になれば設立するほかありませんが、これは「コスト」ですので、複雑なグローバルワイドの企業経営において、その数は少ないに越したことはありません。

実際、「法律的にもワン・カンパニー」が理想型であると、ワールドクラス経験者からよく聞きます。ワールドクラスはそのことを経験から学んでいるので、マネジメント・エンティティの設計思想の下、複数ある事業部（縦軸）とコーポレート部門（横軸）というマトリックス的な構造の企

図表5-7｜ワールドクラスにおける組織設計の思想は “One”

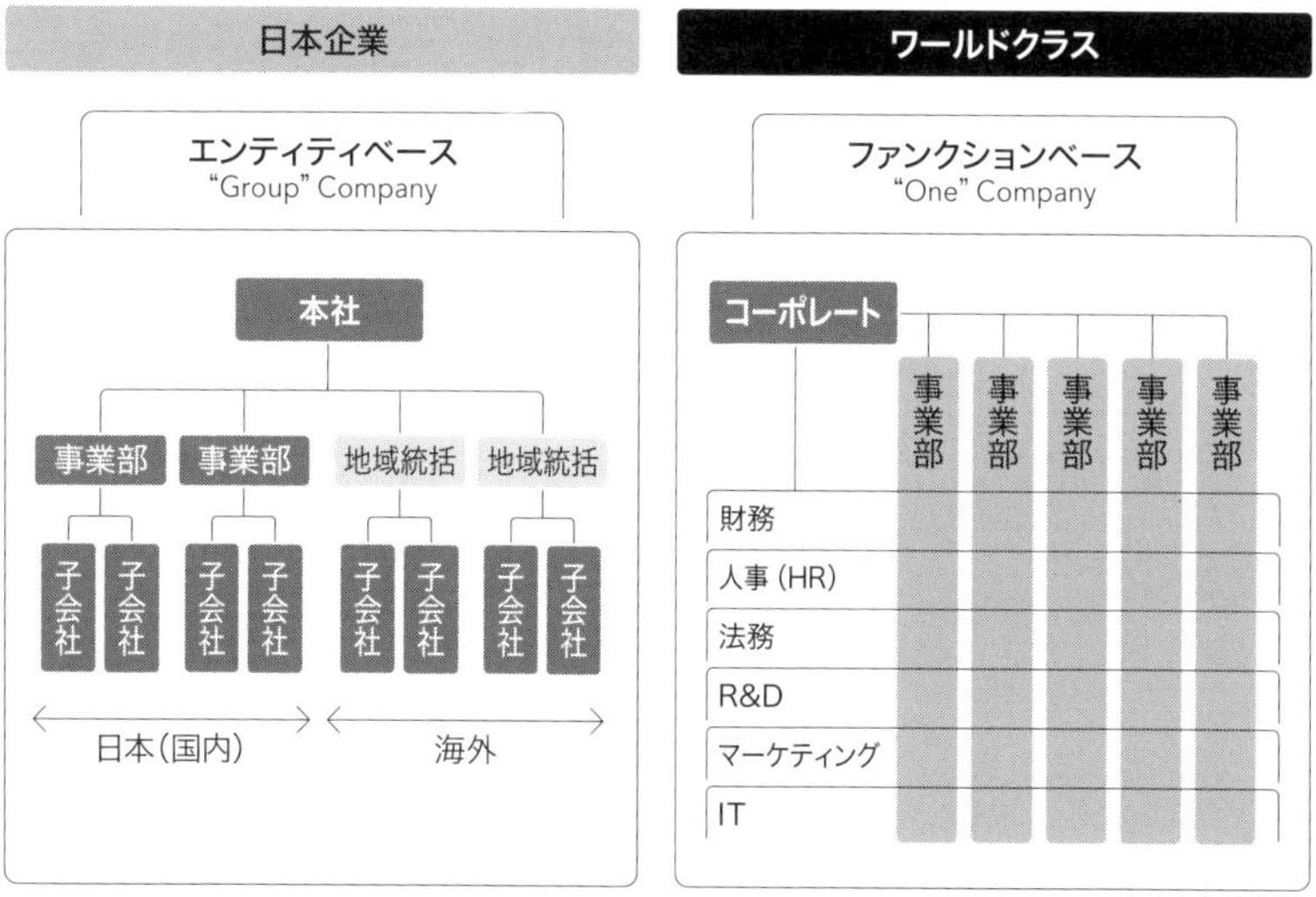

業体を成しています（図表5－7参照）。日本企業ではよく「横串を通す」という言い方をしますが、それとは異なり、グローバルで一つの会社なのだから、ファイナンスもHRもリーガルも、グローバルで一つが当たり前という感覚です。この前提で徹底した効率化に取り組みます。そして、明確なミッションの下、十分な権限と相応の責任が付与され、企業戦略《コーポレート・ストラテジー》を実現すべく、全体最適の視点から効果的な経営資源の配分《リソース・アロケーション》を試みるとともに、各事業の事業戦略《ビジネス・ストラテジー》の実行を支援します。

　日本企業においてエンティティベースの発想が根強いことを示す例として、持株会社があります。1997年の独占禁止法改正で純粋持株会社が解禁されると設立ブームが到来し、その数は約５００社に達しています。純粋持株会社は、傘下企業の株式を所有し、支配する企業形態で、グループ全体の経営戦略の策定や事業ポートフォリオの推進、業績モニタリングや業務監査などの機能を持つといわれます。つまり、グループ全体でマネジメントを強化して、経営効率を高めることを期待して設立されますが、なぜそのためにエンティティを分ける必要があるのでしょうか。

経営システムがしっかりと確立され、コーポレートが十分に機能していれば、わざわざエンティティを分けなくてもこれらは実行できます。現に筆者らがワールドクラスと認識している企業は、資本構造上、中間にタックス・エンティティとして持ち株を挟むことはあっても、ヘッダーを純粋持株にすることはほとんどありません。

むしろ、分けることの弊害のほうが大きいようです。株式所有の二重構造や、親子会社における機能の重複、さらにはグループ会社間での連携や情報共有が図りにくいといった構造的な欠陥が指摘されています。

また、先ほどリーガル・エンティティはコストと述べましたが、持株会社こそ大きなコストです。それでもなぜ、純粋持株会社制を採用するのか。もしかすると、法制度上の「格」を高め、事業子会社に対して親会社として、あるいは資本を支配する株主として、優位な立場に立つことで、コーポレート機能の弱さという本質的な問題を埋め合わせようとしているのかもしれません。

業種を問わず、持株形態を採用している大企業が多いのは、株式の持ち合いや親子上場と並んで日本の資本市場の特徴といえます。収斂されていく業界に属する伝統的企業同士の合併に際して、双方の経営システムがともに「帯に短し、襷に長し」であったり、ことさらに対等を謳ったりする場合など、「とりあえずくっつける」ための持株体制も散見されます。本当に「とりあえず」という意図的な移行ステップであればよいのですが、そのままの体制を続けている企業も少なくありません。

株式持ち合いや親子上場は解消されつつありますから、もしかすると今後アクティビストからの指摘――「何のための持ち株なのですか？」「当然、ポートフォリオを意識していますよね？」「余計なコストはかかっていませんか？」など――が強まるかもしれません。

海外企業との競争が少なく、国内中心で事業を運営していくのであれば、現状のままでもかまいません。ただし、グローバルで戦うことを選択するのであれば、リーガル・エンティティの構造の如何を問わず、ファンクションベースで組織をデザインし、効果・効率の両面からの「最適」をいま一度考え直すべきでしょう。欧米勢はもちろんのこと、中・印などのアジア新興国の新たなグローバル・プレーヤーも、程度の差こそあれファンクションベースを実装しているのですから。

④オフィサー（執行）の本分

法律も違うため、日本と海外、どちらのコーポレート・ガバナンスが優れているかを議論するつもりはありませんが、ワールドクラスをはじめとする多くのグローバル企業では、ＣＥＯ以外のチーフオフィサーが取締役を兼務することは基本的にはありません。ＣｘＯはマネジメント・チームの一員としてその本分である執行に専念し、最高執行責任者として事業や地域を越えてグローバルで担当するファンクションを機能させることに集中しています。これはビジネスエグゼクティブも同様です。

日本ではまだまだ「社内取締役」の比率が高く、かつ、執行との兼務者も多いために客観性に乏しい「自己決裁」的な取締役会に見えます。任命がルール化されたことで社外取締役（本来は単に「取締役」と呼ぶべきです）が一定割合入っていますが、事業会社出身の社外役は自社でもおそらく「兼務」していたからでしょう。監督ではなく執行の話をしがちなこともあり、監督と執行の線引きも曖昧に見えます。

他方で「社外取は素人」という声を聞きます。確かに、たとえば技術に関してはそうかもしれませんが、企業経営に関しては、企業人として、あるいは高度な専門家としての一定の経験も知識もあり、咀嚼力は高いはずです。仮にそのような素養の高い人たちにすら理解されないのであるなら、機関投資家のような玄人のメカニズムはともかく、さらなる「素人」である一般株主に、自社の提供価値や強み、戦略の方向性などが伝わるわけはありません。ちなみに、一般株主は労働者でもあり、消費者でもあり、地域住民でもありと、ＥＳＧ云々以前に個々人のなかにマルチステークホルダー性を有しています。企業として何を大事にしているかを彼らに正しく伝えられることが、意義ある経営の証左です。

コーポレート・ガバナンスは、あくまでも資本市場との関係性のなかで、企業を統制し、監視する仕組みを論じるものです。ローカルの資本市場の慣行として許容されているならば、あまりとやかく言うことでもないのですが、今後、監督と執行の兼務が解かれ、効率的かつ効果的な経営体制になっていくことを期待したいと思います。というのも、自己決裁と並んで、兼務であることで執行として経営に使う時間が限られているようなら大問題だからです。経営層は忙しい、時間がないとよく聞きますが、兼務者の立場で同じ議案に関して、事前も含めて何度も何度も会議に出ていたなら、時間がなくなるのは当然です。長期的な方向性から短期的な結果まで、また、戦略的なことからオペレーションまで、執行こそが経営の主体です。その立場において企業にとっての最適を考え、行動する時間を可能な限り確保すべきですし、それができる人材をリーダーとして育てていく必要があります。

かつて「サラリーマンのゴールは取締役」と言っていた経済界の重鎮もいたようですが、「ビジネスマンのゴールはオフィサー（CｘO）」が当たり前になれば、企業経営を取り巻く空気感は大きく変わるでしょう。

世界で戦うことを選択し、海外の投資家にも株式を保有されることを期待するのであれば、彼らにも理解可能な仕組みをつくり、実効性を担保しなければなりません。繰り返しになりますが、執行に加えて監督までも担う余裕があるとは考えにくいですし、「執行者として起案し監督者として承認する」という行為自体が非合理と言わざるをえません。企業法制度を疎かにするわけではないですが、そこに定義されているリーガル・エンティティの取締役や執行役よりも優先して、ファンクションベースの組織思想で、グローバルワイドに企業経営を担う各ＣｘＯの役割や責任、権限などを設計し直す。その後、独立役員を前提に取締役に期待する役割を定義して、グローバルに適合する組織を再確認すべきです。

ＣＥＯをはじめとする経営陣が取締役を使い倒す、と言うと乱暴な表現ではありますが、それこそが、世界水準の経営体制といえるでしょう。コーポレート・ガバナンス改革における主語が取締役（会）になっているのは仕方ないとして、ＣＥＯサクセッションにしても、中長期的な企業価値にしても、事業ポートフォリオにしても、ＣＥＯ、ＣＦＯ、ＣＨＲＯなどのマネジメント・チームが社内の仕組みをしっかりと整えてこそ議論が成立するアジェンダです。

ちなみに、取締役になるならば、退任後でも現役時でも、他社で就任するか、（形式的色合いが濃くなりますが）子会社で務めるか、のどちらかでしょう。自社でオフィサーを担いながら、他社で取締役を経験することができるならば、取締役としての客観的視点を養い、その経験を自社の執行に活かすことができ、とても効果的です。さまざまな制約から難しさもありますが、日本企業として ワールドクラスと伍していくためのマネジメント・チームをつくる意思があるのであれば、このような育成手段も取り入れるべきです。１社でできないのならば、産業界をあげてでも。

⑤「阿吽」をもたらす仕組み

組織を成すのは人ですので、組織図や数字には表れないコア・バリューや文化、行動様式が、組織のあり方に大きく影響します。高度経済成長期の日本企業には、いま振り返ればきわめて素朴な経営システムしかありませんでした。それでも成長を続けることができた理由の一つが、ロイヤルティの高い社員の存在でした。

厳しい時代をともに戦い抜いた創業者が存在し、会社は社員の生活の面倒を生涯にわたって見る意思を明確に示し、社員もその恩義に報いるため惜しみなく奉仕する。時に「家族主義」とも称される空気感のなかで生み出された、本来のチームワークとは別の「集団行動」は、日本独自の特異なものとなりました。しかし、終身雇用も年功賃金もなくなりつつあるいま、よき時代の慣行はもはや過去のものです。

また、よく言えば臨機応変、悪く言えば場当たり的に判断して行動しても日本企業が何とかやってこられたのは、いわゆる「ハイコンテクスト文化」によるところが大きかったはずです。しかし、日本で生まれ、同じような教育を受け育った男性中心のメンバー構成は多様に変化しています。マニュアルや規定はおろか、言葉にしなくても通じ合った「阿吽の呼吸」はもはや成立しません。

ワールドクラスに目を向ければ、性別や年齢はもちろん、国籍も人種も宗教も違うさまざまなバックグラウンドの人材が一緒に働いています。欧州系は、その地理的な特性により早くから国を跨いだインターナショナルな人員構成ができていました。他方、アメリカは、移民の国という特性から、もともと「内なるグローバル」状態です。それでも、組織としてベクトルを合わせて、一人ひとりの力を最大限に引き出すために、ワールドクラスは意思疎通を人依存にするのではなく、仕組みで担保しています。ミッションやビジョン、コア・バリューを定め、徹底して浸透させることで価値観や行動スタイルのギャップを埋める、ポジションや役割を定義し権限と責任を明確にする、数字を共通言語とする、評価の透明性を担保する、業務プロセスとシステムを標準化し、だれが仕事をしても同じような処理ができるようにするなど、世界中にビジネスを展開することで発生しかねない「内なるロス」を防ぎ、狙った成果を得られるように努力してきたのです。

優秀な人材ほど成長の機会を求めるものです。ハイコンテクストなオペレーションに時間を取られすぎると「時間の無駄」と考えるでしょうし、能力の使い方としても「ナンセンス」だと思われかねません。それでは、優秀な人材にとって魅力的な企業とは映らないのです。

もちろん、ハイコンテクストな部分はワールドクラスにもありますが、それはオペレーションの現場ではなく、コーポレートの戦略的、経営的な部分に限られます。すべてがヒトでは不経済・不効率で困ったことになりますが、本当に大事なことはヒトで決まります。

日本人人材の減少がこれからさらに加速していくなかで、外国人人材にもよい働き場として見てもらうためということもありますが、日本人がマネジメント・ポジションに就き、優秀な外国人人材も含めグローバルでチームをしっかりと回せるよう、「阿吽」をもたらす仕組みを整えるべきです。これが多様性を備えたグローバル経営の土台となり、そして助けとなります。

日本企業では、いまだに事業の本社をヨーロッパや中国に移すことが議論されていますが、結論から言えば、本社はどこにあってもいいのです。「ファンクションベースの組織＋阿吽をもたらす仕組み」が整備できれば、ビジネスをリードしていくための機能はバーチャルに構築できます。必要なタイミングのみフェース・ツー・フェースで議論し、ロケーションを問わずに日々のコミュニケーションは取れるため、本社をどの国に置くかという〝ハコ〟ベースの即物的な議論から解放されるのです。経営者はそれぞれに忙しく、世界中を飛び回っているので、そもそもどの国であろうが1カ所に集めるという発想自体が、グローバルの思想とズレています。

5つの観点から、ワールドクラスと日本企業を比較しました。しかし、実のところここまで準備できて初めて、ようやくグローバル・カンパニーということができます。その先、ワールドクラスになれるかどうかは別の話ですが、グローバルで戦うと決めたのであれば、日本特有の慣習にとらわれた状態から一刻も早く脱し、頭と体を世界仕様に整えましょう。

マネジメントを進化させるとき

日本企業の強みはやはり、技術に裏付けられたものづくり力にあります。何もつくらないプラットフォーマーが一人勝ちするのを見て、ものづくり力では世界と戦えないという意見がありますが、それは半分事実で半分誤りです。

正しくは、ものづくり力「だけ」では戦えない、ということです。端的に言えば、日本企業は技術力、ものづくり力というせっかくの強みをお金に換える努力を怠ってきたのです。そして、その責任は、マネジメントにあります。人と仕組み、両方の意味においてです。

限られた経営資源を最大限効果的に配分し、顧客や社会に提供すべき価値は何なのか。そして、それをどう届けるのかは経営陣が決めることです。これこそが「企業経営」であり、そのためにコーポレートがあります。意思決定に必要な材料を用意するのも、実行のためのリソースを過不足なく供給するのも、コーポレートの仕事です。

ところが日本企業の場合、そのコーポレートの機能がきわめて弱く、「事業運営」に委ねすぎているため、技術力やものづくり力があってもなかなか競争力に結びつきません。経営者の責任においてコーポレートを強化し、時代・環境に適合したマネタイズモデルを確立する必要があります。「モデル」といってもそんなに難しいことではありません。経営資源は限られているため、少なくとも配分しないところを定める。自社だけでできないのであれば、他者との最適な組み方を構築する。よいものにはしっかりとした価格設定《プライシング》をする。値が上げられないのであれば、品質を「スペック」と割り切り、過剰にならないようにする、あるいは、回収サイクルを短くしキャッシュベースでの利得を増やす。流行りのサブスクリプション・モデルを取るのであれば、回収サイクルが長くなることを踏まえたプライシングをする。これらはすべて奇抜な策などではありません。当たり前のことを当たり前に行うだけです。

少し脱線します。一部にプラットフォーマーを目指すべきだという意見もあります。B2Bにおける限られた範囲であれば可能かもしれません。ただ、そこに過度な期待を抱くのは、非現実的でしょう。サービスや産業の基盤を提供して膨大な情報や利益を獲得する彼らと比較して、日本企業はイノベーションの欠如やルール形成力の弱さが指摘されています。

デジタル・テクノロジーの進化は、物理的な距離や国・地域の壁を打ち破るとされています。事実、グローバリゼーションの進展はITの進化によって加速しました。しかし、現在の人口が1億2600万人弱で、これからも減り続けると見込まれる極東の国の企業がプラットフォーマーの座につくには、言語や感情（主に利用者の）、規制など、ほかにも乗り越えなければならない課題がたくさんあります。現にGAFMA（グーグル、アップル、フェイスブック、マイクロソフト、アマゾン・ドット・コム）、FAAA（フェイスブック、アリババ、アマゾン・ドット・コム、アルファベット）などの企業群は米系と中国系です。

そもそもサービス産業というのはローカル・ビジネスとしての性質が強いため、自国マーケットに力がないとレバレッジは効きにくいと思われます。とはいえ、減りつつあるといっても1億超の人口を有する現実もありますので、膠着状態の国内を動かし、活性化させるという観点では、サービスが果たしうる役割は大きいでしょう。

話を戻します。日本のものづくり力は国際的に見て依然として高い水準にありますが、けっして安泰だったわけではありません。1990年代から中国をはじめとする新興国の追い上げに苦しんだものづくりの現場は、新素材の開発から革新的な生産システムの導入など、たゆまぬ努力と改革を続けてきました。つまり、進化を重ねた結果、競争力を維持するとともに、新たな強みの源泉を手に入れたわけです。なかには、自身はプラットフォーマーではないけれど、彼らのビジネスを支える「陰のプラットフォーマー」的な存在になっている企業もあり、地味ながらもこれが日本企業の勝ち筋と見ています。

次はマネジメントの番です。事実をあるがままに受け止め、変えるべき点を粛々と変える。これまで放置してきたツケもあり、簡単な仕事ではありませんが、断固として変化を遂げるべきです。

変わるためにいま何をするのか

日本企業が世界で戦っていくためにやるべきことはたくさんあります。世界仕様の〝神経系〟と〝体躯〟を整えなければ、勝ち抜くどころか生き残ることさえ危ういでしょう。

しかし、一夜にしてすべてを変えることはできません。だれかに「買われる」なら話は別ですが、脳トレと筋トレを続けるように、ありたい姿に向けた地道で泥臭い努力を積み上げるしかありません。

月並みですが、これには「リーダーシップ」が必要になります。ということは、変革の強い意志を持った経営者が現れるのを待つよりほかにないのか。そうではありません。リーダーシップはポジションの高低に関係なく、個々人が発揮するものです。リーダーシップとポジションの高さが合えば、推進力はたしかに強まりますが、どんなに優秀な経営者といえども、一代で変えるのは難しい。現代の企業はコンテクストも構造もあまりに複雑であり、一人のリーダーの手に負えるような代物ではありません。

とはいえ、ワールドクラスはすでに、はるか先にいます。先行者がいないなか手探りで進めてきた彼らよりも相当スピードを増して変革を進めなければなりません。その際、テクニカルなところは、ファンドやファーム、ベンダーと呼ばれる事業法人の存在なくしては成り立たないプレーヤーがあれこれ手伝ってくれます。ただ、彼らに頼りすぎるわけにはいきません。みずからの未来の成否を第三者に委ねることに違和感があるでしょうし、何かが進んだとしても腹落ちせず、きっと途中で頓挫します。悩み苦しむその過程にこそ知見が蓄積され、自社の未来を決定する試金石となります。

そこで、変化を前向きにとらえ、主体的に行動していくために、日頃からできることをいくつか挙げておきます。

①正しくベンチマークする

多くの日本企業は、グローバル企業や国内他社の動向をとても気にしています。要員数や人件費といったベンチマークデータの活用への意識も高く、政府が掲げる成長戦略でもたびたびグローバル・ベンチマークに言及し、[*6]経営判断や経営支援の参考指標としての活用を促しています。どれだけベストプラクティスを集めたところで、ベンチマーク自体に答えはありませんが、世界のトップ企業群の経営行動を知ることは重要ですし、そこから日本企業の課題を抽出することもできます。正しくベンチマークできれば、活用するメリットはあります。

ただ、3点ほど気になることがあります。1つ目は、対象会社の細かな情報・データを欲する割に、それと比較する自社に関する情報・データが整理されていないこと。2つ目は、彼らがいまどのような状態にあるのかを知りたがるものの、彼らがそこに至った背景やコンテクストまで気が回らないこと。そして3つ目は、「差」を認識したとしても、自社の特殊性など対象との違いを強調し、改善行動につながらないことです。

数字だけを見ても、ワールドクラスの真の姿を知ることはできませんし、そもそもデータの前提を理解せずに、比較対照することに意味はありません。

例を一つ挙げましょう。ワールドクラスのファイナンスがどのような機能を果たしているのかについては、第4章で述べました。トレジャリー（財務管理）やタックス（税務）のスペシャリストとしてグループ全体の財務効率を高め、経理および会計のオペレーションを最適化し、そしてBP（Business Partner）として事業価値の最大化に貢献する。コーポレートのコア・ファンクションとして中心的な役割を担うのもファイナンスです。

ところが、これだけの機能を持つファイナンスは日本企業に存在しません。このような違いを無

6 2014年と2015年の「日本再興戦略 改訂」、2017年の「未来投資戦略」においてグローバル・ベンチマークについて言及している。

視して人員やコストを単純比較すると、日本企業のファイナンスの生産性はそれほど悪くなく、場合によっては、日本企業の生産性のほうが高いという結果が出ます。

では、ベンチマークが無意味かといえば、もちろんそんなことはありません。比較可能な同じ条件のデータが準備できればそれに越したことはありませんが、それが難しい場合でも、前提が違うことを理解したうえで活用すればいいのです。

ワールドクラスが、ファイナンスに多くの人員を割くのはなぜか、人件費効率（売上高や粗利などのアウトプット数値÷人件費）が非常に高いのはなぜか、要員や生産性はどのように推移して、そこから何が推測できるのか……。数値そのものよりも背景やコンテクストに注目することで、ベンチマークははるかに有用なものになり、アクションにつなげやすくなります。まさしく、彼を知り己を知れば百戦あやうからず。ベンチマークはその活動の一つといえるでしょう。

それをより意味あるものにするためには、常から社内外の情報やデータを集められるよう仕組みを整え、分析し続けることが欠かせません。そこから得たインサイトが蓄積されることで、情報は独自のものとなり、変化への説得力あるインプットとなるはずです。これはメガトレンドなどの分析能力の強化についても同様です。データを買う程度はよいとして、くれぐれも分析を外部に頼りすぎないようご注意を。

②違和感を共有する

読者の皆さんのなかには、次世代のリーダーを目指す、あるいは担う人もいらっしゃることでしょう。日頃、さまざまな局面でマネジメントに対する違和感を覚えているのではないでしょうか。なぜ、イノベーションという掛け声を発するわりに、短期視点で、失敗を許容しないのか。なぜ、リソースが限られるなかで成長が望めない事業を切り離さないのか。なぜ、各社ばらばらの業務システムを使い続け、手作業でデータの突き合わせや集計をしなければならないのか。不合理な制度や慣行を挙げればきりがないと思います。

いまはその不合理を解消する立場になくても、いま抱えている違和感を忘れずにいることが大事です。そして、時機が来て、変革に必要な力とポジションを得たとき、「あるべき」姿に変えていくことができるように、粛々と準備を続けてください。社内で同じような思いを持つ人たちと、緩やかにつながりを保つことも含めて。

現業に追われるなか、簡単でないことは承知しています。よく言えば、人は環境に順応する生き物ですが、厳しく言うと、人は易きに流れます。たとえば、日本企業の海外赴任経験者と話をすると、赴任中は自社のおかしな点がよく目につくようです。現地の企業とのやり取りのなかで、日本企業のグローバル・マネジメントの特殊さを自覚させられて「彼我の差」を実感するからでしょう。ところが、日本に戻るといつの間にか、おかしいと感じなくなる、あるいは、口に出さなくなってしまうようです。異論や疑問を口にすると、社内での孤立を招きかねない「空気」を感じ取り、それに支配されるのかもしれません。

しかし、その違和感こそが未来を変える力になります。けっして忘れずに、そして、常にアップデートされていく世界の当たり前を追い続けてください。未来のご自身と〝共有〟できるように。

万が一自社内で同志が見つからなくても大丈夫です。ほかの日本企業にも、同じように違和感を抱えながら変革の機を窺う人たちは少なくありません。仲間はたくさんいます。この時代、さまざまなネットワーキングやコミュニティがあります。それらを通じて思いを共有することは、個人の意思でできるはずです。

③できなかったことを素直に伝える

本章の冒頭で経営層の危機意識の低さを指摘しましたが、株主をはじめとするステークホルダーの期待に応えるためには足元の業績を最優先するほかなく、将来に向けた布石にまで手が回らないことに忸怩たる思いを持つ方が現役の経営者のなかにいるはずです。けれども、みずからの失敗や不作為に言及するのは立場上難しい……この点については、筆者らも十分に理解しています。

しかし、一線を退いた後やその直前であれば、事情は違うのではないでしょうか。長年一緒に戦ってきた後輩や見込んだ若手に、自分ができなかったことやすぐに実行できず機を逃してしまったこと、そしてやり残したことなどを率直に伝えることはできるはずです。経営者だったからこそ見えた「問題点」や「不都合な真実」、その「真因」を語ることは、勇気ある行動です。聞く側も、「経営者としてできなかったことの言い訳」とは受け取りません。むしろ、功績を自慢するよりもずっと、後に続く者たちの心を打ち、組織の〝栄養〟になるはずです。ベストプラクティスを知ることはいまも一定の意味がありますが、失敗を共有することが創造性を高めたり、チームの強化につながったりすることはよく知られています。[*7]

ワールドクラスがそうであるように、手痛い失敗経験を正しく積み重ねて、そこから謙虚に学びを続けることで、いつの日かかつて自身が率いた会社がワールドクラスに躍り出るかもしれません。

④いまの当たり前を否定してみる

社内取締役、経営企画部門、(公表前提の固定的な)中期経営計画は、日本企業の経営においては「当たり前」と考えられていますが、ワールドクラスには基本的にこれらは存在しません。この3点セットの意味を問い直すことで、これまでの経営を根っこから変化させるための示唆が得られるはずです。簡単に書いていますが、簡単ではないことは重々承知しています。

⑤「縦のダイバーシティ」を認め合う

国としても企業としても世界に勝てていないのに、内輪で「おじさん世代は頭が固い」「ミドルが頼りない」「いまの若者の考えがわからない」などと世代間で言い合っている余裕はありません。第1章で述べましたが、ダイバーシティは単なる状態です。土台のインクルージョンがないと何も

7 Nadya Zhexembayeva, "3 Things You're Getting Wrong About Organizational Change," Harvard Business Publishing, June 09, 2020.

起こりません。

「おじさん世代は頭が固い」→「そのおじさんたちの頑張りがあったから、いまの社会があり、会社も存続しているという事実を忘れない」、「ミドルが頼りない」→「そのミドルが若かったときに時代の変化を見定めた人材育成をしてこなかったのは現経営陣の責任」、「いまの若者の考えがわからない」→「自分も若いときには新人類などと呼ばれていたのだから、違いを許容し、認めるべきは認める」。このようにおのおのが省みることで、世代間でギャップを批判し合うという情けない状況をあらためるべきです。人口が減り続けていく日本として、衆知を集める経営を実践していくことが求められています。

グローバル経営やワールドクラスについて考えてきた本書の最終章の締めの言葉としては意外かもしれませんが、「おかげさま」「おたがいさま」、これを素直に言い合える「謙虚さ」と「寛容さ」が、世界で戦うと決めた日本企業が進化していくための真のドライバーになるかもしれません。そして、それはいまの世界にもいえること。「分化が進むほどに統合が重要」「分化と統合は共依存関係」という1960年代後半に呈されたローレンスとローシュの言葉が、とても染み入ります。

おわりに

ワールドクラスが実践する経営とは、臆面もなく青臭い価値観を掲げながら、マネジメントが率先して日々泥臭く当たり前の行動を積み重ねることで、他社に先んじようとする絶え間ない挑戦の営みである――本書で述べてきたことをまとめると、このように表現できます。

繰り返しになりますが、グローバルで活躍するワールドクラスがいかに素晴らしいかということを言いたいわけではありません。ですが、あなたの会社が本気でグローバルと対峙していくことを選択するのであれば、必然な経営の「型」[*1]を身につけるべきです。

型に「日本らしさ」は不要です。いまだに「日本的グローバル経営」という言葉を耳にすることが少なくありませんが、持続的な低収益状態とグローバル・マネジメントの力不足の言い訳になっているのではないでしょうか。もちろん、必然の型をどう運営するか、そこには日本らしさがあって然るべきです。企業は人が成す組織であり、思想や気質、社会構造[*2]の影響を否応なく受けますので、まったく同じにはなりませんし、また、同じことをなぞるだけでは、当然、その先にはいけません。

幸運なことに、私は二十数年にわたり、さまざまな業種の日本企業とお付き合いさせていただい

1 松下幸之助の『実践経営哲学』(PHP研究所、2001年)を丹念に読み解くと本書で取り上げてきた必然の型と共通することが多い。当たり前を当たり前にという良い経営の型は時空を超えて共通なのかもしれない。

2 丸山眞男『日本の思想』(岩波書店、1961年)、中根千枝『タテ社会の人間関係』『タテ社会の力学』、池田信夫『「空気」の構造』(白水社、2013年)、佐藤郁哉、山田真茂留『制度と文化』(日本経済新聞出版、2004年)などは、日本企業の組織構造や組織運営を考えるうえで参考になる必読の書。

ています。お会いする方々の多くが危機感を口にします。ところが、けっして怠けているわけではない（と信じている）のですが、いまひとつ変われない。当然といえば当然ですが、グローバルという概念が広まる以前から海外へ進出し、多角的にさまざまな事業を展開してきた大企業ほど変化が難しいようです。

「構造改革」をはじめとした変革のスローガンを掲げ、何度もプロジェクトを立ち上げ、表層的に変革したように見えても、せっかくの努力がうまく積み上がっていかず、根幹は変わらない。結果、経営層が代替わりするたび、同じようなアジェンダを掲げることになってしまいます。

変革すべき対象は3つあります。事業、組織、そして意識です（**図表**参照）。このうち、最もやっかいなのが意識です。変化へのリーダーシップと継続性の欠如、未来はそんなに悪くないという根拠なき安心願望、そして、エネルギー消費を抑えようとする生物としての正常な反応などにより、やすやすと慣性《イナーシャ》にとらわれ、意識の変革は妨げられます。

みずからを奮い立たせ、このままではいけないという問題認識と強い意志を持って変革へ歩み出しても、硬直化した事業と組織の構造に直面します。つまり、第2章で取り上げた、成長の経路である規模《スケール》、範囲《スコープ》、地域《ジオ》が織り成す複雑系のシステムが、変革の妨げとなる。事業も組織も本来は流体のはずなのに、それらが強固な壁として立ちはだかり、また意識を萎えさせるという展開です。

こうした現象は、特定の企業の問題というよりも、「日本企業の総論」という印象です。産業や業界の構造が大きく変わるなか、国内市場は椅子取りゲームの椅子の数が減り続けています。だか

図表｜構造改革の構造

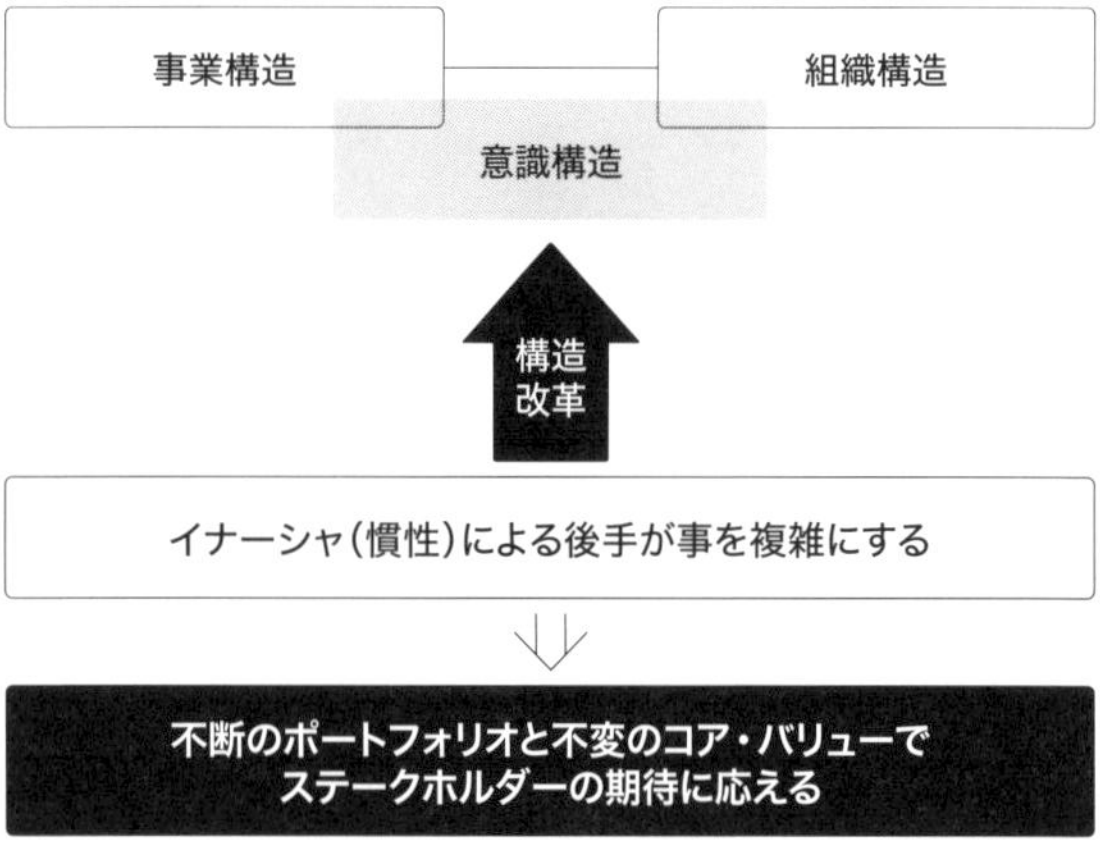

ら海外市場へ進出するという理屈はわかりますが、それで椅子の数が増えることになったとしても、競争相手も増えますから、日本企業が椅子を獲得できる確率が上がるわけではありません。

もはや一企業でできる取り組みは、かなり限られてきているのではないでしょうか。そうであれば、産業あるいは社会全体で、これまでの「常識」にとらわれない取り組みをするように意識を変革しなければなりません。

たとえば、「成長＝売上げ拡大」という右肩上がり時代の常識を是としないこと。「規模を追わない」や「利益成長を目指す」といった言葉もよく耳にしますが、その発言とは裏腹に、経営者は「規模の呪縛」にとらわれています。縮むことを恐れるのは当然ですが、あえてそれを受け入れることで、大企業は「新たな成長」への選択肢が増えます。

また、複数の事業を各国で展開する大きな企業体の経営がうまくいかないなら、手に負えるサイズに企業体を分けるのが有効な手立てです。それは、純粋持株会社という法人《エンティティ》をつくり、その下に事業会社をぶら下げるということではありません。独立企業として一本立ちするということです。

企業が多様な事業を有する理由として、アンゾフが経営学の世界に持ち込んだ「シナジー」があります。ところが多くの日本企業においては、事業部門が独自性を主張し、自主自立系の事業運営の方針を掲げるため、シナジーはほぼ表れていません。それほど「独自・自立」を主張するのであれば「独立」してはどうかと問うと、そこまでは踏み切れないと言う。筆者らは、ここに矛盾を感じます。これが日本人気質なのでしょうが、グローバル経営では通用しません。

最近では、コーポレート・ガバナンスに関する議論の一環として上場子会社の整理が進んでいます。産業・業界構造にまで影響を及ぼすような「前向き」な動きも見られるようになりました。それらをテコに、過去の成功がもたらした堅牢な慣性を揺さぶっていくことはとても大事です。ところが現実は、時間とコストをかけながら「減っていく椅子」に対応する産業内の重複解消的な調整に留まっており、さらなるダイナミズムがほしいところです。

たとえば、同業の企業をいったん統合し、それぞれの得意領域を活かすことができる単位に分けてから、その単位ごとに分離して独立企業として立ち上げる。または統合までしなくても、双方が得意領域にフォーカスして強者となるため、企業間で「ビジネス・スワップ（事業の交換）」を実施する。あるいは、「総合（商社）」と「総合（電機、重工）」から事業を取り出し、フロント（営業）

部門とバック（技術）部門をつなげて、一つの企業に仕立てることで競争力を発揮できるケースもあるはずです。これまでの常識（＝制約）を取り払った発想をすれば、目的を果たす方法を見出せるはずです。

大企業が蓄積してきた資産《アセット》を「起業」に活かす道も、積極的に模索すべきでしょう。近年、スタートアップが注目され、国内のサービス業を中心に従来のビジネスモデルをアップデートしたり、社会課題の解決に貢献したりしています。人口が減少していくなかで開業率を高めることは難題ですから、これを解決するための糸口になるのかもしれません。

ダウ・ケミカルとデュポンというワールドクラスの2社は、3分割を前提にいったん合併し（ダウ・デュポン）、2年後には事業ポートフォリオの単位別に汎用化学品（ダウ）、特殊化学品（デュポン）と農薬・種子（コルテバ）の3社としてそれぞれが上場し、さらに次の段階へ進んでいます。経営能力とシステムが追いついていない日本企業に、このような芸当を求めることはできませんが、少なくとも彼らがスピーディに巨大な組織体を動かした方法については真剣に学ぶべきです。その学習のプロセスが、日本企業の経営の機動力を高めることは間違いありません。

もちろん、すべての事業を整理、解体する必要はありません。マネジメントできる範囲で事業に多様性を持たせることは、特に素材や部品に強い日本企業にとっては一つの勝ち筋だと思います。

他方で、すべての日本企業がグローバルの舞台でワールドクラスと戦うわけではありません。むしろ、そういう企業は少数派でしょう。そして、市場規模が縮むといっても、2050年の日本には8000万~9000万人[*3]が暮らしています。ある程度は椅子の数が減るでしょうから、「巻き取る側」か「巻き取られる側」のどちらかに回ることになりますが、国内市場にこだわり、社会を支え続ける企業も必要です。そのなかには、過去に分割・民営化したものを再国営化したり、再集約したりすることで、限られた資源を国の全体最適から効率活用するというケースもあるでしょう。そこにも、インテグリティを基礎としたワールドクラス級の経営力が求められることは言わずもがなです。

どのような形であれ、スケール、スコープ、ジオがもたらす複雑性が、スパン・オブ・コントロールならぬ「スパン・オブ・マネジメント」を超えているのであれば、これ以上、コングロマリット・ディスカウント[*4]ならぬ「マネジメント・ディスカウント」を生じさせないよう手を打つことが、現代の経営層に課された未来への責任であり、挑戦です。日本に成長と成功をもたらした前提条件はすでに変わっており、これからさらに大きく変わっていくのですから。

大企業は優位なリソースをたくさん抱えています。そのポテンシャルを無駄にしないよう、日本を背負って立っているという意識をより強く持っていただきたいと思っています。自分たちが正しく儲けなければ、社会全体が潤わないのだという意識を持って。

投資やコストを抑えて瞬間的に利益率が2桁に届いたと誇っても、虚しいだけです。どうすれば未来に投資し続けながらも、その水準を維持することができるのかを真剣に考えるべきでしょう。株主資本主義だろうが、ステークホルダー資本主義だろうが、どちらでもかまいません。いずれも、

3 国立社会保障・人口問題研究所「日本の将来推計人口（平成29年推計）」は約1億人。

4 M&Aなどを通じて事業を多角化しているコングロマリット企業が、単体で事業に特化している他社と比較すると市場からの評価が低くなり、株価が下落する状況。関係性の薄い事業を抱え込みシナジーを生み出せず、経営のリソースが分断されることが原因とされる。

十分な利益（キャッシュ）がなければ、社会に価値を提供し続けることなどできないのですから。

日本の低成長の原因の一つである、所得水準を高めていくこともできません。このままでは、いざというときの備えすら危うくなります。これからますます必要となる海外の人材に見向きもされなくなります。

成り行きに委ねることも、バズワードに振り回されることもあってはなりません。正しく先を見て、地道な行動を重ねるワールドクラスから学ぶべき一番の主体は国民一人ひとりです。国も企業も社会全体も、不完全な人間がつくる組織です。「謙虚に始まり、驕りに終わる」とならないように、皆で進化させなければなりません。

食料とエネルギーという必需を国外に依存する日本という国が、これからの時代に、何で食べていくのか、どのように外貨を稼ぐのか。世界市場における日本のプレゼンスが落ちていきかねないからこそ、産学官民連携して、利害に走らず、他人任せにもせず、希望も痛みも共有しながら、総力戦で挑む。その一助を担うべく、筆者らはみずからを「マネジメント・アクティビスト」と称して、少しばかり刺激的な発言と行動を続けていきたいと思います。

2020年9月

著者を代表して　日置圭介

2006年11月号
「特集 デュポン PART2 未来に不要なら中核でも手放す」『日経ビジネス』2014年6月2日号
「コーポレートガバナンス・コード」日本取引所グループ
「日本再興戦略改訂2015」「未来投資戦略2017」日本経済再生本部

未訳文献

Argyris, C and Schön, D.A, Organizational Learning, Addison-Wesley Publishing, 1978.

Barney, J. B, "Firm Resources and Sustained Competitive Advantage," Journal of Management, 17(1), 1991.

Bartlett, C and Ghoshal, S, Managing Across Borders: The Transnational Solution, Harvard Business School Press, 1989.

Burns, T and Stalker, G.M, The management of innovation, Tavistock Publications, 1961.

Doz, Y.L, Santos, J, and Williamson, P, From Global to Metanational, Harvard Business School Press, 2001.

Duncan, R.B, "The Ambidextrous Organization: Designing Dual Structures for Innovation," The Management of Organization, 1, pp.167-188, 1976.

Dunning, J.H, Explaining Changing Patterns of International Production: In Defence of the Eclectic Theory, Oxford Bulletin of Economics and Statistics, 1979.

Fayol,H, General and Industrial Management, Sir Isaac Pitman & Sons, 1949.

Franko, L.G, European Multinationals: A Renewed Challenge to American and British Big Business, Joanna Cotler Books, 1976.

Ghemawat, P, "Semiglobalization and International Business Strategy," Journal of International Business Studies, 34（2）：pp.138-152, 2003.

Ghoshal, S, "Global strategy: An organizing framework," Strategic management journal, 1987.

Ghoshal, S and Westney, D, Organization Theory and the Multinational Corporation, St. Martin's Press, 1993.

Goold, M.C and Campbell, A, Strategies and Styles: The Role of the Centre in Managing Diversified Corporations, Basil Blackwell, 1987.

Handy, C.B, Understanding Organizations, Oxford University Press, 1976.

Hedlund, G, Assumptions of Hierarchy and Heterarchy: With Applications to the Management of the Multinational Corporation, Stockholm School of Business, 1990.

Hymer, S.H, The International Operations of National Firms: A Study of Direct Foreign Investment, MIT Press, 1976.

Learned, E.P, Christensen, C.R, Andrews, K.R and Guth, W.D, Business Policy: Text and Cases, Homewood, 1965.

March, J. G, "Exploration and Exploitation in Organizational Learning," Organization science, Vol.2, No.1, pp.71-87, 1991.

O'Reilly III, C.A and Tushman, M.L, "The Ambidextrous Organization," Harvard Business Review, April 2004.

Perlmutter, H.V, "The Tortuous Evolution of the Multinational Corporation," Columbia Journal of World Business, vol.4, 1969.

Prahalad, C. K. and Doz, Y.L, The Multinational Mission: Balancing Local Demands and Global Vision, Free Press, 1987.

Rugman, A. M and Verbeke, A, "A Perspective on Regional and Global Strategies of Multinational Enterprises," Journal of International Business Studies, vol.35, No.1, 2004.

Zhexembayeva, N, "3 Things You're Getting Wrong About Organizational Change," Harvard Business Publishing, June 09, 2020.

マズロー, A.H『完全なる経営』日本経済新聞出版, 2001年
マローン, T.W『フューチャー・オブ・ワーク』ランダムハウス講談社, 2004年
ミクルスウェイト, J & ウールドリッジ, A『株式会社』ランダムハウス講談社, 2006年
ミルグロム, P.R & ロバーツ, J『組織の経済学』NTT出版, 1997年
ミンツバーグ, H『マネジャーの仕事』白桃書房, 1993年
ミンツバーグ, H「マネジャーの職務：その神話と事実との隔たり」『DIAMONDハーバード・ビジネス』2003年1月号
ミンツバーグ, H, DIAMONDハーバード・ビジネス・レビュー編集部編『H.ミンツバーグ経営論』ダイヤモンド社, 2007年
メイヤー, E.B『異文化理解力』英治出版, 2015年
メドウズ, D.H & メドウズ, D.L & ランダース, J & ベアランズ三世, W.W『成長の限界』ダイヤモンド社, 1972年
メドウズ, D.H『世界はシステムで動く』英治出版, 2015年
メレ, N『ビッグの終焉』東洋経済新報社, 2014年
モージー, J & ハリマン, R『クリエイティビティ・カンパニー』ランダムハウス講談社, 2004年
ラルー, F『ティール組織』英治出版, 2018年
ランダース, J『2052』日経BP, 2013年
レビット, T「地球市場は同質化へ向かう」『DIAMONDハーバード・ビジネス』1983年9月号
ローレンス, P.R & ローシュ, J.W『組織の条件適応理論』産業能率短期大学出版部, 1977年
ワイク, K.E『センスメーキング イン オーガニゼーションズ』文眞堂, 2001年
浅川和宏『グローバル経営入門』日本経済新聞出版, 2003年
浅川和宏「メタナショナル経営論からみた日本企業の課題」『RIETI Discussion Paper Series』06-J-030, 経済産業研究所, 2006年4月
浅川和宏「メタナショナル経営の実証研究をめぐる課題」『立教ビジネスレビュー』立教経営学会, 2009年3月
安部悦生『経営史』日本経済新聞出版, 2010年
池田信夫『「空気」の構造』白水社, 2013年
井原基「欧米多国籍企業のアジアにおける流通チャネル戦略」『社会科学論集』151, 埼玉大学経済学会, 2017年6月
入山章栄『ビジネススクールでは学べない世界最先端の経営学』日経BP, 2015年
熊谷昭彦『GE 変化の経営』ダイヤモンド社, 2016年
佐々木恒男編著, 経営学史学会監修『ファヨール』文眞堂, 2011年
佐藤郁哉, 山田真茂留『制度と文化 組織を動かす見えない力』日本経済新聞出版, 2004年
新宅純二郎ほか「ヨーロッパのイノベーション」『赤門マネジメント・レビュー』Vol.16, 2017年
堂目卓生『アダム・スミス』中央公論新社, 2008年
中村久人『ボーングローバル企業の経営理論』八千代出版, 2013年
中村久人「トランスナショナル経営論以降のグローバル経営論」『経営論集』75, 東洋大学経営学部, 2010年3月
沼上幹『組織戦略の考え方』筑摩書房, 2003年
沼上幹『組織デザイン』日本経済新聞出版, 2004年
野中郁次郎『経営管理』日本経済新聞出版, 1980年
野中郁次郎, 清澤達夫『3Mの挑戦』日本経済新聞出版, 1987年
松田千恵子『グループ経営入門』税務経理協会, 2010年
森本博行「チェンジ・リーダー：ウェルチ経営の本質」『DIAMONDハーバード・ビジネス・レビュー』2001年1月号
森本博行「メタナショナル時代のグローバル戦略とは何か」『DIAMOND Quarterly』2016年秋号
森本博行, 岩崎卓也「マネジメント理論の三〇年史」『DIAMONDハーバード・ビジネス・レビュー』

スミス, A『国富論　上・下』講談社, 2020年
スローン Jr., A.P『GMとともに 新訳』ダイヤモンド社, 2003年
センゲ, P.M『学習する組織』英治出版, 2011年
ダイアー, D & ダルゼル, F & オレガリオ, R『P&Gウェイ』東洋経済新報社, 2013年
チャンドラー Jr., A.D『経営者の時代　上・下』東洋経済新報社, 1979年
チャンドラー Jr., A.D『組織は戦略に従う』ダイヤモンド社, 2004年
ティース, D.J『ダイナミック・ケイパビリティ戦略』ダイヤモンド社, 2013年
テイラー, F.W『新訳 科学的管理法』ダイヤモンド社, 2009年
テュルパン, D『なぜ, 日本企業は「グローバル化」でつまずくのか』日本経済新聞出版, 2012年
トフラー, A『未来の衝撃』実業之日本社, 1970年
トフラー, A『第三の波』日本放送出版協会, 1980年
トフラー, A『パワーシフト　上・下』中央公論新社, 1993年
ドラッカー, P.F『企業とは何か』ダイヤモンド社, 2005年
トンプソン, J.D『行為する組織』同文舘出版, 2012年
ネイスビッツ, J『メガトレンド』三笠書房, 1983年
バーゲルマン, R.A『インテルの戦略』ダイヤモンド社, 2006年
バートレット, C.A & ゴシャール, S『MBAのグローバル経営』日本能率協会マネジメントセンター, 1998年
バートレット, C.A「ABBの継電器事業：グローバル・マトリックスの構築と管理」ハーバード・ビジネス・スクール・パブリッシング, 1993年7月
バーナード, C.I『新訳 経営者の役割』ダイヤモンド社, 1973年
バーニー, J.B『企業戦略論　上・中・下』ダイヤモンド社, 2003年
パールミュッター, H.V『多国籍企業』文眞堂, 1982年
パールミュッター, H.V & ヒーナン, D.A「国際競争力の強化」『DIAMONDハーバード・ビジネス』1986年7月号
ハイネマン Jr, B.W『企業法務革命』商事法務, 2018年
ハメル, G.P「マネジメント2.0」『DIAMONDハーバード・ビジネス・レビュー』2009年4月号
ハメル, G.P「いま, 経営は何をすべきか」『DIAMONDハーバード・ビジネス・レビュー』2013年3月号
ハメル, G.P & ドーズ, Y.L『競争優位のアライアンス戦略』ダイヤモンド社, 2001年
ピーターズ, T『自由奔放のマネジメント』ダイヤモンド社, 1994年
ピーターズ, T & ウォーターマン, R.H『エクセレント・カンパニー』英治出版, 2003年
ピスコスキー, M.J & スパディーニ, A.L「プロクター・アンド・ギャンブル：オーガニゼーション 2005 (A)」ハーバード・ビジネス・スクール・パブリッシング, 2007年1月
ピスコスキー, M.J & スパディーニ, A.L「プロクター・アンド・ギャンブル：オーガニゼーション 2005 (B)」ハーバード・ビジネス・スクール・パブリッシング, 2006年11月
フリードマン, T.L『フラット化する世界 普及版　上・中・下』日本経済新聞出版, 2010年
ブリッカー, D & イビットソン, J『2050年 世界人口大減少』文藝春秋, 2020年
フロリダ, R.L『クリエイティブ資本論』ダイヤモンド社, 2008年
ベイザーマン, M.H & ムーア, D.A『行動意思決定論』白桃書房, 2011年
ペンローズ, E.E.T『企業成長の理論』ダイヤモンド社, 2010年
ホールデン, P.E & フィッシュ, L.S & スミス, H.L『トップ・マネージメント』ダイヤモンド社, 1951年
ボールドウィン, R『世界経済大いなる収斂』日本経済新聞出版, 2018年
ホフステード, G & ホフステード, G.J & ミンコフ, M『多文化世界』(原書第三版) 有斐閣, 2013年
マーチ, J.G & サイアート, R.M『企業の行動理論』ダイヤモンド社, 1967年
マカフィー, A & ブリニョルフソン, E『プラットフォームの経済学』日経BP, 2018年
マグレガー, D『企業の人間的側面』産業能率大学出版部, 1970年

主要参考文献

アベグレン, J.C『新訳版 日本の経営』日本経済新聞出版, 2004年

アマトーリ, F & コリー, A『ビジネス・ヒストリー』ミネルヴァ書房, 2014年

アンゾフ, H.I『企業戦略論』産業能率大学出版部, 1985年

イメルト, J.R「GE：内部成長のリーダーシップ」『DIAMONDハーバード・ビジネス・レビュー』2006年9月号

ウィリアムソン, O.E『エコノミック オーガニゼーション』晃洋書房, 1989年

ウェーバー, M『プロテスタンティズムの倫理と資本主義の精神』岩波書店, 2014年

ウェルチ, J「ジャック・ウェルチ：ピープル・マネジメントこそすべて」『DIAMONDハーバード・ビジネス・レビュー』2002年5月号

ヴォーゲル, E.F『新版 ジャパン アズ ナンバーワン』阪急コミュニケーションズ, 2004年

ウルリッチ, D『MBAの人材戦略』日本能率協会マネジメントセンター, 1997年

ウルリッチ, D『GE式ワークアウト』日経BP, 2003年

ウルリッチ, D『インタンジブル経営』ランダムハウス講談社, 2004年

ウルリッチ, D『個人と組織を充実させるリーダーシップ』生産性出版, 2012年

ウルリッチ, D & ブロックバンク, W『人事が生み出す会社の価値』日経BP, 2008年

オオウチ, W.G『セオリーZ』CBS・ソニー出版, 1981年

オライリー3世, C.A & タッシュマン, M.L「『双面型』組織の構築」『DIAMONDハーバード・ビジネス・レビュー』2004年12月号

オライリー3世, C.A & タッシュマン, M.L『両利きの経営』東洋経済新報社, 2019年

ガースナー, L.V『巨象も踊る』日本経済新聞出版, 2002年

カーソン, R.L『沈黙の春』新潮社, 1974年

カーン, H『考えられないことを考える』ぺりかん社, 1968年

ガルブレイス, J.R『グローバル企業の組織設計』春秋社, 2002年

ガルブレイス, J.R & ネサンソン, D.A『経営戦略と組織デザイン』白桃書房, 1989年

グース, A『企業生命力』日経BP, 2002年

クリステンセン, C.M『イノベーションのジレンマ』翔泳社, 2000年

グレイ, D & ウォル, T.V『コネクト』オライリー・ジャパン, 2013年

クレイナー, S『マネジメントの世紀 1901～2000』東洋経済新報社, 2000年

グレイナー, L.E「企業成長の"フシ"をどう乗り切るか」『DIAMONDハーバード・ビジネス』1979年2月号, 1983年5月号

クロザーズ, C『マートンの社会学』世界思想社, 1993年

ゲマワット, P『コークの味は国ごとに違うべきか』文藝春秋, 2009年

コース, R.H『企業・市場・法』東洋経済新報社, 1992年

ゴシャール, S & バートレット, C.A『地球市場時代の企業戦略』日本経済新聞出版, 1990年

コッター, J.P『企業変革力』日経BP, 2002年

コッター, J.P『実行する組織』ダイヤモンド社, 2015年

コリンズ, J.C & ポラス, J.I『ビジョナリー・カンパニー』日経BP, 1995年

サイモン, H.A『新版 経営行動』ダイヤモンド社, 2009年

サイモン, H.A & マーチ, J.G『オーガニゼーションズ』ダイヤモンド社, 2014年

ジェニーン, H.S & モスコー, A『プロフェッショナルマネジャー』プレジデント社, 2004年

ジョーンズ, G『国際経営講義』有斐閣, 2007年

ジョーンズ, G『多国籍企業の変革と伝統』文眞堂, 2013年

ストップフォード, J.M & ウェルズ, L.T『多国籍企業の組織と所有政策』ダイヤモンド社, 1976年

［著者］
橋本勝則（はしもと・かつのり）
YKK入社後英国子会社CFOとしてM&A2件、欧州持株会社・欧州統括会社を設立。デュポンでは自動車関連事業部シニアビジネスアナリスト、持分法適用会社財務報告システムのグローバルプロジェクトリーダー、内部監査マネジャーを経験。帰国後東京トレジャリーセンター設立、グローバルトレジャリープロジェクト参画を経て、デュポン取締役財務部長。現在は取締役副社長としてダウケミカルとの合併・３社分割を担当し、グループ会社ガバナンス、スタッフ部門担当役員。東京都立大学大学院経営学研究科特任教授。慶應義塾大学商学部卒業、デラウェア大学修士課程修了（MBA）。

昆 政彦（こん・まさひこ）
GE横河メディカルシステムCFO、ファーストリテイリング執行役員、GEキャピタルリーシング執行役員最高財務責任者（CFO）等を経て、2006年住友スリーエム入社（現スリーエムジャパン）、財務担当執行役員等を経て、スリーエムジャパン代表取締役社長。早稲田大学大学院ビジネススクール（WBS）客員教授、グロービス経営大学院教員。一般社団法人日本CFO協会理事。早稲田大学商学部卒業、シカゴ大学経営大学院修士課程修了（MBA）、早稲田大学大学院博士（学術）取得。

日置圭介（ひおき・けいすけ）
税理士事務所勤務から英国留学を経て、PwC、IBM、デロイトでコンサルティングに従事。2020年6月よりボストン コンサルティング グループ（BCG）にパートナー&アソシエイトディレクターとして参画。コーポレート&ポートフォリオ戦略、コーポレート機能&組織設計、メガトレンド、グローバルマネジメント、CxOトレーニングなどのコーポレート・アジェンダに注力。立教大学大学院ビジネスデザイン研究科兼任講師。一般社団法人日本CFO協会主任研究委員、一般社団法人日本CHRO協会主任研究委員。南山大学経営学部（国際経営プログラム）卒業、英国国立ウェールズ大学大学院修士課程修了（MBA）。

ワールドクラスの経営
――日本企業が本気でグローバル経営に挑むための基本の書

2020年９月29日　第１刷発行

著　者――橋本勝則、昆 政彦、日置圭介
発行所――ダイヤモンド社
〒150-8409　東京都渋谷区神宮前6-12-17
https://www.diamond.co.jp/
電話／03･5778･7235（編集）　03･5778･7240（販売）

ブックデザイン―遠藤陽一（デザインワークショップジン）
チャートデザイン―高岩美智（デザインワークショップジン）
製作進行――ダイヤモンド・グラフィック社
印刷――信毎書籍印刷（本文）・新藤慶昌堂（カバー）
製本――本間製本
編集協力――相澤 摂（エノローグ）
編集担当――榎本佐智子

ISBN 978-4-478-10718-8